本书为国家社科基金重点项目"国际法价值体系的和谐同构研究"
（项目号：23AFX023）阶段性成果

美国国际法实践的
内在法理
与外在合法性解构

江河　玄涛————著

INTERNAL JURISPRUDENCE

AND
EXTERNAL ILLEGITIMACY OF
U.S. PRACTICE OF
INTERNATIONAL LAW

社会科学文献出版社
SOCIAL SCIENCES ACADEMIC PRESS (CHINA)

前　言

人类自进入20世纪以来，经历了各方面急剧变化的100年。21世纪头20年日新月异的发展更是呈现"百年未有之大变局"。从整体来看，大变局是科学进步、经济腾飞的发展百年，也是世界政治格局不断调整变化的动荡百年，更是不同宗教、文化碰撞交融的互鉴百年，人类的命运更加紧密相连、风险共担，新冠疫情便是有力的证明。世界大变局引起了国际关系的变化，使得国际法所调整的对象和客体发生变化；大变局中崛起的新兴力量不断寻求在国际法上的地位，带动国际法的主体不断扩大；全球治理程度的加深和软法等国际法渊源的发展，促使国际法的本体不断成文化和体系化；多元文化的交流和共融、人类主体性意识的不断增强，引导国际法在价值层面寻求革新。种种迹象表明，大变局下的国际法正在发生变革。

大国是变革主体中最显著的力量。历史上西班牙、荷兰、英国、美国的崛起证明，大国崛起往往伴随着国际法观念和制度的革新，大国外交及其兴衰与国际法的变革有着重要的关联。国际法的原始性和开放性以及国家主权的权力和权利双重属性，使大国的外交实践深刻影响了国际法的合法性和实效性。在无政府状态的国际社会中，主权的权力和权利双重属性发生了嬗变：一是在国际政治层面，国家之间进行政治力量的博弈，争夺国际关系中的权力；二是在国际法层面，国家通过国际法实践，积极为自身创设权利，通过国际法维护自身利益。在这场百年未有之大变局中的国际法变革里，大国继续发挥着举足轻重的作用。事实上，全球治理的外交实践主要体现为大国政治和国际法治的互动，大国借助全球治理的目标，塑造"全球"意识形态，提升其政治制度的吸引力和话语权，通过程序控制和议题设置来实现从政治领域到法律领域的渗透。一方面，大国可以为各国提供有效的公共产品，营造相对稳定的国际环境，推动国际法的发展；另一方面，大国对国际法的滥用或违反，将导致世界范围内的负面示范效应，影响国际法的实效，大国政治向霸权政治的演化也将影响国际秩序的民主与公正。总之，大国的国际法实践对国际法发展影响深远。

不可否认，虽然近年来美国综合实力有所下降，但它仍是世界上首屈一指的超级大国，拥有强大的军事、经济、政治实力。在深厚的普通法传统底蕴和几百年来突飞猛进的本土发展下，其国际法实践独具特色而影响深刻，且在其确立和稳固国际地位的过程中发挥了重要作用。在短暂的200多年间，从谨慎遵守国际法以赢得国家独立，到巧妙利用国际法以扩大势力范围，再到任意操纵国际法以确立世界霸权地位，美国已经形成了一套完整的国际法实践模式，其观点、主张等意识层面的元素，以及程序、方法等技术层面的元素，均已深深融入国际法和国际秩序的发展过程。美国的国际法实践自然成为国际法研究领域中重要的研究对象。虽然美国的国际法实践在发展过程中逐渐从孤立主义演化成为霸权主义，但其部分形式逻辑和法律思想仍有合理成分，同时，对于积极参与构建公平正义的国际法律新秩序的国家而言，其经验教训也具有警醒和启示作用。

在霸权主义的外交实践中，外交作为一国内政的延伸，美国学者对"对外关系法"的界定就体现出其外交上的强权政治和霸权本质。根据《美国对外关系法重述（第四次）》中的界定，美国对外关系法是用于描述国家间关系以及美国国内法中涉及对外关系行为的法律，既囊括了适用于美国的国际法，也包括了对美国对外关系产生重大意义或具有其他重大国际后果的国内法。美国对外关系法有着多种不同的渊源，它包括宪法、国会立法、司法判决、行政措施、国际习惯法、国际协定和州法。从其概念所包含的内容判断，美国的对外关系法意在将其国内法向国际社会溢出，体现出强权政治色彩。此外，其措辞还体现了美国学界的实用主义倾向和跨学科研究特征。国际法在一定程度上成为美国外交的工具，国内法成为美国向国际法延伸的原点和渗透的途径，国际政治和国际法两大学科也在对外关系法中得以交汇。因此，对美国外交理论传统的研究，实质上是对一般意义上美国国际法实践的理论研究，是对其国际法实践的外在合法性进行辨析。与此同时，美国对外关系法的产生与实践，与美国在政治上的强权政治、单边主义和文化上的优越感密不可分，这是对美国国际法实践进行内在法理揭示的主要维度。

美国的国际法实践是一个宏大的主题，必须从全面的、动态的视角来进行考察。从纵向来看，美国的国际法实践贯穿了从立法、执法到司法的整个法律运行过程。国际法上的立法，主要就是作为国际法主要渊源的国际条约的创制和国际习惯法的形成；执法就是对国际条约的履行和对国际习惯法的遵守；司法则主要是国际争端的法律解决。美国在国际法的创制、国际法的实施以及国际争端的解决等各方面，都体现出或正面或负面的实践特色。将美国的国际法实践置于国际法运行的整体过程中进行研究，有利于更系统地归纳美国国际法实践的制度、模式和理念，亦便于预测美国未来的国际法行为。从横向来看，美国的国际法实践外在地、历史地受到英国普通法传统的影响，内在地、现实地受制于其国家宪政结构的划分。美国的外交权力涉及多个部门，主要是由其三权分立的宪政结构所决定的。对各部门权力划分和制衡关系进行分析，并结合纵向的研究思路，在国际法运行的各个环节分别对各部门关系予以考察，这一纵横交错的立体视角可以更全面、深刻地理解美国对外关系实践的行为特点，把握其历史发展的脉搏。

沿此逻辑，从国际法的概念分析中可知，国际法因具备开放性而与国际政治、国际关系等学科具有关联性，因而主权国家对国际法发展具有重要作用。研究作为一个主权国家的美国如何与国际法发生作用，还需以探讨国内法与国际法在理论和实践中的关系为理论坐标和研究基础；但国际法的法律性也决定了国际法是独立于国际政治的理性标准，它为评析美国国际法实践的合法性提供了理论依据。在此宏观理论基础上，中观层面需对美国国际法实践的法理传统与外交政策进行梳理。通过探讨美国国内法和国际法在理论上的关系，发现美国总体上倾向于国内法与国际法一元论的观点，但国内法的地位往往事实上高于国际法，且有时兼具二元论的特点，继而可知美国国际法实践的国内法传统根源与英国普通法的个人主义历史渊源密不可分。在总体了解美国的法律基础后，需进一步分析美国外交权力的宪政基础及在此宪政结构下的权力分工与制衡，由此发现美国的外交权力由宪法予以规定和分配，各部门之间有着相互制衡的关系，但在不同条件和时期下，这种制衡关系被不断地动态调整。此即理解美国外交实践制度的基础。重点论主要从两个方面展开：从国际法的形式渊源层面入手，可以分析美国在国际法的主要渊源（国际条约和国际习惯法）方面的法律规定和实践特色；在国际法的实质渊源层面，可以国际法中的高政治战争问题和低政治贸易问题为重点对象，分析美国在国际争端解决中的表现，通过案例重点考察和分析美国近年来国际法实践的外交策略。最后，对美国的国际法实践特点和本质进行总结，并对其内在的法理和外在的合法性进行归纳和评析。

全书各章之间既具有形式上的逻辑联系，又具有实质上的思想贯连。第一、二章是全面论，是全书的理论基础和对美国政治结构的横向分析。第三、四、五章是重点论，沿着国际法运行论的纵向路径展开。其中，第三章和第四章讨论了美国对国际条约和国际习惯法的造法和实施，这相当于国内法语境中的立法和执法环节，而第五章探讨的美国之国际争端解决实践属于国际法的司法范畴。从另外一个角度来划分，第三、四章是以国际法的形式渊源来分类分析，不涉及国际法的实体内容或具体的权利和义务，第五章是以国际法的实质渊源来具体分析，选取的是政治领域和经济领域美国违法行为较多、在国际上引起较大关注的具体问题。因国际社会处于无政府状态，国际法在本体的法律体系上具有碎片化的特征，各国在面临美国这些违法行为时必然涉及国际争端解决。与此同时，美国三权分立的横向主线也贯穿于国际法实践的分析中，二者形成立体互动，从而更加全面而动态地展现研究主题。

本书的研究意义在于通过介绍和分析美国国际法实践的特色，对美国国际法实践的内在法理和外在表现做出剖析，以期对各国的国际法实践和国际法治参与起到启示作用，从而强化国际法的体系化和实效性。美国国际法实践中的合理经验主要包括其国内自上而下的法律制度和由内而外的对外关系政策，以及其通过缔结国际条约、适用国际习惯法和运用国际争端解决来参与国际治理的方法策略。对此进行了解和借鉴，有利于在思想上提高各国研究和参与国际法治的积极性，在理论上拓展国际法和国际政治及其互动研究的视野，在实践中提升各国参与国际法治的水平，从而促进国际关系的民主化。但需要注意的是，美国国际法实践的内在法理来自其普通法根源及其蕴含的个人主义精神，美国伴随国际法的发展而崛起在很大程度上是依靠其偏居一隅、物产丰富的地理环境和两次世界大战重新调整世界政治版图的历史机遇，国际社会在参考和借鉴时需要对此加以注意而对自身情况予以明辨。

目　录

第一章　国际法外交实践研究的法理坐标 ………………………………… 1
　　第一节　国际法的概念及其开放性 ………………………………………… 2
　　第二节　主权国家与国际法的发展和适用 ………………………………… 23

第二章　美国国际法实践的外交权力与法理传统 …………………………… 47
　　第一节　美国外交权力的宪法基础 ………………………………………… 47
　　第二节　美国国际法和国内法的关系 ……………………………………… 84
　　第三节　美国国际法实践的国内政治传统 ………………………………… 94

第三章　美国关于国际条约的法律规定与实践 …………………………… 113
　　第一节　美国关于国际条约的国内法规定 ………………………………… 113
　　第二节　美国关于国际条约实践的特点及其法律影响 …………………… 129

第四章　美国关于国际习惯法的法律规定与实践 ………………………… 143
　　第一节　国际习惯法在普通法系中的地位 ………………………………… 143
　　第二节　美国关于国际习惯法的国内实践 ………………………………… 159

第五章　国际争端解决与美国的外交实践 ………………………………… 180
　　第一节　美国关于国际争端解决的理论基础 ……………………………… 180
　　第二节　美国外交解决国际争端的武力问题 ……………………………… 202
　　第三节　美国外交解决国际争端的贸易问题 ……………………………… 215

结　论 ………………………………………………………………………… 229

参考文献 ……………………………………………………………………… 233

后　记 ………………………………………………………………………… 251

第一章 国际法外交实践研究的法理坐标

在哲学的语境中，本体研究依赖于对本体的概念界定，而概念是人类对研究对象的本质属性和特有属性进行反映的思维形式，是理性认识事物本质的过程，也是任何学科研究的理论坐标。认识国际法的概念，是研究国际法基本特征和法律渊源等主要理论问题及其社会实践的基础。概念由内涵和外延构成，内涵是通过人类主观能动性抽象出来的有关认识对象的基本特征或属性，整体上与理论问题相对应；外延主要涉及现实生活中客观的认识对象及其分类等，整体上与实践问题相对应。理论和实践的互动是社会科学研究及其结论有效性的基本前提。

国际法概念的研究应从界定国际法内涵开始，通过分解其内涵概括出基本特征，并据其具有开放性的重要特征，对与之相关的关联理论进行分析，明确国际法实践与国际关系、国际政治等学科的联系与区别。国家主权的双重属性和国际法的开放性促成了国际法的双重法理。在威斯特伐利亚体系确立之后，民族国家成为国际关系的基本行为体和国际法的唯一主体，国家主权是民族国家的本质属性。国家主权的权力和权利双重属性塑造了国际政治和国际法治维度下的双重法理，权力属性在大国政治和小国政治的外交博弈中形成了实证国际法的社会基础，而权利属性则成为自然国际法得以存续的法理根基。虽然当今国际法实践的主体范围逐渐扩大至包括国际组织乃至个人，但国际组织之法律人格对于国家主体的派生性，以及基本人权保护领域中个人之法律人格在救济程序上的不足，使国际法的外交实践主要还是通过国家或政府及其外交代表来完成，大国实践在其中发挥了重要作用。国际法与国内法具有不可分割的密切联系，这种联系不仅体现于理论上关于二者是否处于同一体系、何者具有优先性的论争，也外化于各国的国际法实践中。国际法概念逻辑下理论和实践之互动，以及国家主权双重属性的法理意涵共同构成了美国国际法实践研究的法理坐标。

第一节 国际法的概念及其开放性

国际法主要是一系列调整国家以及其他享有国际法律人格的国际关系主体之间的规则、规范和原则的集合体。历史上，诸多国际法学者对国际法的概念进行了不同的界定，虽然现在基本达成了较为一致的观点，但部分学者，特别是国际政治、国内法等交叉学科的学者，对于国际法从本质上而言是不是法律的讨论曾经非常激烈，甚至在当今社会，不同国家对国际法概念的认识差异仍影响着国际法的外交实践。因此，对国际法的概念予以梳理和重视是讨论国际法外交实践的前提。当前国际社会关系纷繁复杂，国际法仍处于碎片化状态。国际社会是不是一个"无法之地"，决定了国际法的法律地位和实效性，对国际法本质特征的把握成为研究国际法实践的法理基础。事实上，国家主权的双重属性决定了国际法的双重法理与开放性。在此语境下，国际法的关联论与运行论密切相关，当然也有学者将无政府状态下的关联论界定为国际法社会基础的理论研究范畴。

一 对国际法概念的重视

概念是对事物的本质属性和特有属性进行反映的思维形式，由内涵和外延构成。对内涵进行深入分析，可得出研究对象的本质特征和特有属性；将研究对象的组成部分与类似对象划清边界的过程，便确定了其外延，二者结合便基本可以明确界定事物的概念。定义是揭示概念的手段，因此对国际法的定义进行梳理，是研究国际法概念的前提。而有关国际法之法律属性的探讨，是界定国际法的本质和认识其概念内涵的感性基础。在这种框架下，国际法的概念得以重新审视。

（一）国际法的定义

自国际法诞生以来，学者们对国际法进行了不同的概念界定。他们对国际法概念的界定表面上看大致相似，实则各具特色，基本上体现了各自的主体性立场和多维视角。英国国际法学家詹宁斯等修订的《奥本海国际法》中将国际法定义为"国家在它们彼此往来中有法律拘束力的规则的总体",[1] 指出了国际法的主体是国家,其形成的社会基础是国家间的相互交往,国际法的本体内容是有法律约束力的社会规范或行为规则。美国国际法学家路易斯·亨金认为"国际法——国家间法律——是各国相互交往,并存在各种关系的国际政治体系的法律"。[2] 此定义同样将国际法的主体限定于国家,产生条件也是国家间相互交往,本体为法律,但是强调了其中存在各种国际政治关系。《布朗利国际公法原理》则指出国际法"是一个关于统治者之间关系的法律思想专业集合体,反映诸如条约订立、使节地位、海洋利用和战争形态的习惯和实践"。[3] 此定义将国际法主体拟定为统治者,本体为法律思想专业集合体,但突出了本体的组成内容包括条约和习惯等法律渊源。我国知名学者周鲠生认为,"国际法是在国际交往过程中形成的、各国公认的、表现这些国家统治阶级的意志、在国际关系上对国家具有法律的约束力的行为规范,包括原则、规则和制度的总体"。[4] 该定义同样认为国际法的主体为国家,本体为有法律约束力的行为规范,但是偏重强调各国对此的公认,即强调国际法的普遍性。梁西对国际法的定义也大致相同,"国际法是在国际交往中形成的,用以调整国际关系(主要是国家间关系)的,有法律约束力的各种原则、规则和制度的总称",[5] 认为国际法的主要主体是国家,客体是在国家交往中形成的国际关系,本体是有法律约束力的规范集体。根据国内外权威学者的界定,可以发现学界对于国际法的概念有着基本的共识,但以国际法的基本范畴进行剖析,仍可以分辨出其中的微妙区别。

范畴是哲学领域的基本概念,反映了人们对特定社会现象认识的深度、广度以及科学抽象度,国际法的原始性和开放性使其范畴体系具有不

---

[1] 〔英〕詹宁斯等修订《奥本海国际法》(第一卷第一分册),王铁崖等译,中国大百科全书出版社1995年版,第3页。

[2] 〔美〕路易斯·亨金:《国际法:政治与价值》,张乃根等译,中国政法大学出版社2004年版,第9页。

[3] James R. Crawford, *Brownlie's Principles of Public International Law*, 8th Edition, Oxford University Press, 2019, pp. 3–4.

[4] 周鲠生:《国际法》(上),武汉大学出版社2009年版,第3页。

[5] 梁西主编《国际法》(修订第二版),武汉大学出版社2002年版,第3页。

同于国内法范畴体系的特殊性。因缺乏权利等基石范畴,[①] 国际社会的无政府状态和威斯特伐利亚体系的平权结构使主体论、客体论、本体论、价值论、运行论构成了国际法的基本范畴。[②] 第一,就法律主体而言,早期的国际法概念都认为国家的主体地位具有排他性,后期梁西则指出国家为主要主体,证明了国际法主体不限于国家,而是包括更广泛的对象,如联合国求偿案之后得到普遍认可的国际组织。但在国际社会中,国家仍然为主要的国际法主体,主权国家仍然是左右国际法的主要力量,国际组织的法律人格相对于国家而言具有派生性。第二,国际法的客体基本上被认为是国际关系,即国际法主体间由于相互交往而产生的联系,学界对此的认识较为一致,这也暗示了主权国家在国际法中的主体作用。第三,国际法的本体是具有法律约束力的各种原则、规则和制度,目前这一点在学界基本没有争议,但亨金教授的观点提到了国际政治关系对于国际法本体内容的影响,这种观点以及国家在国际法实践中的表现都体现了国际法与国际政治之间的客体性联系。而在历史上,关于国际法的性质却是最有争议的部分,即国际法是否具有法律约束力,国际法是不是一种法。第四,从以上定义可以发现,国际法的价值并未体现在国际法的概念界定之中。事实上,关于国际法性质的争议其实也影响着国际法价值的发展,它与国际法的效力渊源密切相关。国际法是不是法,恶法是不是法,这些价值判断也应属于国际法本质特征的一部分。第五,这些定义的内涵并未反映出国际法的运行论特征,仅从横向层面列举了其构成要素,未能从纵向层面囊括其动态过程。

综上,对国际法概念进行重新定义,应将主要的国际法基本范畴囊括其中,既包括国际法的内涵,即本质属性和特有属性,又包括国际法的外延,即国际法体系的构成要素、国际法的渊源。因此,可以认为,国际法

[①] 我国学者中张文显最早使用"基石范畴"一词,他认为任何一种理论要想自成体系或形成学派,都必须有自己的理论基石,而理论基石的表现形态就是基石范畴。基石范畴是一定立场、观点和方法的集中体现,是一种理论体系或学派区别于其他理论体系或学派的标记,而法学的基石范畴是权利与义务。参见张文显《法学基本范畴研究》,中国政法大学出版社1993年版,第11页。

[②] 参见江河《中国外交软实力的强化:以国际法的基本范畴为路径》,《东方法学》2019年第2期,第29~40页。

是一种通过缔结条约、形成国际习惯等方式形成的，调整国家或其他具有国际法律人格之实体之间的国际交往关系的，具有法律约束力的，包括原则、规则和制度在内的，反映国际普遍认同的法律价值的法律规范总和。这种新的定义涵盖了对国际法主体论、客体论、本体论、价值论和运行论的总体考察，可以较为全面地反映国际法的内涵和外延。然而，这种概念的定义主要是逻辑上的推演，在历史发展过程中必然受到国际法主体和本体开放性的影响。在对国际法的本质属性和特有属性做进一步的深入探究之前，有必要对国际法性质这一本质属性的学术观念的历史演进做一梳理。因为很多历史因素至今仍在影响人们对于国际法的认识，从而影响国际法价值的塑造，引导着国际法的整体概念和国家国际法实践的发展。

（二）对国际法法律性质的反思

关于国际法法律性质的争辩，历史上基本分为两派，即否定论和肯定论，两派代表人物都进行过系统的论证。17世纪的德国法学家普芬多夫是最早否定国际法法律性质的代表人物，他认为，只有实在法才能称为法，而作为实在法的国家间协议或国家间义务都可能任由国家随意违反或解除，因此国际法不构成一种具有法律约束力的法。[1] 19世纪的英国法学家奥斯丁也从实在法的角度对国际法的法律性质提出了质疑，认为"法律是主权者的命令"，如不服从即可施以制裁，但国际法并非如此，因此国际法只是一种道德体系，而非法律。[2] 以上观点，基本上都是以国内法的标准来衡量国际法，认为国际社会里并没有一个至高无上的主权者，国际法缺乏强有力的实施和制裁机制，因此国际法的立法、执法和司法均带有一定的自愿性和主观性。另外，国际社会中国际法的实效性也影响了国际法的性质界定。在国际社会以越来越多的条约和习惯对国家行为进行规范之后，依然无法阻止两次世界大战的爆发；即便在联合国等国际机制成立之后，朝鲜战争、越南战争、科索沃冲突、海湾战争、俄乌冲突等局部战争仍然频频发生，不断挑战国际法的权威，深刻影响了人们对国际法的普遍接受，国际法的法律性质遭到了诸多质疑。

---

[1] 参见《国际公法学》编写组《国际公法学》，高等教育出版社2022年版，第30页。
[2] 参见梁西主编《国际法》（修订第二版），武汉大学出版社2002年版，第9页。

在这些削弱国际法法律性质的论断中，以与国际法联系密切的国际关系之现实主义思想尤甚。现实主义以权力和利益阐释国家行为，否定国际法的效用。"政治现实主义的奠基人"①爱德华·卡尔认为，"政治是道德和权力的交汇地。在社会生活中，法律有助于社会稳定和延续，但是，真正能够保证社会稳定的力量是权力而不是法律。权力是一切政治的基础"。② 现实主义学派最著名的学者汉斯·摩根索虽然承认国际法的存在，但否认它在国际社会中的法律作用，认为国际法并非如各国法律一样存在效力，也无法"调节和约束国际舞台上的权力斗争"，"是一种原始形式的法律"，"一种几乎完全分散的各行其是的法律"。③ 国际法调整的对象是国际关系，法律来源于政治，因此国际法很难摆脱国际政治的影响。20世纪60年代出现的纽黑文学派也从现实主义法学派理论出发，提出政策定向说，认为国际法是一系列来自国际社会的权威决策，这一学说"揭示了政治权力、国家对外政策与国际法的关系"。④ 虽然国际法与国际关系、国际政治紧密联系，但是因此而忽略国际法的独立性和专业性，模糊了国际法的外延，是对国际法发挥积极作用的一种历史性否定。

国际法法律性质的否定论者要么是以国内法的定义标准来衡量国际法，以国际法强制力较弱为由来否定它是一种法律；要么是在国际政治的语境下以其基本理论为基础来分析国际法，将国家利益和权力政治作为影响国际法有效性的因素。两者均没有突出国际法的独立性，即作为一个单独法律部门的主体性，更遑论其作为国际社会强制行为规范的地位性。正如奥本海所言，"主要以国家的国内法为依据作出的定义，在适用其他各种社会所拥有的规则时，可能是太狭窄了……一些规则的总体，即使可能在其发展的某些阶段不具备国内法的一些特征，仍然可以说是严格意义上的法律"。⑤ 事实上，刻意将国际法政治化，是霸权大国为实现其政治目的

---

① Kenneth Thompson, *Masters of International Thought*, Louisiana State University Press, 1986, p. 69. 转引自倪世雄《当代西方国际关系理论》，复旦大学出版社2004年版，第50页。
② 倪世雄：《当代西方国际关系理论》，复旦大学出版社2004年版，第55页。
③ 〔美〕汉斯·摩根索：《国家间政治：权力斗争与和平》（第七版），徐昕等译，北京大学出版社2006年版，第353页。
④ 梁西主编《国际法》（修订第二版），武汉大学出版社2002年版，第12页。
⑤ 〔英〕詹宁斯等修订《奥本海国际法》（第一卷第一分册），王铁崖等译，中国大百科全书出版社1995年版，第6页。

而量身定做的。正如章亚航在《国家间政治：权力斗争与和平》的前言中所提到的，汉斯·摩根索所创立的现实主义理论及其拥护学派是为指导美国二战之后的各种政策和战略而生，如20世纪40年代的冷战和遏制政策、50年代的大规模报复战略和战争边缘政策、60年代的灵活反应战略和核威慑理论、70年代的均势战略和缓和政策等，无一不是出自此书中的现实主义理论。[1]

随着历史的发展，国际局势不断发生变化，国际社会在对美国一直倡导的现实主义理论逐渐认识之后，也出现了很多为国际法的法律性质进行辩护的学者和流派。汉斯·凯尔森是20世纪实证主义的主要派别之一——纯粹法学派的代表人物，他将法律看作独立于政治、伦理、社会的独立科学，并从国际法中的不法行为与制裁、正义战争、原始法律秩序等方面，论证了国际法作为一种法律规则的法律性。他指出，国际法如同一种原始法律，以"自助的法律技术"为特征，[2] 犹如原始社会血亲复仇的自助行为，虽然尚处于进化初期，但这种进化在民族共同体即国家内已经被公认为一种法律规范体系，具备进化的潜力和趋势。这种自助执行体系的提出，是对奥斯丁提出的国际法因缺乏制裁机制而不是法的观点的反驳。关于纯粹法学派有关国际法性质的理论界定，虽然在历史上莫衷一是，但不可否认的是，它从法律发展的一般规律出发，类比国内法的演进特点，指出二者因发展历史阶段不同而缺乏绝对的可比性，进而赋予国际法独特的地位，具有较强的学术影响力。

实证主义的另一学派——新实证主义的代表人物赫伯特·莱昂内尔·阿道弗斯·哈特（H. L. A. Hart）认为，国际法不是以强制制裁为基础，但这并非判断国际法法律性质的决定因素，因为即便是在国内法的体系中，也只有刑法才具有类似的强制性制裁，大部分其他法律规则也无此特点。[3] "因国

---

[1] 〔美〕汉斯·摩根索：《国家间政治：权力斗争与和平》（第七版），徐昕等译，北京大学出版社2006年版，第353页。

[2] 〔奥〕凯尔森：《法与国家的一般理论》，沈宗灵译，中国大百科全书出版社1995年版，第328～375页。

[3] 古祖雪《国际法的法律性质再认识——哈特国际法学思想述评》，《法学评论》1998年第1期。转引自彭何利《权力政治与国际法论——大国成长逻辑中的美国国际法观》，湖南人民出版社2018年版，第13页。

际法欠缺组织性的制裁,就由此否认它具有拘束力的论述,其实已经默默认同了法律根本上是以威胁为后盾的这种观点。"① 事实上,法律不仅仅是一种惩罚或威慑公民服从的手段,这是对法律价值的片面理解。惩罚只是法律最后一道防线,法律更大的价值在于引导和规范。他指出,由于国际法所借以存在的心理条件和物质条件与国内法不同,因此国内需要组织性制裁的必要性无法简单推及国际社会中,并据此判断国际法缺乏拘束力。② 因而,哈特也是从区分国内法和国际法的衡量标准入手,表明了法律并非以强制力作为硬条件,国际法即便不拥有强制力也并不能否认其义务性,从而肯定了国际法的法律性质。

二 国际法的本质属性和特有属性

根据概念及其内涵和外延的逻辑关联性,从国际法的基本内涵可以归纳出国际法的本质属性。同时,事物的本质属性和特有属性之间遵从归纳和演绎的论证关系。因此,国际法的本质属性是连接国际法基本内涵和特有属性的中间媒介。国际法的本质属性体现于它具有何种特色的法律属性,它和其他法律体现有何不同。国际法的特有属性主要是从不同维度体现其本质属性,例如国际法的特有属性可以从国际法的立法特性、执法特性和司法特性等方面予以深刻理解和认识。从本质到现象,国际法的本质属性和特有属性之间的逻辑关系,是进一步认识国际法抽象内涵和具体外延之历史互动的前提,也是对美国国际法实践进行深入探究的理论基础。

(一) 国际法的本质属性

国际法的本质属性,在于国际法是不同于国内法的弱法,但其强制力随着社会发展而日益强化。由关于国际法法律性质的争辩可以看出,"无论国际法的否定论者还是国际法的支持论者都是建立在对国际法本质模糊认识的基础之上",③ 而且基本上都是围绕国际法是否具有强制力展开的。

---

① 〔英〕哈特:《法律的概念》(第二版),许家馨、李冠宜译,法律出版社2011年版,第192页。
② 〔英〕哈特:《法律的概念》(第二版),许家馨、李冠宜译,法律出版社2011年版,第192页。
③ 彭岸利:《权力政治与国际法论——大国成长逻辑中的美国国际法观》,湖南人民出版社2018年版,第14页。

第一章 国际法外交实践研究的法理坐标

其实，若从法律的实际效果来审视，国内法即便有强制力保证实施和进行违法制裁，公民就做到了有法必依吗？国内法的法律性质会因此而遭到质疑吗？国际法虽然没有强有力的制裁惩罚措施，主权国家就无法无天、陷入了"一切人对一切人的战争"①吗？事实上，一般情况下，国际法是得到各国遵守的，违反国际法的现象只是少数。正如美国国际法教授富兰克所指出的，"在国际制度中，规则通常没有被强制执行，但它们大都得到遵守"。② 对于奥斯丁所提出的国际法的根基仅仅是为文明国家所共同接受的舆论的观点，美国法学家亨利·惠顿曾评论过，历史经验已经充分表明，即使在最糟糕的情况下，主权者仅仅是出于对违反国际法可能招致国际社会普遍敌意的担心而履行其国际义务，这种动机也都尽可能地保障了各国遵守由国际道德所决定的正义法则，尽管它们的确不比国内法中来自上级命令的制裁更加有力。③ 美国法典编撰者大卫·达德利·菲尔德也曾以"阿拉巴马号仲裁案"④的成功为例，指出武力并非唯一的约束力，丧失荣誉、他人的尊重和自尊也是一种充分的约束力，甚至道德在社会关系中也构成最有分量的制裁。⑤ 惠顿和菲尔德的评论说明，国际法的强制力即便仅仅来自道德，也是一种强制力高于道德的规范，具备基本的威慑作用。

虽然国际法的强制性较弱，但绝非无法律性，国际法的法律性使其与国际道德、国际礼让等道德层面的规范相区别。道德与法律最大的区别在于义务性和强制力，使得义务性和强制力成为国际道德与国际法相对的特

---

① 〔英〕霍布斯：《利维坦》，黎思复、黎廷弼译，商务印书馆1985年版，第95页。
② Thomas Franck, *The Legitimacy of Power Among Nations*, Oxford University Press, 1990, p. 3. 转引自《国际公法学》编写组《国际公法学》，高等教育出版社2016年版，第30页。
③ 参见〔美〕马克·威斯顿·贾尼斯《美国与国际法1776—1939》，李明倩译，上海三联书店2018年版，第63页。
④ "阿拉巴马号仲裁案"是19世纪美国国际法影响最为深远的事件。1872年，由来自美国、英国、意大利、瑞士和巴西的五位法官组成特设仲裁庭，针对以下问题做出裁决：英国政府允许英国公司为邦联南军制造军舰用于美国内战期间对联邦商船的攻击，英国政府是否违反国际法？裁决认定，英国对美国负有积极审慎的调查义务，应当阻止私主体为南方叛军提供补给，但是英国没能恪守其作为中立国的国际法义务。因此，裁定英国赔偿美国1550万美元。参见〔美〕马克·威斯顿·贾尼斯《美国与国际法1776—1939》，李明倩译，上海三联书店2018年版，第162页。
⑤ 参见〔美〕马克·威斯顿·贾尼斯《美国与国际法1776—1939》，李明倩译，上海三联书店2018年版，第137页。

有属性。根据国际法主体所承担义务的范围的确定性，国际法规范可以分为刚性规范和柔性规范，前者指主体需承担确切的义务，违背此类规范将承担确切的法律责任，后者指主体所需承担的义务并不十分明确，违背此类义务的情形和需要承担的责任也不甚明确，其中柔性规范是国际道德规范向国际法律规范转化过程中的过渡状态。① 因此，国际道德与国际法的差异在于有关义务和责任的明确规定与否。另外，遵守国际道德的力量往往来自道德层面的压力，而国际法的强制力虽然产生于受强制的对象，即主权国家集体，而非一个凌驾于一切之上的权威，但是其强制力仍不可否认。国际法强制力的问题亦即国际法效力来源的问题。历史上学者们针对此问题争论不休，主要分为自然法学派、实在法学派、折中法学派，在现代又分为新自然法学派和新现实主义法学派。然而，不管这种法律效力来自自然理性还是来自权威，抑或来自共同意志的协调，所有观点都承认国际法具备强制力，强制力来自国家单独或集体的措施，这便与国际道德划清了界限。然而，国际道德和国际法之间也不是毫无关系，国际道德可以成为引导国际法价值发展的因素，也可以为国际法本体的形成提供资源。

因此，对国际法性质的评判，不能简单地从一个角度出发，而应进行全面审视。脱离了国内法的环境，国际法在国际社会中自成一体，以一种变通和开放的眼光来审视国际法的法律性更具现实意义。综合各种学说和实践可以发现，国际法是法，它是主体之间意志的结合（即便目前现实中各主体意志体现程度不一），是规范主体之间关系中权利与义务、法律效力得到国际社会普遍认可的规范集合。国际法还是一种特殊的法。国际法是适用于国际社会的法律（不同于国内社会），国际法的主体主要是国家（不同于自然人和法人）。国际法是平等者之间的法律，主权国家之上没有一个统一的机关来进行统治（不同于国内法中的最高权威机关）。关于国际法性质的争论，实质上反映了国际法的原始性困境，即国际法脱生于国际政治，却未完成类似于国内法之于国内政治的完整的"母体分离"。这便使得国际法同时具备政治性和法律性双重属性。但从总体上讲，从理论上以及从国际社会目前遵守国际法的情况来判断，国际法的法律性不言自明。

---

① 参见柯静嘉《可持续发展环境下国际经济法趋势研究》，吉林人民出版社2017年版，第26~28页。

（二）国际法的特有属性

1. 国际法的主体及其所构成的政治结构

法律关系主体是指参加法律关系并依法享有权利和承担义务的当事人。在每一种法律关系中，主体基本上都包括相对应的双方，权利的享有者被称为权利人，义务的承担者被称为义务人。这种权利和义务既包括实体的权利和义务，也包括程序上的权利和义务，程序权利主要表现为积极的诉权，程序义务多为消极的应诉义务。[①] 希腊语中的主体（*subjectum*）在哲学上本来指的是眼前现实的东西，一切事物以此为基础聚集到自身，后经笛卡尔、康德、黑格尔等人的发展，逐渐确立了人的主体地位。[②] 哲学到法律的发展使得主体由"人"发展到了法律上的"自然人"，因而国内法的主体主要包括公民（自然人）和机构、组织（法人）。国际法以主权国家为基本主体，调整的客体对象主要为国家间的关系。这与国内法调整个人、法人间的关系相区别。国际法的主体，即国际法的主要参与者，指有独立行为能力参与国际法律事务、直接享有国际法上的权利、可以承担国际法上的义务的实体，狭义上主要包括国家或国家集团，广义上还包括非国家主体，主要有国际组织、争取民族独立的解放运动等。[③] 国际法在诞生之际就以国家作为唯一主体。近代国际法发源于西方，具有明显的区域性，它是欧洲基督教文明的产物，主要适用于欧洲国家之间的关系，反映欧洲国家的资本主义和帝国主义的利益。[④]

国家获得国际法上的主体地位，经历了一个历史演进的过程。国家之所以可以作为国际法的主体，是因为国家具有国际法上独立享有权利和承担义务的主体资格，而这种资格的来源是其合法性的渊源。"国家的主体地位并非先验的存在，国家所享有权力的程度和范围取决于人们交往的需要。"[⑤] 因

[①] 江河：《国际法的基本范畴与中国的实践传统》，中国政法大学出版社 2014 年版，第 95 页。
[②] 江河：《国际法的基本范畴与中国的实践传统》，中国政法大学出版社 2014 年版，第 74 页。
[③] 黄秋丰、徐小帆：《国际法学》，对外经济贸易大学出版社 2016 年版，第 11 页。
[④] 江国青：《论国际法的主体结构》，《法学家》2003 年第 5 期，第 144~149 页。
[⑤] 孙安洛：《个人作为国际法主体的历史源流分析》，《朝阳法律评论》2016 年第 1 期，第 30 页。

而，国家主体资格来自国家的权力，而关于国家权力的来源，学界存在不同意见。根据霍布斯、洛克和卢梭等人提出的社会契约论观点（虽各有差异），国家的诞生源自个体摆脱自然状态、寻求集体保护的需要，是个体与主权者之间形成的或虚拟或真实的契约，国家的权力来自个人权利的让渡。国家是由个人组成的政治共同体，执政者的权力源自受统治者的许可与委托，这种权利与权力的转化，使人权转化为国家行使的主权，因而国家主权产生了存在的合法性基础。[①] 因此，国家获得了拟制的人格，从而拥有了主体资格，获得了在国际法上享有权利和承担义务的能力，成为国际法的主体。

国际法的发展趋势表明，国际法所调整的对象范围越来越广，甚至将个人也纳入国际法主体的范围，但是国际法实践中的主体依然以主权国家为主。国际法主体结构的多样性成为当代国际法的一个显著特征，但是更大的主体范围在目前尚存在局限性，一般仅适用于国际人权和国际刑事领域，其某些权利义务直接由国际法予以规定，其行动直接由国际法予以调整。二战后有关个人的国际法主体资格的主流学说建立在联合国损害赔偿案咨询意见的基础之上，主要从两个角度进行论证：其一是从权利能力的视角，要求个人享有国际法上的权利及承担国际法上的义务；其二是从行为能力的视角，要求个人通过国际程序来维护其权利并使违反国际义务的个人通过国际程序受到惩处。但实际上包含个人在国际性法庭的诉权、向国际组织的请愿权以及惩处个人的国际程序等内容的国际条约的数量依然有限，主要有《国际劳工组织行政法庭规约》《联合国行政法庭规约》《欧洲人权公约》《美洲人权公约》《消除一切形式种族歧视国际公约》《公民权利和政治权利国际公约任择议定书》《伦敦议定书》《防止及惩治灭绝种族罪公约》等。[②] 这表明，个人作为国际法的主体主要存在于个别领域，只规定于个别条约，尚未具备普遍性，国家仍然是国际法的基本主体，国家行为在国际法的发展中仍然发挥着举足轻重的作用，这也是本书

[①] 曲相霏：《人·公民·世界公民：人权主体的流变与人权的制度保障》，《政法论坛》2008年第4期，第18~30页。

[②] 辛崇阳：《对国际法主体的界定标准及其内容的再思考》，《比较法研究》2006年第4期，第127~131页。

将美国的国际法实践作为主要研究对象的原因。

2. 国际法的本体：国际造法的特征与国际法的碎片化

法的运行论中，立法无疑是最首要的一环，国内法与国际法在此环节存在着本质的差异，使得国际法具有了创设方式上的独特性。国内法的立法是由国家立法机关及其授权的其他国家机关根据宪法原则履行立法职能的过程，包括制定、修改和废止各种法律、法规和规章。该定义包含：立法主体，即立法者，是履行立法权的立法机关；立法客体，即立法对象，是立法主体依法进行立法活动所制定、修改和废止的各种规范性文件；立法权限，即立法权划分，是不同国家立法机关所担负的不同立法职能，或担负立法权的国家机关不同的立法分工。① 从定义可知，立法权是国家机关最重要的权力之一，立法是国家政治活动的重要内容，因而立法权往往属于一个国家中的最高权力机关，体现主权者的共同意志。

然而，国际法的创制之所以具有独特性，在于国际社会不存在一个高于一切的立法权威，这一点不同于国内法的制定。国际法的造法方式使其与国内法区别开来，国内法采用垂直立法方式；而在平权的国际社会中，实在国际法的创设主要依赖于平等国际法主体的集体意志及其协调，以缔约国间平等协议制定为主，以缔约国间非平等协议制定为辅，必须有主权国家的明示同意或默示同意才能生效，主要方式有缔结国际条约、形成国际习惯法、形成一般法律原则等，而国际条约、国际习惯法、一般法律原则等也成为国际法的主要渊源，即形成了国际法的外延。

国内法和国际法的创制在本质上具有统一性，即均是主体间形成的合意，国内法的立法机关是由民主选举产生的代表民意的机构，国际法的参与主体是对内代表最高权威的主权国家。不同之处在于，由于国家主权对外仅具有权利属性，国家主权之间权利平等，如同比赛中的参赛者同时也是裁判者，导致国际法的执行和司法都存在困境和悖论。当国际法产生模糊地带时，国家对内治理的理念和方式便容易渗透到国际治理中，国内法的作用溢出到国际法中，产生了滋生霸权主义的土壤。同时，这也造成了国际法的不成体系性和碎片化。

---

① 郑文辉：《中国法律和法律体系》，中山大学出版社2017年版，第50页。

3. 国际法的运行论：强制执行机制及司法机制的缺失

法律通常被认为是一种需要强制力来执行的规则集合，但是国际法在此方面具有其特殊性。不同于国内法，国际社会中没有一个中央权威机关，国际法的主体平权性和本体碎片化特征决定了其运行中缺乏强制性的执行机制和统一强制管辖的司法机制，这对国际法的运行起到了一定的阻碍作用，反过来也成为影响国际法本质属性的一个因素。国际法的主体均是地位平等的主权国家，国家之上并无凌驾于一切的机关，因此，国际法的运行靠的不是一个上级机关的强制执行，而是靠主权国家的自觉执行。在联合国等国际组织出现之后，国际法的执行主体得以扩大，但是除联合国安理会可以依据《联合国宪章》而拥有维护国际和平与安全的责任和权力之外，普通的国际组织依然缺乏强制执行力。

在国际法的司法适用方面，国际社会中并无司法解决国际争端的强制安排。甚至在历史上，战争曾被视为一种国际争端解决的合法方式。虽然国际仲裁等和平解决方式发展得较早，但是由于国家主权原则依然是现代国际法的基石，没有权威能够强迫国家接受国际司法的管辖。《联合国宪章》确立了和平解决国际争端和不使用武力或以武力相威胁的原则，国际法院等国际法庭也逐渐成立，这都被看作国际争端解决司法性的一种转向，但在实践中，国际法庭的司法管辖权依然处于较弱的地位，一旦国家拒绝接受强制管辖，国际法就将无从适用，国际法的实效就无从谈起了。

另外，从关联论角度看，国际法还具有开放性的特征。其实，无论是就本质属性还是特有属性而言，民族国家的主体性决定了国际法基本内涵和主要外延的历史发展与现实互动，而这种作用主要渊源于国家主权的双重属性，这种主体论的特性决定了国际法在本体论上的开放性。

三 国家主权的双重属性与国际法的开放性

近代意义的或具有体系性的国际法诞生于威斯特伐利亚和会之后的欧洲。该会议所确立的国家主权原则成为国际法的基石原则，主权国家也成为国际政治的基本单元和国际法的唯一主体。就立法或造法的主体和本体而言，主权国家是国内法和国际法之间的媒介，国家主权因此通过其内在维度和外在维度呈现两种不同的属性，即纵向的权力属性和横向的权利属性。在国际社会的无政府状态中，国家主权的双重属性导致了国际法的双重法理。沿着历时和共时的比较法视角，国际法继承了国内法的部分实体规范和价值理念，因而国内法意义下的自然法仍然成为国际法规范建构的法理基础。在国际关系中，国家天然地追求权力，大国政治和小国政治的外交博弈构成了国际法的政治法理。在人类社会法律的发展中，实证法或"恶法亦法"的逻辑则使这两种法理在国际法秩序中形成了历时和共时的互动。国家主权的双重属性和国际法的双重法理，都决定了国际法的原始性和开放性。

（一）国家主权的双重属性

主权并非一个先验的存在，主权的产生和发展是历史的产物。人类早期政治社会没有任何主权观念或主权理论，但是从原始社会开始，人类社会共同体中的权威原理业已产生，它是随着人类社会共同体的政治发展需要而逐渐产生的。[1] 在亚里士多德、阿奎那、马基雅维利等学者阐述国家学说的论著中，已经涉及了一些有关主权理论的基本问题，如最高权力的起源、性质、归属和限制等，虽然他们并没有明确使用"主权"一词。[2] "国家主权"这个概念最早出自法国学者让·博丹，他提出"主权是共同体所有的绝对且永久的权力"，其中永久权力的合法所有者是人民或君主，官员只是权力的受托人或代管人；绝对的权力意味着共同体的人民或贵族能够纯粹地、单一地赋予某人绝对的、永久的处置任何财产和人口的权力。[3] 博丹对国家主权的定义强调主权是一个国家之内最高的统治权力，倾向于其对内的权力属性。胡果·格劳秀斯后来在《战争与和平法》中指出，主权是"行为不从属于其他人的法律控制，从而不致因其他人意志的行使而使之无效的权力"，[4] 这暗示了主权的至高无上性。三十年战争之后，《威斯特伐利亚和约》的签订对国家主权进行了实践，确立了主权国家一律平等的原则，这与主权的至高无上性相呼应，每个国家主权都是至高无上的，因而

---

[1] 肖佳灵：《国家主权论》，时事出版社2003年版，第13~14页。
[2] 杨泽伟：《主权论——国际法上的主权问题及其发展趋势研究》，北京大学出版社2006年版，第15页。
[3] 〔法〕让·博丹：《主权论》，李卫海、钱俊文译，北京大学出版社2008年版，第25~37页。
[4] 〔荷〕胡果·格劳秀斯：《战争与和平法》，〔美〕A.C.坎贝尔英译，何勤华等译，上海人民出版社2013年版，第63页。

都是平等的。这强调了国家在国际社会中所具备的平等的权利属性。

国家主权对内和对外具有两种不同的功能和地位。国家主权对内的属性表现为国家主权在国家内部就是最高权力。"主权是国家具有的独立自主地处理自己的对内和对外事务的最高权力。"[1] "最高性是国家主权的本质特征。"[2] 国家主权对内最高性意味着主权者拥有独立处理政治、法律、经济等各方面事务的自主权。修昔底德认为国家主权权力包括制定法律、执行法律以及任命地方官员的权力,亚里士多德认为主权权力由审议、执法和司法权力构成;格劳秀斯将国家主权分为公共性质的执行性主权权力和私人性质的权力,前者包括决定战争与和平、缔结条约、征收赋税以及其他对臣民的财产权力等,后者指通过其授权而解决私人争端的权力。[3] 国家主权自始就是囊括了处理一个国家最重要的对内和对外事务的权力。关于此种权力的来源,学界的观点经历了一个从封建时期的君权神授论到资本主义初期的君主主权论,再到资产阶级革命时期的议会主权论和人民主权论的发展和演变过程,现在学界基本上认可了人民权利让渡的学说。阿奎那认为人民可以反抗君主暴政,开启了人民原始主权思想的先河;[4] 霍布斯首次对国家契约论进行了较为全面的阐述,指出国家来自处于自然状态的人们为了保障自身安全而订立的契约,奠定了国家主权来源于人民的理论基础;洛克进一步提出为了避免自然状态下的战争,个人权利移交给了社会性权威机构即国家去执行,因此国家主权应该属于人民;[5] 卢梭较为系统地阐述了社会契约论下的人民主权学说,认为主权属于人民全体,主权是公意的体现。[6] 主权的权力属性体现了其实在理性,即强调在现实中的权威实践。

国家主权对外的属性体现为国家在国际社会中的独立性和平等性。主权独立性是主权最高性的延伸。"主权国家是国际法律秩序中的'天赋'

---

[1] 周鲠生:《国际法》(上),武汉大学出版社2009年版,第150页。
[2] 杨泽伟:《主权论——国际法上的主权问题及其发展趋势研究》,北京大学出版社2006年版,第7页。
[3] 〔荷〕胡果·格劳秀斯:《战争与和平法》,〔美〕A. C. 坎贝尔英译,何勤华等译,上海人民出版社2013年版,第62~63页。
[4] 肖佳灵:《国家主权论》,时事出版社2003年版,第21页。
[5] 〔英〕洛克:《政府论》(下篇),瞿菊农、叶启芳译,商务印书馆1997年版,第92页。
[6] 〔法〕卢梭:《社会契约论》,何兆武译,商务印书馆1997年版,第125页。

主体，它类似于社会契约论中的自然人，主权因此而具有天赋权利的属性。"① 自然人在国内法的语境下是平等的权利主体，相似地，主权国家在国际法上也是平等的权利主体。格劳秀斯曾指出，主权是免受任何其他人意志限制的，而且是其自身可以废除的，主权权利的载体是国家，国家是由个人组成的完美社会。② 这也从侧面印证了主权作为国家内最高权力的绝对性，它对自己的行为完全掌握且不受任何其他主体的干涉。国家主权的这种权利属性奠定了国家主权一律平等、不得干涉他国内政等国际法原则的基础。没有一个主权是凌驾于另一个主权之上的，所以主权国家对外只能是平等的参与者，只能享有国际法上的权利，而非享有国内法上的权力。这体现了国家主权中自然理性的部分，展示了主权国家作为国际法主体所拥有的天赋权利。

（二）国际法的自然理性

自然法可谓国际法的基础，早期的国际法是从自然法中逐渐分离出来的，这一过程受到了宗教改革、三十年战争和威斯特伐利亚和会的驱动。维多利亚、格劳秀斯等早期理论家将万民法从自然法中分离出来。③ 自然法学派认为，正义的标准应该是宇宙间的和谐秩序，正义是绝对的，推崇法律存在的客观基础和价值目标，即正义、平等、秩序、理性等自然界最高的道德要求。尤其是格劳秀斯在《战争与和平法》中对自然法做出了较为全面的阐述，指出自然法是正当理性的命令，凡是符合人类本性的、理性的行为，就是道义上的公正行为，反之则是道义上的罪恶行为，自然法是上帝也无法改变的。④ 他进一步指出，由于自然法是对所有国家共同适用的，因此自然法本身也被称为"万国法"。⑤ 国际法是普遍正义原则的逐

---

① 江河：《国际法的基本范畴与中国的实践传统》，中国政法大学出版社2014年版，第128页。
② 〔荷〕胡果·格劳秀斯：《战争与和平法》，〔美〕A.C.坎贝尔英译，何勤华等译，上海人民出版社2013年版，第63页。
③ James R. Crawford, *Brownlie's Principles of Public International Law*, 8th Edition, Oxford University Press, 2019, pp. 3-4.
④ 〔荷〕胡果·格劳秀斯：《战争与和平法》，〔美〕A.C.坎贝尔英译，何勤华等译，上海人民出版社2013年版，第32页。
⑤ 〔荷〕胡果·格劳秀斯：《战争与和平法》，〔美〕A.C.坎贝尔英译，何勤华等译，上海人民出版社2013年版，第38页。

渐发展，可被理解为一种人类代理。① 因此，国际法的约束力不仅来自国家的共同意志，也来自此种"自然理性"，是不可违背的。瓦特尔进一步提出，国际法的首要依据是理性，次要依据才是国家的同意。普芬多夫的观点则更为极端，认为自然法是国际法的唯一依据，自然法之外并无具有真实法律效力的国际意志法或实在法。② 这些学说虽然都具有历史的局限性和现实的片面性，但是揭示了国际法的部分根源和效力依据，即国际法天生所具有的自然理性，体现了国际法中软性、道德性的一面。

　　自然法学说对于国际法上一些重要原则的发展具有奠基作用。例如，现代国际法上仍在沿用的"航海自由""人类和平""国家之独立、平等、自保"等权利，③ 都是自然法引导的具体展现，这些权利都被认为是"一种永恒的自然权利"。④ 格劳秀斯也利用自然法的理论论证过正义战争与非正义战争的区别，即遵循万国法（自然法）一般程式进行的战争通常被称为"正义"或"正当"战争，因而并不是所有类型的战争都应该受到谴责，自然理性允许人类针对危险的行为进行自卫，社会的目的就是形成共同力量和统一支持来保护每个人的生命权和财产权。⑤ 自然法对于将法律从宗教中解放出来、反对封建教会具有积极意义，提出的正义等价值也是人类永恒的追求，这些价值和理念逐渐成为国际法所追求的重要价值。然而，过于抽象和理想化的设想在残酷的现实中显得脆弱不堪，而其与道德、伦理之间难以明确划分的界限也不利于国际法权威的树立，因此，将自然法视为国际法的一种（甚至唯一一种）效力来源的学说，随着近代独立主权国家的兴起而逐渐被实在法学派的学说所替代。

　　然而，不可否认的是，自然理性依然是国际法效力的一个重要历史源泉，国际法因此也呈现自然法的法理。国家主权对外的权利属性是国际法自然理性的基础。正是由于主权国家在国际法中是平等的权利主体，因而

---

① James R. Crawford, *Brownlie's Principles of Public International Law*, 8th Edition, Oxford University Press, 2019, pp. 3 - 4.
② 参见《国际公法学》编写组《国际公法学》，高等教育出版社2022年版，第33页。
③ 梁西主编《国际法》（修订第二版），武汉大学出版社2002年版，第11页。
④ 梁西主编《国际法》（修订第二版），武汉大学出版社2002年版，第11页。
⑤ 〔荷〕胡果·格劳秀斯：《战争与和平法》，〔美〕A.C.坎贝尔英译，何勤华等译，上海人民出版社2013年版，第51~55页。

国际法的形成和效力来自各国的普遍同意，类似于国内法中的自然人，各主权国家也按照个体的理性进行考量，做出符合自然理性的选择。这一推理从格劳秀斯学派和沃尔夫等人的观点中也可见一斑。格劳秀斯学派认为国家与个人在本质上是一致的，沃尔夫认为个人与国家之间都存在着自然状态，均受自然法支配，因此国家在自然状态下也拥有国家的天赋权利。[①] 综上，自然法不仅决定了国际法前身万国法的诞生，而且决定了国际法的基因，使得国际法具备了自然理性的法理，奠定了国家在国际社会寻求权利保护的基础，也成为各国和平、平等交往和发展的前提。在欧洲文艺复兴、宗教改革和罗马法复兴的背景下，格劳秀斯学派的产生代表了国际法从人类普遍的自然法向体现国家意志的实在法的历史过渡。[②]

（三）国际法的实在理性

民族国家以客观实体独立出现之后，国际法就成了一种调节国家间关系的方式。随着越来越多的条约等国家间成文法律的形成，国家间的法律在一个高度以国家为中心的体系中发展，这种趋势在19世纪早期实在法学派发展和逐渐占据主导地位之后得到强化。实在意味着现实存在，与自然法中虚无缥缈的道德、正义、人类理性相反，强调实实在在的、具象的法律。实在法学派肯定实在国际法的存在，认为国际法的根据是表明各国同意的国际习惯和条约，只有以某种形式被实施或由权威制定的实在法才是真正的法律。某些学者甚至根本否认自然国际法的存在，其代表者是荷兰的宾克舒克，德国的马尔顿斯、李斯特，瑞士的马维尔，英国的霍尔等。[③] 该学派将法律看作权力的一种创造物，是一种由制裁保证实施的主权者的命令，国际法并非一种国家之上的法律，而是国家之间的法律，由战争之外的道德谴责或报复性否认对方相关利益来保证实施。[④] 在实在法观点中，

[①] 杨泽伟：《国际法史论》，高等教育出版社2011年版，第107~108页。

[②] 格劳秀斯有关国际法效力渊源的学说是两个对立学派即自然法学派和实在法学派的对立与统一，准确说来是国际法发展的一种历史转折。格劳秀斯的生涯横跨中世纪后期和民族国家得以诞生的欧洲革命时期。前者决定了自然法对格劳秀斯国际法思想的重要影响，其很多观点都渊源于其他中世纪后期的法学家，例如意大利的真提利斯；而后者则使国家意志成为实在国际法的效力渊源。

[③] 乔伟主编《新编法学词典》，山东人民出版社1985年版，第570~571页。

[④] James R. Crawford, *Brownlie's Principles of Public International Law*, 8th Edition, Oxford University Press, 2019, p. 9.

现实中的权威是国际法权力的来源，而非自然中的正义。

因此，该学派一般认为国际法的效力来源于各国的共同意志，表现形式通常为国际习惯法或国际条约。各国意志的正义与否并不重要，只要是各主权者依照某种正式程序制定或实施，便拥有了国际法上的效力，这在历史上被称为"恶法亦法"论。[①] 实在法学派还衍生出其他几种学说，例如黑格尔提出的"国家意志说"和耶利内克主张的"自我限制说"，本质上都认为国际法的效力来源于国家之间的同意，区别是"自我限制说"更强调同意机制对国家主权意志所施加的自我限制。[②] 实在法学派的观点，将人们对国际法的认识从自然法学派的抽象、崇高、理想对象，逐渐转向关注具体而现实的国际社会和纷繁复杂的国际关系，具有一定的积极现实意义。然而，此学派对于理性价值目标的断然否定，只重形式合法而不重实体正义的观点，在理论上和现实中都遭到了一些抨击，并且它在一定程度上支持了现实主义国际法学的发展，为权力政治渗透至国际法提供了理论基础。实在法学派的这种思想在20世纪的两次世界大战之后随着大国政治的发展，尤其是美国的崛起，逐渐在国际法思想领域占据了重要地位。

在无政府状态下，国际法中的实在理性是国家主权的权力属性所衍生的产物。虽然国家主权的权力属性属于其对内的属性，国家只在国内社会拥有至高无上的权力，但是在国际社会中，由于至高无上权力的缺位，各国无形中均向外溢出了一定的权力、影响力或控制力。在现代国际社会中，由于国家之间存在相互依赖和意志协调的合作关系，规制此种关系的国际法在形成过程中也产生了某种国际权力，少数大国在此种关系中处于相对强势的地位，对国际法的形成产生支配性的影响，在事实上主导着一些国际法实证规则的形成。例如，在国际条约的协商和国际习惯法的形成过程中，大国的话语权和软实力操纵着会议议程和司法判决等程序，大国也因此获得了国际法中的权力。"在不同的历史时期，特定的社会基础促成一些大国将其主权的平等权利属性嬗变为国际政治中的现实权力。"[③] 这

[①] 梁西主编《国际法》（修订第二版），武汉大学出版社2002年版，第12页。
[②] 参见《国际公法学》编写组《国际公法学》，高等教育出版社2022年版，第34页。
[③] 江河：《国际法的基本范畴与中国的实践传统》，中国政法大学出版社2014年版，第298页。

就是国家主权的权力属性催生了国际法的实在理性的过程。因此，国际法的法理也表现出实在法的特性。

（四）国际法的开放性

与国际法联系最密切的两个学科是国际关系和国际政治。① 国际关系是国际社会行为主体之间关系的总称，包括政治、经济、民族、军事、文化、宗教、地域等各方面的关系，其中国际政治关系是最重要和最活跃的关系；② 国际政治指国际社会行为主体的对外战略、政策，以及各主体间相互作用形成的政治关系和政治现象，包括世界范围内的战争、和平、强权、民主、竞争、共处等政治活动。③ 国际政治与国际关系的区别在于，国际政治只是行为主体间相互政治作用的总和，而不包括行为主体间在经济、军事、文化和其他一切领域关系的内容，虽然国际经济、军事、文化关系均不可避免地涉及政治因素。国际关系是国际法的调整对象，即国际法的客体是国际关系，国际法是国际关系的调整工具和保障手段。国际政治是国际法形成和发展的重要社会基础，国际法的主体对国际政治的多元化主体开放。

就理论层面和实际情况而言，国际法与国际政治和国际关系的联系十分紧密，国际法的特征中展现出对国际政治的开放性。现实主义法学派认为，国际法深受国际政治的影响，在国际法中起决定性作用的便是权力政治。现实主义学派最著名的代表人物摩根索指出，国际法之所以能够存在和执行是因为个别国家在利益上的一致或互惠与它们之间的权力分配，如果没有利益的结合，也就没有国际法，国内法的制定及其实施在一定程度上有赖于国家权力机构的强迫意志，而国际法主要是客观社会力量的结果。④ 在其基础上发展起来的"政策定向说"对此进行了进一步的延伸。该学说认为，法律必须服从于社会目的，主张在广泛的社会背景下考察国际法，把国际法看作"一种特殊的动态政治和社会决策过程，而不是静止

---

① 李科编著《国际关系学概论》，西安交通大学出版社2020年版，第328页。
② 郑建邦主编《国际关系词典》，中国广播电视出版社1992年版，第45~46页。
③ 刘金质等主编《国际政治大辞典》，中国社会科学出版社1994年版，第18~21页。
④ 〔美〕汉斯·摩根索：《国家间政治：权力斗争与和平》（第七版），徐昕等译，北京大学出版社2006年版，第353页。

的法律规则体系"。① 很明显，"政策定向说"深受权力政治学说的影响，认为国际法的效力来源于国家的对外政策。它试图改变国际法单纯的研究方法，沿着国际政治和社会学的方法对其进行改造。现实主义思想起源于美国，其以第二次世界大战后美苏争霸为政治背景，是为美国霸权主义服务的一种理论，正如周鲠生所指出的，"所谓现实主义或新现实主义的思想是为帝国主义的权力政策张目"。② 可以看出，现实主义法学派所提出的国际法效力基础具有片面性和目的性。

  包括社会连带主义法学派③、规范法学派④在内的各种学派的学说都具有一定的合理性，它们试图从法律之外的其他关联方面，如历史、政治、社会、道德、伦理等方面，来阐释国际法的效力来源和本质属性。然而，每种学说的提出都难免带有历史性和阶级性，也因此无可避免地存在内生性的问题。国际社会难以就国际法的效力来源达成共识，不利于国际法权威的塑造。周鲠生在对各大国际法学派进行了对比研究后，对西方资产阶级的理论进行了批判性吸收，提出国际法的效力来源实则为各国统治阶级协调的意志。⑤ 此种说法兼顾了各国阶级制度差异和国家之间的共同需求，在国际法不断通过国际组织、国际会议等双边、多边机制进行立法、司法等意志协调的实践中，也逐步得以自证。但是随着全球化的发展，世界逐渐融为一体，合作成为人类社会发展的主流，崇尚自然理性的自然法在今天依然有其存在价值，其昭示了人类的主体性，⑥ 尤其是在中国提出的人类命运共同体理念得到了充分阐发和国际社会的认可后，因此可以较为理

---

① 《国际公法学》编写组：《国际公法学》，高等教育出版社2022年版，第35页。
② 周鲠生：《国际法》（上），武汉大学出版社2009年版，第24页。
③ 社会连带主义法学派兴起于20世纪上半叶，其代表人物有狄骥、波利蒂斯、赛尔等，该学派认为一切法律的依据在于社会连带，而非国家创造或国家同意。国际法的唯一效力来源是各国的法律良知，它赋予各国连带关系之经济和道义规则以约束性。参见《国际公法学》编写组《国际公法学》，高等教育出版社2022年版，第34页。
④ 规范法学派兴起于20世纪上半叶，代表人物是凯尔森、菲德罗斯、孔慈等，该学派认为国际法来源于一个所谓的"最高规范"，即"约定必须信守"，此为国际法的效力依据。参见《国际公法学》编写组《国际公法学》，高等教育出版社2022年版，第35页。
⑤ 周鲠生：《国际法》（上），武汉大学出版社2009年版，第7~8页。
⑥ "国际法的发展史在某种程度上是国际法主体的发展史，而人类统一的法律秩序最终必然通过自然人的主体性和人类的主体性的互动关系来构建……国际法上的人类共同利益的形成及其自然法观念的复兴，都使国际法的主体向人类演进。"江河：《国际法的基本范畴与中国的实践传统》，中国政法大学出版社2014年版，第12~14页。

想化地认为，当今的国际法本质上应该是一种以各国协调意志为核心、以人类共同价值为指导和追求的法律。

综上，国家主权的权力和权利双重属性导致国际法的基本性质中既包括自然理性又包括实在理性，既具有国内法的特征又具有国际政治的特征，并且这两种属性使国际法具备了一种既面向法律性又面向政治性的开放性。国际法在当前阶段依然存在的原始性和政治开放性，决定了主权国家在国际法的产生和发展中所产生的重要影响，也奠定了美国以国家实践对国际法发展施加影响力的理论基础。

第二节 主权国家与国际法的发展和适用

主权国家曾经是国际法的唯一法律主体，国际法在其词义的形式渊源（inter-nation-al law）上也是"国家""之间"的"法律"，因此，主权国家沿着主体论的主导作用深刻地影响了国际法的发展和实效。主权国家与国际法的辩证关系主要体现于历时的发展维度和共时的适用维度。历时维度中，国际法的产生和发展奠基于特殊的社会基础，而主权国家是此社会基础的基本要素。主权国家的形成与国家间联系的增多使得国际法的社会基础不断进化。与此同时，国家间的交往催生了国际法的诞生，以规制国家之间的交往行为。在此过程中，由于各阶段政治、经济和文化的发展水平各异，不同历史时期的国际法呈现不同的特征。但不可否认的是，主权国家一直在发挥主导国际法的作用。共时维度中，主权国家通过适用国际法和推动国际法的形成来完成与国际法之间的互动，前者是国际法对主权国家发生作用，而后者是主权国家对国际法产生影响。主权国家和国际法就是在这两种维度的互动关系中共同螺旋式发展，历时维度展现了主权国家从主体论、本体论、客体论和价值论等国际法基本范畴影响着国际法的发展，而共时维度反映了二者在实践层面的运行论中的互动。

一 主权国家与国际法的发展

从历史的角度来看，国际法之所以成为调整国家间关系的法律，必须归功于主权国家的诞生和发展。主权国家的出现、交往、组织化发展奠定了国际法的社会基础，为国际法的主体和客体构成提供了准备；主权国家在不同历史阶段的发展特点促进了国际法基本范畴的发展，特别是塑造了国际法在不同历史时期本体和价值的某种偏向。这些都为理解美国国际法实践如何对国际法整体发展构成影响奠定了基础。

（一）主权国家与国际法发展的社会基础

由国际法的定义和发展历史可知，国际法的产生和发展有其特殊的社会基础，即"众多主权国家同时并存，且彼此进行交往和协作而形成的各种国际关系和整个国际社会的存在"。[①] 因此，国际法社会基础的形成和发展，如同复杂的有机体一样，遵循一种由初级到高级、由简单到复杂的规律，展现出由"细胞"到"组织"再到"系统"或"整体"的过程，而在此过程中，充当主角的主权国家发挥着相当重要的主导作用。

1. 独立主权国家的出现：国际法社会基础的"细胞"

由前述国际法双重法理的发展历史可知，国际法真正意义上出现的前提是主权国家的产生。主权国家的产生意味着民族国家以独立形式出现在国际社会上，开启了现代国家平等交往的时代。在主权国家产生之前，即在前现代国家时期，国家有着截然不同的特点。前现代国家时期的国家，领土界限并不固定，经常伴随教权和王权的斗争而变动疆域边界；居民按照等级制划分为贵族、平民、臣民、子民等，各自效忠国王、教皇等多种权力；王权与教权分享国家权力，国家主权来源于神权或君权、王权。[②] 中国的封建王朝时期以及欧洲的中世纪时期，统治的原则更多地都是强调人与人之间的从属关系。中国的封建宗法制度通过分封制度将"国"和"家"合二为一，分"国"而不分"家"，"普天之下，莫非王土；率土之滨，莫非王臣"；欧洲的封建制度建立在采邑制之上，或是采用封君和封臣的贵族等级制，或是形成贵族与农奴的庄园制。[③] 这些主从契约关系都是基于人与人之间建立的直接性契约关系，所形成的秩序是基于属人原则的。此时的社会关系基本上是人与人之间的关系，不具备国际法诞生的社

[①] 梁西主编《国际法》（修订第二版），武汉大学出版社2002年版，第5页。
[②] 参见李科编著《国际关系学概论》，西安交通大学出版社2020年版，第91页。
[③] 江河：《国际法的基本范畴与中国的实践传统》，中国政法大学出版社2014年版，第44~45页。

会基础。

　　中世纪后期，各国战乱的侵扰和社会经济发展的需要都在客观上促进了国家的统一和王权的集中。欧洲的16世纪成为国家将位于下层的个别权力纳入统一的统治体系的大变动时代，此时国家是根据国境建立的政治共同体，是基于属地原则的秩序。① 但是该时期国家的领土、政权、主权仍然不固定，国家之间的关系也并不平等，因而调整其相互之间关系的法律，即国际法，也很难成长。随着资本主义经济的萌芽和神权的退位，"认为存在超越诸国的、立于这些国家之上的权威的观念及其体制弱化"，"主权国家体制是随着教俗双方的普世权威退步而成立的"，② 由于欧洲中世纪统一的宗教信仰和古代中国统一的儒家文化而凝聚在一起的不同民族的国家逐渐寻求自身的独立性，找到了一种新的政权组织形式，即民族国家。民族性是现代国家的一个重要特性。统一的民族具备相同的文化和历史根基，对外具有独立性，对内具有一致性，是国家主权形成的前提条件。主权原则的形成对民族国家的发展具有重要作用。主权原则保护了各个国家不论人口多少、面积和经济体量大小均可合法存在，保护了国际法主体的丰富性。主权国家无论大小均是国际体系中平等的参与者，从而奠定了国际关系民主化的基础。国际关系逐渐摆脱了自然状态，主权国家之间相互征服和奴役的现象逐渐减少，使得国际争端的解决也逐渐向着和平方式发展。

　　拥有主权的民族国家成为构成国际法社会基础的基本单位。路易斯·亨金也有类似的表述，他将国家称为"原子"，认为国家是国际体系的基本单位。③ 主权国家的产生为国际法的诞生提供了动力、主体和条件。首先，国际法的产生源于主权国家调整彼此交往行为的需要，如果主权国家没有维护国际秩序、解决国际争端的共同愿望，就没有产生国际法的必要。其次，独立自主的主权国家可以享有国际权利并承担国际义务，主权国家间的交往行为构成了国际法调整的主要对象，主权国家成为国际法的

---

　① 〔日〕福井宪彦：《近代欧洲的霸权》，潘德昌译，北京日报出版社2019年版，第48页。
　② 〔日〕福井宪彦：《近代欧洲的霸权》，潘德昌译，北京日报出版社2019年版，第50页。
　③ 〔美〕路易斯·亨金：《国际法：政治与价值》，张乃根等译，中国政法大学出版社2004年版，第9页。

主要主体。再次，国际法的制定、实施和执行均依赖主权国家的实践参与，主权国家让渡部分国家主权，赋予国际法以权力。因此，主权国家是国际法社会基础的基本要素，类似于有机体的细胞，为现代国际法的发展做好了铺垫。

2. 主权国家之间的交往：国际法社会基础的"组织"

形成国际法社会基础的第二个必要环节是众多"细胞"之间形成联系，构成一些具有关联的"组织"，即主权国家之间的交往，使得众多国家产生交集，形成集合。单独的主权国家，或者独立存在但并不产生交往的主权国家，也没有国际法存在的必要。"国际社会，就像国内社会是基于共同物质生产活动的'人们交互作用的产物'一样，它是'众多国家交互作用的产物'。"[①] 在古代，囿于经济水平和交通方式，世界各地区相对独立，交往较少，此时的国际法仅处于萌芽的万国法阶段；随着威斯特伐利亚体系的确立，主权民族国家纷纷出现，但当时的国家间交往频率较低，方式较为单一，国际法的社会基础依然只是小部分国家与周边国家的有局限性的交往。20世纪以前，国家之间交往的主要方式是战争，而非经济、科技和文化交往等。以欧洲为例，尽管威斯特伐利亚体系终止了欧洲三十年战争，构建了欧洲国家均势，但该格局亦非一种一成不变的稳定局面，欧洲各国由于竞相对外殖民扩张，内部的平静也逐渐被打破。1814年反法同盟攻入巴黎，拿破仑战败，反法同盟各国签署了《第一次巴黎和约》并根据此条约举行了维也纳会议，对欧洲领土进行了重新分割。因此，近代早期的国际法社会基础主要是主权国家间的局部战争，经济和科技交往较少。

完成两次工业革命后，西欧各国的生产力得到了质的飞跃，科学技术对国际关系的影响日益加深，国家间经济、技术交往日益频繁，加之蒸汽机、轮船、铁路、电报等交通和通信工具相继出现，缩短了国家间的时空距离，大大加速了国际货物、劳务、人员的流动。[②] 一方面，扩大贸易的需要和交通方式的进步促进了国家间的交往，国际法获得了充分发展的条件。另一方面，国际局势依然动荡不安，世界大战一触即发，国际和平与

---

① 梁西主编《国际法》（修订第二版），武汉大学出版社2002年版，第6页。
② 李科编著《国际关系学概论》，西安交通大学出版社2020年版，第311页。

第一章　国际法外交实践研究的法理坐标

安全、经济与社会的问题都急剧增加，各国尤其是地理位置上相邻的国家都意识到多边合作的必要性。面对这种经济、技术、政治和社会的剧变，相近国家间由于拥有相似的文化和历史，更容易结成团体，单独的主权国家逐渐形成了区域性联盟和组织。例如，欧洲国际团体（family of nations）就是将欧洲基督教文明各国划为一种集体，① 这些区域性团体为国际法的社会基础形成了一个个有机体的"组织"。

3. 国际社会的组织化：国际法社会基础的"系统"

国际社会的发展趋势是从国际团体逐渐扩大为国际社会（society of nations），国际法适用的范围从狭隘的所谓"欧洲文明国家"逐渐扩展到世界各国，1916 年美洲国际法学会发表的《国家之权利与义务宣言》已使用"国际社会"的措辞来代替"国际团体"。② 而自 20 世纪中期以来，对国家间关系的认识又呈现向"国际共同体"（international community）发展的趋势，这一共同体的范围涵盖全球各国，而不仅限于少数国家或其构成的集团，促进了"国际共同体"与"国际社会"在地域范围上重合，国际法的社会基础因此从"国际社会"演进为"国际共同体"。③ 在此过程中，国际组织的迅速发展起到了推动的作用，国际社会逐渐整合为一个以联合国为中心的国际组织网络系统，④ 国际组织成为重要的国际法主体，与主权国家一同促进了国际法社会基础的系统化发展。

任何法律的发展史，首先都是其主体的发展史，国际法主体的历史变迁主导了国际法的发展史。国际组织获得了在国际社会上享受其职权范围内权利和承担其职权范围内义务的主体资格，这是主权国家在主体性上的派生或法律拟制，代表着国际法主体的发展。国际组织成为不可或缺的国际法主体，成为国际关系中的参与者，为国际法的进一步发展提供了重要且全新的社会基础。国际组织的发展也为国际法本体的发展提供了土壤。国际组织最先从经济、技术领域的功能性合作开始，逐渐溢出到政治领域的合作，从低政治领域到高政治领域全方面参与国际秩序的构建。国际组

---

① 梁西主编《国际法》（修订第二版），武汉大学出版社 2002 年版，第 6 页。
② 梁西主编《国际法》（修订第二版），武汉大学出版社 2002 年版，第 6 页。
③ 张辉：《人类命运共同体：国际法社会基础理论的当代发展》，《中国社会科学》2018 年第 5 期，第 43~68+205 页。
④ 梁西：《国际组织法（总论）》（修订第五版），武汉大学出版社 2001 年版，第 328 页。

织的宪章性文件即构成国际法的最重要内容，形成了主权国家在各领域合作的法律制度。例如，现代国际法最重要的渊源就是《联合国宪章》，它是世界上最重要的综合性政府间国际组织联合国的组织文件，也是最重要的造法性公约，其出现直接推动了国际法本体的形成和完善；联合国的专门机构也成为管理经济、社会、文化等各领域国际交往关系的重要组织，其促进签订的条约，以及通过的各种宣言、决议、报告等软法，都成为国际法渊源的新发展。

事实上，这一社会组织化现象受到了主权国家的积极推动。主权国家是国际组织的构成单位。国际组织是主权国家主体性的延伸，国际组织的主体资格来自国家主权的部分让渡。国际组织的雏形是国际会议，威斯特伐利亚和会开创了通过国际会议和平解决争端的先河。欧洲国家通过威斯特伐利亚和会协调战乱频繁所破坏的国际关系，通过国际会议的机制解决战争和争端，这表明国际组织萌芽的动力来自主权国家调节国际关系的愿望。威斯特伐利亚和会之后，国际会议成为欧洲主要大国之间进行权力分配的一种机制，并在此过程中发展了外交关系的技术与程序，促进了国际会议的常设化并使其逐步演化成固定的国际组织。与此同时，国家通过国际组织推行自己的政策，国际组织召集各国专家和代表，谈判推动各种国际条约的签署和国际软法的构建等，虽不应否定国际组织的专业性和中立性，但此过程中依然难免带有主权国家的偏好和印记，尤其是大国政治在其中发挥了不可小觑的作用。简言之，主权国家积极参与国际组织的行为客观上丰富了国际法的渊源，促进了国际法的发展。

（二）主权国家与国际法的历史发展

法律的诞生是由于国家的形成，统治阶级的意志需要由法律来进行规定和保障；有了国家之间的交往，国家之间的行为也需要法律的规制，便产生了国际法。国际法作为法律的一种，其诞生和发展都必然遵循法律的一般规律，即与政治、社会、文化等要素息息相关。相应地，在生产力的主导作用下，因为经济基础的不同以及政治和文化的发展，不同历史时期的国际法也体现出不同的要素特征。而在此过程中，主权国家一直发挥着主导和促进国际法发展的作用，国家的发展阶段制约着国际法的发展水平。

1. 古代及中世纪时期的国际法

由于民族国家在古代和中世纪时期尚未出现，因此当时的国际法尚处于萌芽和初级阶段。这一阶段的国际法呈现自发性、原始性和宗教性的特点。第一，国际法的自发性表现为不论在世界何处，不论是城邦还是小国，只要产生了国家，且这些国家与周边国家发生联系，便会自发性地产生实际意义上的国际法，即使古代并没有产生"国际法"这一术语和概念。据记载，一些文明古国均出现了一定形式的国际法。在古埃及，公元前3100年美索不达米亚城邦之间就订立了条约，公元前1291年埃及和赫梯签署了被认为是国际法历史上的首个正式条约；在古印度，也有一些关于王国之间频繁交往并形成了原始国际习惯法和规则的史实；古希腊和古罗马由于城邦文明发达，彼此交往繁多，因此诞生了较多的国际法制度，内容包括各种条约和解决战争问题最重要的仲裁制度。[①] 国际法产生的自发性表明了国际法与政治的紧密关系，萌芽的国际法通常是政治的一部分，国际法因国家的政治需要而产生，"法律从属于政治是普遍现象"。[②]

第二，国际法的原始性表现为当时的国际法形式较为零散和原始，有些规则和习惯法的事例虽然见诸古籍或文物记载，但是成文化程度较低，并没有形成一个完整的法律体系。这与国家自身的发展状态密不可分。中世纪的欧洲形成了以封建割据为基础的统一社会，国际法和自然法以及神法因具有普遍适用性而具有同质性，国际法是自然法的体现，彼时国际法没有自主适用的余地，几乎停滞不前。[③] 国际法的原始性也充分表明，如果经济、政治、社会的条件不够成熟，国家的发展不够独立和平等，国际法主体之间缺乏互动，国际法的存在便缺乏必要动力，其发展也必然会受到影响。

第三，国际法的宗教性体现在古代及中世纪时期的国际法大多与宗教相互糅杂，这与此时期国家政教合一的政权形态具有一致性。一方面，当时教育普及率较低，相对而言宗教人士的受教育程度通常高于世俗人士，

[①] 《国际公法学》编写组：《国际公法学》，高等教育出版社2022年版，第37页。
[②] 江河：《国际法的基本范畴与中国的实践传统》，中国政法大学出版社2014年版，第28页。
[③] 江河：《国际法的基本范畴与中国的实践传统》，中国政法大学出版社2014年版，第57页。

因此执法人员通常由宗教人士充当。例如，在古罗马，有一些设立"由僧侣组成的祭司团负责执行关于条约和战争以及其他国际事项（派遣使节、引渡等）的宗教仪式，制定专门调整罗马人与外国人关系的'万民法'以及较为系统的战争法则"。[①] 另一方面，惩罚手段主要是以宗教神明的力量来震慑，这表示人们需要借助所有国家都敬畏的神明力量作为国际法强制力的来源。这与当时宗教地位极高的状况相关，体现了宗教和政治要素对国际法发展的促进和制约的双重作用。

以上三点概括揭示了古代及中世纪时期国际法的萌芽与当时国家的政治社会背景息息相关，虽然零散、原始，但宗教中的一些教义和价值观也被吸收进了自然法，为近现代国际法的本体和价值发展奠定了重要的基础。

2. 近代时期的主权国家与国际法

真正意义上具有体系性的国际法是在15世纪以后随着欧洲民族国家的形成而逐渐确立的，并以1648年《威斯特伐利亚和约》的签订为近代国际法诞生的实际源头。[②] 这一时期，国际法的存在范围基本集中在欧洲，而曾经拥有发达文明的中国在明朝中期因海禁政策而选择闭关锁国，国际法在广袤而富饶的中华大地上无从发展。近代欧洲的国际法的主体开始逐渐以主权国家为主。《威斯特伐利亚和约》的签订结束了欧洲长达30年的宗教战争，也促使一大批罗马帝国统治下的城邦国家成为独立的主权国家，欧洲开始了主权国家体系的建立，近代国际法得以诞生。伴随主权国家获得国际法地位，国际法中逐渐形成并确立了主权国家一律平等、条约必须遵守、国家承认等原则，而且还建立了通过国际会议解决国家间争端等制度。这种发展从主体上明确了国际法以主权国家为参与者，从客体上也明确了国际法的主要调整对象是主权国家之间交往产生的关系。

另外，国际法逐渐从宗教、政治中分离出来。在文艺复兴和资产阶级革命不断解放人类思想的冲击下，宗教改革运动使得中世纪时期的教皇和教权不再至高无上，新教国家脱离了教皇的霸权，成为独立的主权国家，各主权国家之上再无更高一级的机构，主权平等原则获得了合法性。国家

---

① 《国际公法学》编写组：《国际公法学》，高等教育出版社2022年版，第37页。
② 参见梁西主编《国际法》（修订第二版），武汉大学出版社2002年版，第26页。

第一章　国际法外交实践研究的法理坐标

间"进行平等交往的常设使馆，相继设立；通过会议解决各国之间的争端，逐渐成为正常制度；日益增多的国际来往，为国际法规范的形成提供了各方面的素材"。① 国际法与国际政治和宗教的剥离，使得国际法的本体逐渐获得了独立性，即国际法的实体内容中逐渐不掺杂含有政治因素和宗教因素的规定，而是以更富于可预见性和可复制性的稳定和理智的法律要素来规范和管理国家间的关系，提高了国际法的法律性。

此外，资本主义国家殖民色彩和强权政治在国际法中发挥影响。随着欧洲资产阶级革命和工业革命带来生产力的巨大飞跃，陆地面积有限而地理上极具海洋优势的各国开始扩展海外殖民地，引发了一系列贸易自由和海洋自由的问题，国际法上因此形成了领土和边界不受侵犯原则、海洋自由原则、国际河川使用原则等，② 为殖民者海外扩张寻求法律上的支持。欧洲列强在全世界范围内进行殖民侵略，"到19世纪中叶，帝国主义列强侵入远东，以炮舰政策迫使中国、暹罗（泰国）、朝鲜等国订立不平等条约、强行通商、设置领事裁判权"，③ 殖民主义将世界重塑为一个以欧洲为中心的形象。④ 这一时期的发展表明，国际法虽已自成体系，但仍为部分主权国家及其政治利益所利用，深受欧洲列强政治影响。

3. 现代时期的主权国家与国际法

近代欧洲列强疯狂瓜分世界的后果之一就是引发了两次世界大战，国际法也随之发生了巨大的动荡和变化，但同时，由生产力发展而引起的经济基础变革促进了国家间在政治中的战争冲突与法律合作。在此基础上，国际人道法得以发展，欧洲国际行政联盟（功能性国际组织）也获得了存在空间，共同奠定了国际人权法、重要国际组织以及一系列国际法制度的发展基础。

第一，现代时期国际法的发展体现为国际法主体和本体的扩大和丰富。国际法主体不仅数量激增，而且类型也趋向多样。在西方殖民扩张时期，基督教文明将亚非拉国家歧视性地排除在"文明国家"之外，其国际

---

① 梁西主编《国际法》（修订第二版），武汉大学出版社 2002 年版，第 27 页。
② 参见《国际公法学》编写组《国际公法学》，高等教育出版社 2022 年版，第 38 页。
③ 梁西主编《国际法》（修订第二版），武汉大学出版社 2002 年版，第 28 页。
④ James R. Crawford, *Brownlie's Principles of Public International Law*, 8th Edition, Oxford University Press, 2019, p. 5.

法律人格被西方国家否定，甚至导致了"歧视性"战争，法律也成为惩罚非基督教国家的工具。第一次世界大战后的民族解放运动使国际法主体拓展到非西方国家；① 第二次世界大战之后，摆脱殖民统治的地区纷纷独立建国，原本以所谓欧洲文明国家为主体的国际法，逐渐接纳这些独立的主权国家，国际法也真正发展成为具有普遍性的法律。新兴主权国家成为参与国际法律秩序构建的新生力量，为推动传统国际法变革和促进现代国际法发展提供了重要动力，在"民族自决、建立新国际经济秩序和编纂海洋法、外交法、条约法、空间法等方面，推动了许多新的国际法原则、规则和制度的发展"。② 国际法主体不仅包括主权国家，还逐渐囊括了政府间国际组织、非政府组织、民间团体甚至个人。同时，国际法主体类型的增多也促进了国际法主体内容的丰富，产生了诸如国际组织官员的特权与豁免、国际组织的继承、个人国际责任等新的规定。

第二，现代时期国际法的发展体现为国际法客体的不断扩大和国家管辖范围的逐渐缩小。国际法主体的变化导致国际法权利和义务关系的变化。传统国际法中许多允许主权国家保留的事项在实践中引起了负面影响，例如战争权的保留造成了世界大战的爆发，于是"现代国际法的触角逐渐伸入国家管辖的保留范围，使战争权、国籍问题、关税及贸易政策等受到了各种条约及国际实践的影响"。③ 另外，随着科技的发展，人类探索的空间逐步扩大，上至太空，远至极地，甚至在网络空间，都出现了大国之间的争夺，为保护人类共同生存的环境以及维护各主权国家平等的生存权利，在这些领域也相应地出现了许多新的国际法权利与义务关系规定。相对而言，国际法所规范的领域越宽，国家的管辖范围就越压缩，为了维护共同安全和利益的国家必须向国际法让渡更多的权力。此种变化对于构建和平与合作的世界秩序具有积极意义，近一个世纪以来的实践也证明了国际法实效的不断增强。

---

① 以土耳其为例，它在地理上横跨亚欧大陆，在文化上信仰基督教和伊斯兰教两大宗教。随着民族解放运动的高涨，土耳其逐渐被欧洲国家视为外交谈判和条约缔结的平等主体，其国际法律人格得到承认代表着国际政治格局和国际法主体变迁的时代性发展。土耳其的经历开启了20世纪国际法主体向亚非拉发展中国家和非基督教国家拓展的进程。
② 梁西主编《国际法》（修订第二版），武汉大学出版社2002年版，第29页。
③ 梁西主编《国际法》（修订第二版），武汉大学出版社2002年版，第32页。

第一章　国际法外交实践研究的法理坐标

第三，现代时期国际法的发展体现为国际法的运行机制以国际组织为依托得到了完善和发展。20世纪被称为"国际组织的世纪"，① 两次世界大战后的世界局势促进了国际组织数量和质量的发展，职能涵盖范围越来越广，协调组织能力日益加强，在国际法的立法、执法、司法等运行层面的作用更是不容小觑。在立法层面，许多国际组织都成立了专门的国际法编纂委员会，加之本身具有的某种程度上的造法功能，促进了国际法的编纂工作；国际法庭的判例和咨询意见可为国际习惯法的形成起到确认功能；国际组织颁布的许多决议、宣言、指南等丰富了国际软法资源。在执法层面，联合国安理会的集体安全机制和国际刑事责任制度均加强了国际法的遵守机制和强制力。在司法层面，各种国际法庭数量增多、作用有所加强，例如战后在纽伦堡和东京进行的两次军事审判，均对国际法的发展产生了深远影响。由此可见，现代国际法的主体、客体、本体等各方面均得以飞速发展，并以新特点、新面貌呈现出来，主权国家在其中起到了重要的主体作用，国际法作为一种全球治理的方式，开始越来越广泛和深入地发挥作用。

4. 国际法的未来发展趋势

当今国际社会中，国际关系错综复杂，二战及冷战之后的世界格局发生了翻天覆地的变化。和平与发展成为当今世界的两大主流，但西方主导的单向度全球化所导致的公地悲剧和负外部性引起了各种国际性问题，西方国家所谓的"复合相互依赖"理论并没有实现主权国家之间的公平发展。全球经济低迷不振、国际民粹主义高涨以及现代科技的社会风险，都使世界进入新的动荡变革期。诸多要素相互纠缠导致了非传统安全威胁和全球公共安全危机，使个人与国家的生存威胁转变为人类整体的生存危机。国际法的社会基础中出现了新的亟待解决的问题。

国际法发展方面，在第三世界国家纷纷独立并获得了平等国际法地位的同时，受现实主义国际政治观念的影响，权力政治、霸权政治逐渐直接或间接地影响国际法的制定和实施，国际法的实效常常面临挑战和诘问。人类的主体性成为影响国际关系发展的一种政治理念和行动意识。国际市

---

① 梁西：《国际组织法（总论）》（修订第五版），武汉大学出版社2001年版，第22~23页。

场的四大自由流动、民族文化的融合以及国际人权法的发展，强化了国际法的人本化趋势，集体人权的实现与国际法秩序价值的非传统安全转向相辅相成。在此背景下，人类命运共同体理念将通过人类主体性和利益共同体来重构国际法的价值体系，进而推动自然法的再次复兴。

为维护全人类共同的根本利益，加速各国尤其是贫困国家的经济及社会进步，"共同谋求和平与发展"已成为全世界人民的普遍要求，共同利益的寻求促使国际社会进一步交融，形成一个唇齿相依的整体，对国际法社会基础的认识也因此从霍布斯的现实主义、康德的世界主义（或理想主义）和格劳秀斯的国际主义，逐步转变为现当代的国际共同体理念和中国提出的人类命运共同体理念，[1] 国际法的社会基础本身也将从零散的国家集合向愈发融合的人类整体演进，国际法未来的发展趋势必将更加关注人类命运共同体的利益和发展。

二 主权国家与国际法的适用

国际法的诞生和发展离不开主权国家的作用，主权国家从主体论、本体论、客体论和价值论层面影响着国际法的发展。在实践层面的运行论中，主权国家通过适用国际法和推动国际法的形成与国际法产生互动。这一互动产生的理论基础就是国际法与国内法的关系，这既是一个理论问题，更是一个实践问题。世界上主要存在着大陆法系和普通法系两大法系，前者强调理论构建，认为法律的生命在于逻辑，而后者强调社会实践，认为法律的生命在于经验。因此，在理论层面上，国内法和国际法关系的理论大部分来自大陆法系国家学者的学说，而在实践层面主要是从普通法系的实践来进行分析的，转化和纳入问题产生于实践，但又体现了理论层面的观点。国际法与国内法在彼此并存时，各自的法律效力如何？在彼此发生抵触时，何者处于优先地位？厘清这两方面关系是研究主权国家对国际法进行实践的理论基础，是揭示主权国家对国际法产生影响的理论前提，也是明确美国的外交实践选择的理论坐标。

---

[1] 张辉：《人类命运共同体：国际法社会基础理论的当代发展》，《中国社会科学》2018年第5期，第43~68+205页。

（一）主权国家适用国际法的理论基础

在理论层面，主权国家适用国际法的理论大部分来自大陆法系国家学者的学说，其中西方学界主要的争论是在一元论和二元论之间展开的，而中国学者由于深受马克思主义唯物辩证法影响，提出了国际法与国内法相互联系论。但是不论学者们持何种观点、属于哪个流派，理论上的论证也只是考察一国国际法实践的基础参考，而结合各国在实践中的具体做法，方能综合而全面地了解国家的国际法实践目标和意图。

1. 国际法与国内法一元论

一元论，即将国际法和国内法视为同一体系内的法律，认为其本质上属于同一种事物。其基本观点为：国际法和国内法"是一个法律概念或一个法律体系的两种表现，具有一系列共性或统一性"。① 在法律主体方面，一元论认为国际法和国内法的最终主体都是个人，在国际关系中的个人行为，其后果也被归因于国家；在法律性质方面，国际法和国内法都可以对法律主体产生独立于法律主体意志的拘束力。② 该学说在现实实践中的优势是无须考虑国际法的转化问题，因为它们已经属于同一个法律体系，可以直接适用。但是，该说法又引发了国内法与国际法的位阶问题，即因二者共存于一个体系中，法律效力的优先性如何判断，因此，一元论又划分为两个派别：国内法优先说和国际法优先说。

最先在历史上占据一席之地的学说是一元论中的国内法优先说，主要代表人物有格奥尔格·耶利内克（Georg Jellinek）、阿尔伯特·佐恩（Albert Zorn）、埃里希·考夫曼（Ehrich Kaufmann）和马克斯·文策尔（Max Wenzel）。③ 该学派兴起的背景是国际法独立体系尚未形成，国内法和国际法仍属于自然法的统一法律体系之内。19世纪末，受黑格尔"国家至上"思想的影响，该学说认为国内法在与国际法共同的体系中处于效力优先地位，因为国际法的效力来源于国内法。首先，国内法来源于主权的意志，而主权的意志是至高无上的。国家所有的对外活动都是以国内法为依据，

---

① 《国际公法学》编写组：《国际公法学》，高等教育出版社2022年版，第70页。
② 参见《国际公法学》编写组《国际公法学》，高等教育出版社2022年版，第70页。
③ 周鲠生：《国际法》（上），武汉大学出版社2009年版，第14页。

例如国家的缔约权是来自国内宪法的授予，① 否则作为国际法重要渊源之一的条约就无法产生。可见，该学说将国际法置于附属于国内法的地位，认为国际法只是国内法的一种延伸。其次，更有甚者将国际法看作国家对其主权意志进行自我限制的表现。根据此种说法，国际法只是国家根据自身需要和国家利益进行判断之后可以任意选择的法律，国家以国内法律为依据，可以随意解除其承担的国际责任和国际义务。该学说的局限性可见一斑，其从根本上否定了国际法的法律性质和法律效力，夸大了国家主权意志的地位和作用，体现了一种强权思想。虽然该思想在一战之后逐渐遭到批评而沉寂下去，但在强权政治大行其道之时，仍然可见该学说为霸权主义国家所利用的外交实践。

国际法优先说的产生深受古典自然法学派的影响。进入20世纪后，它在世界主义思潮的刺激下产生。该学说的主要代表人物有社会连带主义法学派的狄骥、波利蒂斯，规范法学派的凯尔森、劳特派特、菲德罗斯和杰赛普等。② 他们认为，国际法在与国内法构成的共同法律体系中，占据效力优先的地位。首先，国际法的效力并非来自国内法或国家意志。他们认为，所有法律，包括国内法和国际法，本质上都是调整个人之间的关系。该观点认为国内法的效力来自国际法，国际法的效力等级高于国内法。规范法学派的凯尔森从康德的哲学思想出发，提出法律是秩序的统一体。国内法和国际法都是人类行为的规范和秩序，都具备法律属性，但是国际法比国内法具有更优先的地位。凯尔森认为，国际法通过其实效性原则，决定着国内法效力的范围和渊源，因而法律本身的内容就赋予了国际法对国内法的优越地位。③ 罗伯特·詹宁斯和阿瑟·瓦茨修订的《奥本海国际法》中认为，一元论中，"国际法可以被视为本质上与国内法同为一个法律秩序的一部分，而且是高于国内法的"。④ 其次，国际法的效力来源于更高的

---

① 梁西主编《国际法》（修订第二版），武汉大学出版社2002年版，第16页。
② 《国际公法学》编写组：《国际公法学》，高等教育出版社2016年版，第78页。
③ 〔奥〕凯尔森：《法与国家的一般理论》，沈宗灵译，中国大百科全书出版社1995年版，第420页。
④ 〔英〕詹宁斯等修订《奥本海国际法》（第一卷第一分册），王铁崖等译，中国大百科全书出版社1995年版，第32页。

"最高规范"，即"条约必须遵守原则"。① 而该学说始终难以证实这个最高的原始规范效力来源于何处，因此带有一定的古典自然法色彩和道德主义色彩。

国际法优先说具有一定的积极意义，它产生于一战背景之下，有利于提高国际法的地位，维护国际法的权威，可以促进国家间的平等，符合国际社会的和平与发展潮流。如劳特派特所言，"正是国际法，它决定各国的属人和属地的权力的管辖范围。同样的，也只有提到一种更高的法律秩序——各国在对这种秩序的关系上都是平等的——才能设想许多国家的平等和独立"。② 该学说也有利于促使国家承担因违反国际义务而引起的国际责任。例如，二战后的纽伦堡审判和东京审判，都适用了国际法优先的原则，保护了人类共同的生存尊严。但该学说的负面意义在于其在一定程度上否定或取消了国家主权的权威。目前而言，国际法优先说与现实国际社会的基本结构差距较大。国内法从属于国际法，则作为国内法效力来源的国家主权意志遭到否定，从历史发展和现实情况来观察，也不符合实际。周鲠生指出，这一思想实质上反映了帝国主义企图称霸世界、统治世界的政策导向，和世界政府、世界法一类的主张具有同一作用，③ 值得警惕。美国的国际法理论实际上在某些时刻、在某种程度上有一元论的倾向，尤其是在特朗普执政时期，美国对外政策、国际法实践的基础均认为国际法也属于其国内法的部分，其长臂管辖、国内法的域外适用、随意退出各种国际组织，都是一元论的体现。

2. 国际法与国内法二元论

二元论认为国际法和国内法属于两个完全独立的体系，国际法不会自动成为国内法的一部分，但通过一定的条件，国际法规则可以在国内适用。这种观点避免了国际法和国内法是否属于同一体系的争议问题。其主要代表人物有海因里希·特里佩尔（Heinrich Triepel）、拉沙·法朗西斯·劳伦斯·奥本海（Lassa Francis Lawrence Oppenheim）和迪奥尼西奥·安齐

---

① 周鲠生：《国际法》（上），武汉大学出版社 2009 年版，第 17 页。
② 〔英〕劳特派特修订《奥本海国际法》，王铁崖、陈体强译，商务印书馆 1971 年版，第 26 页。转引自《国际公法学》编写组《国际公法学》，高等教育出版社 2016 年版，第 78 页。
③ 周鲠生：《国际法》（上），武汉大学出版社 2009 年版，第 17 页。

洛蒂（Dionisio Anzilotti）等人。[①] 特里佩尔最早在其《国际法与国内法》一书中阐明二元论，认为国际法和国内法分属于不同的法律体系。第一，二者的法律主体不同。国内法的主体是国家管辖内的个人，而国际法的主体是各个国家。第二，二者的法律调整对象不同。国内法所调整的是个人与个人之间或个人与国家之间的关系，而国际法所规范的主要是平等各国之间的关系。第三，二者的法律渊源不同。国内法主要是国内成文法或国内习惯法，国际法主要以国际条约、国际习惯法为主。第四，二者的法律效力来源不同。国内法是一国主权者意志的体现，而国际法是各国主权意志的集中或调和。因此，二元论认为，国内法与国际法的关系互不从属，而是相互平行，它们分属于不同的法律体系，有各自的效力范围。国际法不能在国家内直接适用，必须经过某种法律程序将国际法转化为国内法才能适用。

二元论，又称平行说，属于实证法学派的观点，是一元论的理论突破，较为全面地阐释了国际法和国内法的不同之处，对于国际法独立体系的形成具有一定的积极意义。二元论曾在19世纪末占据主要地位，至今仍然影响着国际法学的发展。美国的国际法实践在某些方面也体现出二元论的特点，其实质上是一元论和二元论的混用，而选取哪一种理论来解释和支持自己的国际法实践，则取决于美国的政治意图，详述见后续章节。然而，从理论上来看，以马克思主义唯物辩证法的科学方法论来审视，二元论的国际法与国内法平行或对立学说仅仅强调了二者之间的区别，而忽略了其间的联系。任何事物都是对立统一的，都既有区别又有联系，国际法和国内法也不例外。因此，我国学者提出了"相互联系论或协调论"。

3. 相互联系论或协调论

该理论的提出源于我国学者在一元论和二元论发展过程中对实际问题的考察，受到国际法社会基础不断变化的影响。当今世界，经济全球化和国际联系不断加强和深化，国内法的规定可以对其他国家和国际社会产生重要影响，国家间在共同事务上的合作日益频繁，国际法和国内法之间彼此渗透和融合程度也逐渐加强。"随着国际人权法、国际刑法、国际环境

[①] 周鲠生：《国际法》（上），武汉大学出版社2009年版，第14页。

第一章　国际法外交实践研究的法理坐标

法、国际投资法等国际法分支的形成，国际法与国内法在主体和对象等方面的相互交叉以及在内容上的相互渗透"，① 继续坚持一元论或二元论的观点，即忽视国际法在国际社会的作用或割裂其与国内法的联系，均是不符合实际的，也不利于促进国际关系的发展。

我国学者周鲠生教授认为，国际法与国内法的联系首先体现于国家在国内法和国际法制定过程中的角色：国家既制定国内法，也参与制定国际法；其次体现于国家在国内法和国际法实施过程中的角色：国家的对外政策与其统治阶级的对内政策有着密切联系，法律服务于政策，国家对外政策影响其对国际法的态度和立场。因此，国际法和国内法从实质来看，不应存在谁属优先的问题，亦非彼此对立。从实际上看，国际法和国内法的关系问题归根结底是国家如何在国内执行国际法的问题，即国家履行国际义务的问题。因为国际法规范的是国家，而非直接规范各国内部的机关和公民，因此国家有义务通过某种法律程序使其国内法符合它所承担的国际法上的义务。② 梁西教授从国际法的社会基础和法律性质出发，提出国际法与国内法在"性质、主体、渊源、效力根据、适用范围、调整对象和实际执行等方面"，都有着显著不同。现代国际关系实践也表明，此两种不同的法律体系并不是孤立无关，而是相互联系的；关于二者产生联系的纽带，他也认为首先是因为国家在国内法和国际法制定中的双重作用，"能为国家所接受的国际法规范必然与其国内法规范具有内在联系"。他还提出，分别适用国内法和国际法的国内社会和国际社会虽有不同，却关系密切，国际法在历史纵向发展上具有处于承袭部分国内法有益经验和一般性规则的特点，在横向关系上也与国内事务彼此交叉、相互渗透。③ 其他学者，如王铁崖教授、程晓霞教授都持类似观点。

国际法与国内法相互联系论或协调论较为全面地展现了二者之间的区别和联系，既有利于国际法独立地位的确立，维护国际法的尊严，促进国际和平与发展，也肯定了主权国家在国际社会中的地位，促使国际法吸收国内法中的积极内容，同时提高国家践行国际法的积极性，有利于二者协

---

① 《国际公法学》编写组：《国际公法学》，高等教育出版社2022年版，第73页。
② 周鲠生：《国际法》（上），武汉大学出版社2009年版，第17~18页。
③ 梁西主编《国际法》（修订第二版），武汉大学出版社2002年版，第18~19页。

调发展。事实上，国际社会也有学者已经充分认识到，一元论与二元论之间的区别只是理论上和观念上的，各国在实际适用国际法方面并无太大区别，现代国际政治体系也已对二者之间的争论不感兴趣，如今在国际体系原则上主要信奉二元论，但在实践中逐渐接近一元论的方向。① 正如奥本海所言，学界的争论大多没有实际结果，各国如何解决二者关系还是要看各国对于国内法和国际法规则是如何规定的，② 这便使国家实践显得尤为重要。

（二）主权国家适用国际法的实践

国际法与国内法的实践关系主要涉及国际法在国内适用、国内法在国际上的地位，以及国内法与国际法的冲突和解决。国家有关国际法与国内法关系的观念，指导了一国国内法的实践；而国内法的实践可以反映国家国际法观念的合理与否。国际法与国内法的实践关系主要体现在各国对此问题在宪法等国内法中的规定，以及在国际条约签订和国际习惯法承认方面的具体实践。普通法系国家更注重行动中的法，因而主权国家适用国际法的实践研究以对普通法系的分析为主。

1. 国际法在国内的适用

国际法在国内的适用方式，大部分情况下是指国际法如何在国内生效。根据《国际法院规约》第38条对国际法渊源的权威说明，国际法主要有两种形式渊源：国际条约和国际习惯法。实践中，各国对此两种渊源在国内的适用有着不同的方式，对同一种渊源在不同情况下如何适用也不尽相同。国际法在国内的效力是各国的国内法问题，而各国法律体系各不相同，各国是否在宪法上做出了规定以及有无成文宪法都不一定，因此关于这个问题的国家实践十分复杂。③

关于国际习惯法的国内生效，世界上大多数国家基本都在理论和实践中承认国际习惯法在国内法中的地位，认为若国际习惯法不与国内法相抵

---

① 〔美〕路易斯·亨金：《国际法：政治与价值》，张乃根等译，中国政法大学出版社2004年版，第93~95页。
② 〔英〕詹宁斯等修订《奥本海国际法》（第一卷第一分册），王铁崖等译，中国大百科全书出版社1995年版，第32页。
③ 王铁崖主编《国际法》，法律出版社1995年版，第30页。

触,可作为其国内法律体系的一部分进行适用,无须转化或经特定程序即可在国内发生效力,也可以作为国内法院裁判的依据。在普通法系国家,由于历史上存在重视惯例法的传统,较容易接受同为惯例法的国际习惯法,因而基本上都认可国际习惯法直接作为国内法一部分的观念。英国宪法承认国际习惯法是英国法的一部分;美国宪法虽然未提及国际习惯法在国内的地位,但是明确国会有权处理违反万国法的行为,暗示了对国际习惯法的承认。在大陆法系国家,大部分国家也倾向于承认国际习惯法直接在国内生效。法国在1958年法国宪法序言中申明了对国际法规则的承认,这意味着国际习惯法在法国国内具有直接法律效力;德国基本法第25条规定,国际法的一般规则构成联邦法律的一部分,具有优于法律的地位,对联邦领土内居民直接创设权利和义务;意大利1948年宪法第10条规定意大利法院适用公认的国际习惯法,国际习惯法优于国内法。只有卢森堡等少数国家认为,国际习惯法不能直接作为国内法的组成部分,须立法纳入。①

关于国际条约的国内生效,相对而言较为复杂。由于国际条约的国内适用属于各国内政,因此各国的情况千差万别,大致可以分为转化和并入两种方式。转化是国际条约通过专门立法过程,间接成为国内法。这种实践方式与二元论一脉相承,因为国际法和国内法分属两个不同体系,需要中间转化过程。并入是国际条约生效后,直接成为国内法的内容,而不需要经过立法程序转化为国内法。在国际实践中,单一采用国际条约的并入或转化方式的国家不多,多数国家并用并入和转化两种方式。② 由于各国选择不同,可以几个普通法系大国的实践为例,了解国际条约在国内适用的一般做法。英国普通法传统上有一系列关于条约吸收并入的法律规则,一般而言,国王可以缔结并批准国际条约,但只有议会法案才有权将条约中的规则并入国内法,③ 但如果是并非旨在改变国内法的、不需要经过批准的相对不重要的行政协定,则可以不经议会立法而直接适用。④ 美

---

① 黄秋丰、徐小帆:《国际法学》,对外经济贸易大学出版社2016年版,第24页。
② 黄秋丰、徐小帆:《国际法学》,对外经济贸易大学出版社2016年版,第24页。
③ 〔美〕马克·威斯顿·贾尼斯:《美国与国际法1776—1939》,李明倩译,上海三联书店2018年版,第45页。
④ 参见马呈元主编《国际法》,中国人民大学出版社2003年版,第39页。

国宪法规定合众国依权力缔结的条约均为全国之最高法律，与国内法处于同等地位，可在国内适用，但后来在实践中又将条约分为自动执行条约和非自动执行条约，前者采用并入法，可直接在国内适用，但后者采用转化法，须经国会立法转化为国内法后才可发生效力。另外，美国缔结的国际条约与后法相抵触时，以后法或后条约优先。

大陆法系国家中，法国宪法第53条规定，某些类别的条约（包括商务条约或关于国家财政、修改立法或涉及人身地位的）应由法律予以批准或核准。德国基本法第59条规定，关于德国政治关系或涉及联邦立法事项的条约，应由联邦法律加以规定，条约必须符合基本法的规定。意大利宪法也规定了条约在国内生效需要经过立法或行政行为，才能纳入意大利的法律。中国宪法没有明确规定国际条约在国内法中的地位，但由《中华人民共和国缔结条约程序法》第7条规定中对条约和重要协定批准的规定来看，"由全国人民代表大会常务委员会决定"的表述体现了其效力低于宪法但与一般法律等同的地位。

一般而言，主权国家往往利用国家主权原则选择国际法在国内法中是否适用以及如何适用，但随着二战之后国际社会组织化的加强，国际法与国内法之间的关系产生了一些新的变化。二战之后，遭受战争摧残的一些国家进行了自我重建，自愿以限制本国主权为代价，建立了以联合国、欧洲联盟、世界贸易组织为核心的国际组织体系；人权保护也开始突破民族国家的界限，出现了各种国际性人权公约，使缔约国承担了前所未有的保障人权的法律责任，主权国家纷纷确认了国际人权公约在国内法中至高无上或低于宪法但高于其他法律的地位。[①] 缔约国在履行这些国际法规定的义务时，本国的主权不可能完全不受国际法的影响，于是国际法在国内法中的地位已经悄然发生了变化。

2. 国内法在国际上的地位

周鲠生教授指出，以一个实际问题来看，国际法和国内法的关系归根结底是国家如何在国内执行国际法的问题，即国家如何依照国际法履行国

[①] 莫纪宏：《论国际法与国内法关系的新动向》，《世界经济与政治》2001年第4期，第39~44页。

际义务的问题,① 表明二者在实践中的主要表现是国际法在国内的实施。然而,国家作为国际法合意的来源,也是国际法在国内实施的执行者,因此,国内法的规定和实践对国际法也产生影响,而且随着国际法的发展以及近年来国家的实际表现,国内法的域外适用的影响逐渐增强。有关国内法在国际社会特别是司法实践中的法律地位,一个基本原则是一国不能依靠其国内法的不同规定或缺乏这种规定来规避国际法规定的义务。例如,《国家权利义务宣言草案》第13条规定:"各国有一秉信诚履行由条约与国际法其他渊源而产生之义务,并不得借口其宪法或法律之规定而不履行此种义务。"《维也纳条约法公约》第27条规定:"一当事国不得援引其国内法规定为理由而不履行条约。"

国际法院对国内法的适用就是一个国际法受到国内法影响的例子。根据《国际法院规约》第38条的规定,国际法院的判例可以用作决定国际法规则的辅助手段,因此国际法院的判例对形成各种形式的国际法渊源具有重要影响。国际法院是主要处理主权国家间争端的司法机构,必然主要适用国际法来判断关于国际关系中权利和义务的案件,但国际法院在案件审理实践中,也时常需要适用国内法规范来解决一些问题。以下几种情况需要国际法院采取查明、解释和运用国内法的方式来解决案件:(1)案件是因国内法院拒绝司法而引起的,国际法院需首先查清拒绝司法所依据的国内法;(2)国际法院处理案件时,若缺乏明确法律依据,可对各国的国内法予以研究和对比,以期找到一种可演化为国际法习惯规则的规范;(3)遇到国际法疑难问题时,国际法院可以通过研究国内法或国内法律结构的特征,或在适当条件下从国内法中找到可类推适用的规则。② 国际法院对国内法的适用无可厚非,因为国内法先于国际法产生,国际法在很大程度上是国内法在国际社会中的"等比例复制","它们的基本规范和价值是相似的"。③ 国际法院在面临因国内法而起的案例、无法解决的问题、无可参照的先例时,查明和适用国内法也不失为一种发展国际法

---

① 周鲠生:《国际法》(上),武汉大学出版社2009年版,第17页。
② 余先予:《论国际法与国内法的协调》,《上海财经大学学报》2000年第2期,第47~52页。
③ 〔美〕路易斯·亨金:《国际法:政治与价值》,张乃根等译,中国政法大学出版社2004年版,第93页。

的方式。

另一个国内法在国际法中适用的例子是国内法的域外效力,尤其是美国的"长臂管辖"。法律的效力空间是指法律发生效力的空间范围,法律效力因此分为域内效力和域外效力。基于国际法的国家主权平等原则,各国公法理应仅在一国的管辖领域内有效,而无域外效力。然而,自20世纪以来,不少发达国家的国内法效力突破属地主义原则的限制,不断向域外扩展,在此进程中,美国扮演了主导性角色,其国内法域外效力扩张的法律实践对国际法与国际秩序产生了重大影响。① 从19世纪的严格领土性理念到20世纪的行为效果地规则,再到21世纪初的反域外性假定,美国法律域外适用体系不断发展。② 然而,随着国际案件发生频率的增加和国际法自身对社会基础变迁的不断适应,国内法的域外效力甚至逐渐获得了国际法上的合法性。由于严格的领土性原则可能导致不同国家的管辖冲突或管辖真空地带,为了防止域外行为对本国利益的危害,1927年"荷花号案"③ 确立了允许国家突破传统管辖权的国际法依据:常设国际法院判定,在缺乏具体规则限制的情况下,国家具有拓展管辖权的自由。④ 现今,为充分保护本国利益,新兴国家纷纷开始研究建设国内法的域外适用体系,以期增强在国际上的话语权和影响力。

3. 国内法与国际法的冲突和解决

当国内法与国际法发生冲突时,何者的效力位阶更高,取决于国家对

---

① 霍政欣:《国内法的域外效力:美国机制、学理解构与中国路径》,《政法论坛》2020年第2期,第173~191页。
② 孙南翔:《美国法律域外适用的历史源流与现代发展——兼论中国法域外适用法律体系建设》,《比较法研究》2021年第3期,第170~184页。
③ 1926年8月2日,法国邮轮"荷花号"在前往君士坦丁堡(今伊斯坦布尔)的途中,在地中海公海与土耳其货船"博兹-库特号"发生碰撞,导致后者沉没及船上8名土耳其国民丧生。土耳其当局依据《土耳其刑法》对"荷花号"上负责值班的法国公民戴蒙上尉以及获救的"博兹-库特号"船长哈森·贝提起刑事诉讼。法国政府发出外交抗议,认为土耳其对戴蒙上尉的涉案行为没有管辖权。经过协商,两国政府将争议提交常设国际法院。法院在判决中对管辖权的一般法理和公海船舶碰撞案件的刑事管辖规则进行了处理,支持"法无禁止即自由"的原则,即国际法未明确限制的情况下,国家可以拓展管辖权。参见龚宇《国家域外管辖的法律逻辑评析——对"荷花号"案的再思考》,《国际法学刊》2021年第3期,第30~54+156页。
④ 孙南翔:《美国法律域外适用的历史源流与现代发展——兼论中国法域外适用法律体系建设》,《比较法研究》2021年第3期,第170~184页。

于二者关系的认识，在实践中一般规定于各国宪法或法律中。各国的实践不尽相同。以英国为例，布莱克斯通指出，"万国法被普通法全面吸收，是英国法的一部分"，① 但英国在一元论中具有国内法优先于国际法的倾向，英国法律并非"在一切情形下都承认国际法的最高性"。② 它将国际法规则分为规定或禁止的规则，以及允许性的规则，而后者并不一定被视为英国法律的组成部分；议会在条约批准前需要进行核准；制定法优于国际法，在二者产生抵触并有疑义时，"则推定议会并没有违反联合王国的国际义务而行事的意思"。③ 英国的这种认识和规定体现了它对国际法的审慎态度。对法国而言，条约在国内的地位变化遵循一定的条件，其1958年宪法第54条规定，宪法法院可以宣告条约违反宪法。第55条规定："依法批准或认可的条约或协定，自公布后即具高于各种法律的权威，但就每个条约或协定而言以其他缔约方予以适用为限"，这表明只要条约的其他缔约国遵守条约规定，对条约或协定予以适用，法国就认可该条约或协定具有高于国内法的地位。德国基本法第59条规定，涉及联邦政治关系或联邦立法事项的条约，应由联邦法律规定，条约必须符合国内基本法的规定，这表明条约在德国的地位也是在国内法之下。

在不同的情况下，主权国家的选择会发生变化，而这在很大程度上是从一国的国家利益出发做出的选择。国际法符合国家利益时，国家倾向于选择国际法高于国内法；国际法与国家利益冲突时，国家倾向于选择国内法高于国际法。归根结底，国内法与国际法的实践关系是研究两者理论关系的来源和目的，而现实中的各国实践中或一国的不同法律实践中，对于二者关系的处理都是不同的。正如亨金指出的，抽象意义上讨论国际法和国内法的关系意义不大，重要的是将理论和实践相结合来判断一国的国际法实践，毕竟理论服务于实践。④ 在很大程度上，国家对二者关系的认识

---

① 〔美〕马克·威斯顿·贾尼斯：《美国与国际法 1776—1939》，李明倩译，上海三联书店2018年版，第2、9页。
② 〔英〕詹宁斯等修订《奥本海国际法》（第一卷第一分册），王铁崖等译，中国大百科全书出版社1995年版，第35页。
③ 〔英〕詹宁斯等修订《奥本海国际法》（第一卷第一分册），王铁崖等译，中国大百科全书出版社1995年版，第35页。
④ 张乃根：《国际法原理》，中国政法大学出版社2002年版，第24页。

受到国内政治和国际政治的影响，国家根据具体情况判断和选择适合本国情况的实践方式。这也同样体现了国际法的双重属性和对国际政治的开放性，因为国际法和国内法的主体都是主权国家，其对内和对外的政策具有内在的统一性，国内法必然对国际法产生影响。

第二章　美国国际法实践的外交权力与法理传统

在 1776 年建国之后，门罗主义的外交实践和两次世界大战的推动作用，使美国逐渐确立了其在世界舞台上的中心地位。除了依赖经济实力、地理优势、资源丰富等因素之外，这与美国擅长利用国际法处理国际关系密不可分。研究美国的国际法实践，必须首先认识美国国际法实践的权力分配和法理传统，而美国宪法是一切权力分配的源头和依据，因此，对美国宪政的历史发展、现实结构、外交权分配规定进行阐述是研究美国外交权的理论基础。美国三权分立的宪法框架决定了不同部门的职权划分，了解各部门的分工及其之间的相互制衡关系，对于理解国际法实践过程中各种决策制定、政策选择和行为特点具有重要意义。从美国国内角度看，理解美国国内法与国际法产生联系的前提，还必须了解理论上和实践互动中美国对国际法与国内法关系的认知理念和具体策略。事实上，国际法在美国的适用受制于美国宪法的规定，而美国法在国际上的实践也同样从其国内法角度出发，因而逐渐体现出霸权政治的特点。进一步深入挖掘，发现美国国际法实践的权力基础来源于国内法中的普通法传统，而普通法中蕴藏着深厚的自由主义、个人主义等思想源流，这些思想深刻影响了美国几百年来的国际法实践和外交政策，并经过美国孤立主义和新自由主义的本土发展后，共同造就了其国际法外交实践中的霸权主义。

第一节　美国外交权力的宪法基础

美国 1787 年宪法是世界上第一部成文宪法。该宪法虽然篇幅短、字数有限，但在美国政治和法律实践中拥有着至高无上的地位，稳定性也较强，在 200 多年的历史中仅通过了 27 个修正案。美国宪法确立了三权分立的权力架构，也对内政外交各种权力进行了分配和制衡。它既是美国所有法律的基础、国内法实践的依据，也是诠释其国际法实践的重要法律、政治和法理依据。美国当代著名政治学家罗伯特·达尔（Robert Alan Dahl）教授曾指出，支配美国政治生活的宪法对形成美国政治制度的特点、形式、实质和程序具有特殊作用，使其区别于其他政治制度，而且比任何其他单个因素的作用更重大。① 因此，研究美国的国际法实践，应该从研究美国宪法制度开始。

一 美国宪政的历史基础

国际法与国内法关系在实践层面上主要体现为国际法在国内的适用问题，其中包括国际法在国内社会是否直接有效及其在国内法律体系中的效力等级问题。由于理论和实践的共时互动关系，国家的国际法实践与其对国际法地位的理论认识密切相关，而这种国际法与国内法理论层面的认识又渊源于国家的法律文化、政治制度和外交传统。美国的宪政秩序渊源于1787 年宪法，其历史中形成的法律和政治制度沿着基础规范的脉络深刻影响了当代美国的国际法实践。鉴于美国国际法实践有其独特的宪法基础，而宪法规定的是美国国内的事务，那么充分了解美国宪政的历史由来、理论基础和主要内容，对理解美国的外交分工和国际法实践具有基础性作用。美国的法律制度形成是在继承英国普通法传统的基础上利用本土法律资源进行的改造。这种继承和发展的基础包括英国的一般法律传统、英国的国际法传统以及英国的宪政传统三个方面。除此之外，美国也存在独特的法律社会基础，并且凭借开疆拓土的精神进行了一系列宪政创新，由此构成了美国宪政法治的完整结构。

（一）美国对英国一般法律制度的参考

美国对英国法律制度的借鉴是自然顺承的继承。由于与英国的历史联系，美国宪法所确立的宪政法治、有限政府、分权制衡、联邦主义等原则

---

① Robert A. Dahl, *Pluralist Democracy in the United States: Conflict and Consent*, Rand McNally, 1967, p. 4.

第二章　美国国际法实践的外交权力与法理传统

中均留有英国普通法传统的烙印，美国因此得以迅速建立起成熟的法律制度。在一般法律传统方面，美国国内法律制度的形成，得益于各殖民地对英国普通法法律原则、法律制度、法律组织机构等的承袭。例如，从1619年开始在北美大陆上建立的治安法院、简易法院等法院，其审判依据就是英国的普通法，法官和律师在审判中通常直接援引英国法院的判例。北美很多制定法都是对普通法原则和规则的法典化，英国的法理制度在北美殖民地逐渐安家落户。① 此外，大陪审团制度、检察官制度等法律制度，法院具有造法权、法官可以通过判例以及解释创造新法、法院判决以认定的案件事实为基础对具体争议做出裁决等原则，均是对英国普通法的继承。

在国际法方面，美国在理论上和实践上都承袭了英国对于国际法和国内法一元论的认识。美国在建国之初对布莱克斯通的理论十分认可，并在案例中②对此进行了实践，使得国际法和国内法一元论的原则逐渐被美国接受，并在美国宪法第6条第2款中规定："本宪法和依本宪法所制定的合众国法律，以及根据合众国权力已缔结或将缔结的一切条约，均为全国的最高法律；各州的法官都应受其约束，任何一州的宪法或法律中任何内容与之相抵触时，均不得违反本宪法。"不仅如此，美国在条约签订之前需经参议院批准的步骤、条约与法律同等地位但低于宪法的规定，以及在法律与条约冲突时"法院将解释国会的法律，以使其与美国在条约项下义务一致"③ 的习惯，也与英国的传统如出一辙。这种对于国际法和国内法关系的认识和规定，体现了英美对国际法的审慎态度。

（二）英国宪政传统的历史

英国拥有悠久的宪政历史，这是塑造美国宪政内在基因的基础。英

---

① 参见何家弘主编《当代美国法律》，社会科学文献出版社2001年版，第10~25页。
② 例如，1784年的"共和国诉德·隆尚（De Longchamps）"一案中，法国人德·隆尚对法国驻美总领事弗朗西斯·巴贝·马霸进行肢体攻击，法国政府要求将隆尚接回法国审判，但美国宾夕法尼亚州法院认为必须根据万国法原则进行裁断，而这些原则本身也是宾夕法尼亚法的组成部分，宾夕法尼亚州法院有权对此进行审判并加以惩处。最终，隆尚向宾夕法尼亚州支付了罚款并被关押。此案后，美国开始接受和认可万国法是普通法的组成部分。参见〔美〕马克·威斯顿·贾尼斯《美国与国际法1776—1939》，李明倩译，上海三联书店2018年版，第32页。
③ 〔美〕路易斯·亨金：《国际法：政治与价值》，张乃根等译，中国政法大学出版社2004年版，第101页。

国是近代宪政第一国，而且拥有"宪政摇篮"和"宪政考古博物馆"的称号。① 英国宪政传统的形成经历了三个历史阶段，其萌芽于11世纪前的盎格鲁－撒克逊时期，成长于11～12世纪的诺曼王朝时期，最后在13～15世纪逐步成熟和确立。19世纪末20世纪初的英国著名宪法学家戴雪曾指出，英国宪政包含两大精义，即"法律主治和议会主权",② 而在这三个历史阶段，英国对这两大精义的实践都有迹可循。

在萌芽阶段，习惯法传统和政治协商传统为英国宪政思想奠定了基础。英国的习惯法可以追溯到盎格鲁－撒克逊时期。来自欧洲大陆的盎格鲁－撒克逊人属于日耳曼人的一个分支，而日耳曼民族有着严格的规则意识、崇法遵法的习惯和政治协商传统，盎格鲁－撒克逊人延续其原始的法律习惯，并以此催生了英国早期的习惯法。从7世纪开始，民间习惯法开始逐渐成为国家法，但法典编纂并未改变英国法为习惯法的本质，实质上的成文法典只是将原来已得到社会普遍认可的公共习惯进行书面转化，社会大众的传统得到了很大程度的保留。另外，由史前长老议事会演变而来的贤人会议（the witenagemot）③ 与国王分享统治权，使得国家重大事件的统治权从未真正落入国王一人手中。④ 以上习惯法的传统和贤人参政议政的政治协商传统使得社会力量的作用得以凸显，国王的作用相对于其他封建专制国家而言较为弱化，奠定了"王在法下""政治协商"的宪政思想基础。同时，这种早期的法律观念和法律习惯塑造了英国珍视历史传统的民族特性，注重仪式和象征手段的习惯使普通法具有了技术性的法律程序和程序先于权利的形式法治观，奠定了"法律是被发现的既存秩序、法律高于王权"的普通法观念。⑤

---

① 阎照祥：《英国政治制度史》，人民出版社1999年版，第2页。
② 〔英〕戴雪：《英宪精义》，雷宾南译，中国法制出版社2001年版，第1页。
③ 贤人会议是盎格鲁－撒克逊时期的中央会议，是日耳曼民主传统的延续，因与会者被视为"贤人"（witan）而得名。它由国王召开，参会者包括教会贵族和世俗贵族，以及王室成员和政府官员，是一个在立法、司法和税收等重要事务方面具有较大权力的中央会议。贤人会议使英国王权自产生之日起就是一个有限性的权力，奠定了英国宪政的第一步。参见敏敏、王延庆《文明进程的片段——世界历史研究论集》，甘肃文化出版社2016年版，第65～66页。
④ 程汉大：《英国宪政传统的历史成因》，《法制与社会发展》2005年第1期，第30～40页。
⑤ 张彩凤：《英国法治研究》，中国人民公安大学出版社2001年版，第12～13页。

第二章　美国国际法实践的外交权力与法理传统

英国宪政的成长阶段开始于1066年诺曼征服后，其间王权逐渐从各地集中，但又被新的阶层所分割。诺曼征服之后，一套真正近代意义上的法律或统一的英国法律体系和司法体系逐渐出现。诺曼人在继承盎格鲁－撒克逊法律秩序的基础上，结合诺曼底公国统治经验，开始进行统一的国家政治经济和法律创建，完成了英国封建制度的确立，使国家的权力归于王室，从而避免了同一时期欧洲大陆其他国家贵族势力大于王权的局面。但是，这种王权集中并没有形成类似同期东方世界的君主专制，因为英国又产生了一种王权与贵族集团的全新封建契约关系。国王没收盎格鲁－撒克逊贵族土地进行重新分封，获得土地的封臣宣誓对国王效忠，二者成为一种权利与义务的法律关系，因此国王的权力成为一种对贵族有一定义务的、相对有限的权力。这种动态平衡的权力分割与制衡关系，使得英国贵族不能像欧洲大陆其他国家一样直接与国王分庭抗礼，于是"联合开展集体政治斗争便成为中世纪英国贵族反王权斗争的主要形式"，[①] 这在客观上促进了御前大会议（the king's great council）的发展。因此，这一时期的贤人会议也实现了封建化，演变为一个按照领主－封臣关系组建的御前大会议，由国王的附庸组成，承袭了贤人会议的主要职能并在组织规范性上进行了强化。国王需要得到作为附庸的贵族的辅佐和支持，这使得御前大会议中的贵族势力渐强，经常出现与国王意见不一的情况。为削弱贵族权力以加强王权，安茹时期的国王扩大和丰富了御前大会议的参与者规模和层次，拓宽了其管辖权，客观上使御前大会议成为英国议会的雏形。但王权和贵族之间的矛盾由此不断加深，成为1215年英国《大宪章》得以签署的政治背景。

英国宪政的确立和完善主要体现为英国普通法的确立和英国议会的形成，它们分别展示了英国宪政中法治和民主精神的发展历程，而这些都在潜移默化中影响了美国的宪政萌芽。"所谓的英格兰法治主要是指依据普通法进行治理的生活状况：上至国王，下至普通臣民，都必须遵守法律，司法权由法官行使。"[②] 普通法的确立过程就体现了法治的发展过程。在主观上，普通法的发展始于王权集中的需要。虽然从表面上看王权集中不符

[①] 程汉大：《英国宪政传统的历史成因》，《法制与社会发展》2005年第1期，第30~40页。
[②] 李红海：《英国普通法导论》，北京大学出版社2018年版，第170页。

合宪政精神,但实际上,英国普通法的发展在客观上促进了法律的公平性和开放性,拓宽了平民获得法律救助的渠道,而且早期英国也需要有一个"非常强有力的行政者来压住一个分裂的、有武装的、不耐心的国家"。[①] 亨利二世进行了一系列重大的司法改革。一是创设了独立于王权的中央法院系统,包括普通诉讼法院、王座法院和理财法院,使国王拥有了一切严重犯罪和私法案件的私法管辖权,削弱了封建领主法庭的作用,而中央法院系统在裁决案件中逐渐发展并适用的法律就被称为普通法。[②] 二是发展了令状制度,对早期教俗统治者行政管理的手段进行了司法化改革,由指示臣下救助当事人改为要求当事人到王室法官面前接受审判,因此扩大了王室的司法管辖权,挤压了地方法庭和封建法庭的司法管辖空间。[③] 令状是王室法庭处理诉讼的前提,因此令状制度的发展是普通法发展的前提。三是创立了陪审制,使国王能够迅速了解全国各地的法律习惯和风俗习惯,有利于汇集各地习惯而形成全国统一的普通法原则,同时促进了平民的参与性,体现了司法的公平性。可见,亨利二世出于加强王权的目的,客观上促进了普通法的发展,而法律尤其是司法权威也逐渐渗透进英国人的基因,奠定了法治的实践和思想基础。与此同时,随着由农村骑士和城市市民组成的中产阶级迅速崛起,骑士和市民代表也开始正式受邀出席御前大会议,使御前大会议由封建协商机构转变为近代意义上的代议协商机构议会,从而开创了代议制的先河,有效地推动了宪政传统的历史延续。[④] 这些制度和思想均为美国的宪政实践提供了历史经验和理论基础,加速了美国宪法和法律的形成。

(三) 美国法律的社会基础

美国法律制度的迅速形成,既得益于对英国法律制度的传承,也与其自身特有的社会基础息息相关。16世纪,英国的普通法宪制已经日趋完善,由英国移民形成的北美殖民地从建立之初就深受其影响,或被动或主动地展开了一系列法律启蒙和法律实践活动。与此同时,由于英国统治者

---

① 〔英〕沃尔特·白哲特:《英国宪制》,李国庆译,北京大学出版社2005年版,第190页。
② 张彩凤:《英国法治研究》,中国人民公安大学出版社2001年版,第22页。
③ 李红海:《英国普通法导论》,北京大学出版社2018年版,第115页。
④ 程汉大:《英国宪政传统的历史成因》,《法制与社会发展》2005年第1期,第30~40页。

第二章　美国国际法实践的外交权力与法理传统

距离遥远、控制松散，殖民地议会和基层自治蓬勃发展起来，为美国建国和立宪实践奠定了政治和法律基础。此外，在美国殖民地时期的法律实践中，社会精英的作用和表现尤为突出，使得社会的民主和法治色彩较为浓厚。这些要素共同铺就了美国创制宪法的成功之路。

第一，早期殖民地人民具备较强的法律意识，并进行了积极的法律实践。人们重视学习英国发达的法律制度和法律思想。对美国制宪先贤影响最大的思想家爱德华·柯克和威廉·布莱克斯通都是英国著名的普通法大家，他们的著作在殖民地的销售十分火爆，他们提出的司法审查、基本法应同时约束国王和议会、议会至上等宪政思想对启发当地民智起到了关键作用。① 理论与实践相辅相成，殖民地时期也进行过许多具有重要影响的法律实践活动，如被认为是美国法律制度两大奠基石之一的1620年《五月花号公约》的签订。② 它是美国历史上首份公民协议，③ 所确立的地方自治原则对后来美国的建立和法律制度的设置具有深远影响。殖民地的法律制度已经较为完善，甚至出现了早期现代化的特征，包括检察官制度兴起、陪审团制度逐步减弱、事实性答辩转变为法律性答辩、普通法令状制度逐步健全、专业律师队伍出现，以及仲裁正规化或边缘化等趋势。④ 早期宪政思想启蒙与法律实践活动塑造了美国独特的政治基因。与其他国家发生的独立革命不同，美国建国并非建立在暴乱或流血革命的基础上，北美殖民地也未经历暴政或饱受战争摧残，美国革命基本上是以寻求自由为目标而进行的斗争：从七年战争结束到列克星敦之战以前，英属北美殖民地人民的政治思想经历了从抵制英国征税和强化控制的自主、自治精神的萌芽，转变为全面质疑英国统治北美殖民地合法性的独立意识的成熟。在此过程中，社会精英的宣传鼓动和基层民众的积极行动是两股主要的推动力量，这两股交叉乃至合而为一的力量实际上以自由为核心。⑤ 这离不开北

---

① 任东来：《美国宪法的形成：一个历史的考察》，《社会科学论坛》2004年第12期，第23~30页。
② 〔美〕塞缪尔·埃利奥特·莫里森等：《美利坚共和国的成长》（第一卷第一分册），南开大学历史系美国史研究室译，天津人民出版社1975年版，第105~106页。
③ 何家弘主编《当代美国法律》，社会科学文献出版社2001年版，第9页。
④ 韩铁：《英属北美殖民地法律的早期现代化》，《史学月刊》2007年第2期，第61~80页。
⑤ 李剑鸣：《"危机"想象与美国革命的特征》，《中国社会科学》2010年第3期，第182~204+224页。

美殖民地人民受到的包括自由、平等思想在内的法律意识的启蒙。

第二，殖民地时期的议会民主和基层自治奠定了美国的宪政基础。议会和自治都是宪政民主的政治表现，分别是立法领域和行政领域的实践，两者互为协调地发生作用。在殖民地时期，从英国本土诞生的议会制度也漂洋过海而来，议会成为唯一一个可以代表殖民地人民与英国派来的总督相对抗的机构。[1] 英国于1607年开始向北美移民并建立弗吉尼亚永久殖民地，而1619年殖民地就建立了弗吉尼亚议会。它被认为对美国法律制度的形成具有重要的奠基作用，以至于后来美国首先实现共和代议制被认为是美国民主对西方民主制度做出的最杰出贡献。[2] 以《五月花号公约》为基础建立的普利茅斯永久殖民地是第二个成功在北美建立的英国殖民地，而其地方行政机构更加具有议会民主的特征，并采用以自由民选举的民主方式组成立法机关大议会。[3] 这些议会制度和民主自治制度对其他陆续建立的殖民地产生了示范效应，到18世纪上半叶，北美的地方民主议会政治已经发展到了相当成熟的程度。[4] 与此同时，由于政策目标、距离遥远等原因，英国对殖民地的管理相对较为松散，英国议会基本上只对整体性质的商业和外部事务进行立法，殖民地内部事务均是自行立法，这促进了殖民地政治自治的能力和信心。[5] 同时，乡镇会议作为一个自主性和独立性的基层自治机构，对民主的普及化也做出了重要贡献。托克维尔在考察了美国的民主制度之后认为，"毫无疑问，今天统治美国社会的那些伟大政治原则，是先在各州产生和发展起来的"，[6] 而这种各州开始的民主政治，就是指各州的议会制度、民主选举和基层自治。

第三，美国成功制宪还有一个重要因素，即精英群体提供了重要的智识支持。北美新大陆的开辟得益于英国智力资源的输送。从开始创立殖民地的英国王室官员，到追求宗教自由的清教徒，再到渴望来到广袤大陆分得一

---

[1] 刘祚昌：《论北美殖民地社会政治结构中的民主因素》，《文史哲》1987年第3期，第26~33页。
[2] 周琪：《美国对西方近代民主制的贡献——代议制民主》，《美国研究》1994年第4期，第5~6+55~72页。
[3] 万昌华、万颖：《美国宪政体制研究》，齐鲁书社2010年版，第56页。
[4] 万昌华、万颖：《美国宪政体制研究》，齐鲁书社2010年版，第67页。
[5] 梁红光：《联邦制理念与美国早期的国家构建》，上海三联书店2013年版，第35~36页。
[6] 〔法〕托克维尔：《论美国的民主》，董果良译，商务印书馆2017年版，第74页。

杯羹的英国绅士，殖民地时期的社会不乏家境殷实、受教育程度较高、知识素养丰富的上层人士。这些精英在殖民地尝试民主和法治的过程中发挥着导向性和决定性作用。"殖民地贵族阶层的成长让美国的民主成为可能"，① 美国绅士的自我成长和自我建设使得美国形成了具备能力和才干的政治阶层。独立运动之前，美国各殖民地就对参政者的财产资格进行了规定，只有拥有一定资产者才能进入参政议政的大门，体现出美国民主的资产阶级性。贵族阶层所具备的法律知识和政治能力，是美国宪政成功创制和发展的重要保障。制宪会议的55名代表中包括15名奴隶主、11名工商业主和24名有动产者，美国国父华盛顿等均家财万贯，制宪会议就是有产者的聚会。② 这在确立了美国宪法保护财产自由权的背景、为美国个人主义发展奠定经济基础的同时，也体现出美国宪法创制过程中的妥协、巧妙和智慧。制宪会议中没有下层人士，也避免了思想激进的小资产阶级和脱离实际的知识分子，而基本上都是有法律相关知识的政治家，其中有三分之二的法律从业者，包括律师和各州的法官。③ 丰富的法律实践和统一的思想认识保证了美国宪法在当时的先进性和开放性，形成了美国几百年来的政治和法律传统。

（四）美国的宪政创新尝试

正是得益于普通法精神的启蒙，美国得以利用国际法主动割裂与英国的殖民关系和政治联系，从而迅速走上独立和崛起之路。在借鉴和承袭英国法理制度的同时，由于欧洲大陆距离遥远，北美各殖民地在建立法律制度时拥有很大的自主权，也正是由于受到普通法中自由平等精神的启蒙，殖民地逐渐萌生了自主自立的想法。美国的宪政创新有着经济、思想和法律上的独立基础。经济上，"虽然北美大陆尚未形成独立的产业基础以及所谓的'美利坚精神'，但是它和包括英帝国在内的欧洲国家的关系逐渐从对后者的过度依赖转向正常的平等互惠"。④ 思想上，美国的建国者充分

---

① 〔美〕拉塞尔·柯克：《美国秩序的根基》，张大军译，江苏凤凰文艺出版社2018年版，第320页。
② 万昌华、万颖：《美国宪政体制研究》，齐鲁书社2010年版，第33页。
③ 任东来、陈伟、白雪峰等：《美国宪政历程：影响美国的25个司法大案》，中国法制出版社2013年版，第3页。
④ 王黎：《美国外交：理念、权力与秩序——从英国殖民地迈向世界强国》，世界知识出版社2019年版，第8页。

利用英国政治哲学和欧洲启蒙思想中约翰·洛克、大卫·休谟等人的学说,"美国人民能够将欧洲人的权利观念以及自由原则在新大陆上创造性地付诸实践"。① 法律上,《威斯特伐利亚和约》确立了主权原则之后,独立者们为独立找到了法律上的支持。标志着美国得以从英国分离和独立的建国文件《独立宣言》中有多处体现出对万国法的援引。从约翰·亚当斯、亚历山大·汉密尔顿,到本杰明·富兰克林、托马斯·杰斐逊,美国建国者对万国法的研究十分深入。"在国父们的著作中,'关于格劳秀斯、普芬多夫以及瓦特尔的引用比比皆是'。"② 国际法对于维护美国独立及其在国际上的合法地位起到了至关重要的作用。

在美国宪政创制的过程中,由于不同于英国本土的新现实问题的产生,制宪者们不得不进行一些改良和创新的尝试,背后的推动因素包括纵向联邦与各州之间的斗争,以及横向自由主义与保守主义的斗争。从联邦与各州的关系层面,联邦制是美国在历史上的独创,它体现出制宪者在发现和解决现实问题、妥协各方利益方面的创新智慧。1776 年美国建国伊始,13 个独立的殖民地形成了松散的邦联体制,因为在思想意识方面,各殖民地已在漫长的自治历史中发展出根深蒂固的独立意识和契约意识,任何被视为剥夺或侵犯其权利的法律制度都难以存在和实施;在经济利益方面,南方种植园主依然企图在广阔的南方大地上保持自身专政和巨额利润。然而,建国后仅几年的时间里,缺乏统一政策的各州陷入了内忧外患:联系松散、各行其是的邦联体制使美国无法有效形成统一市场和统一行动,无法应对强大的英国和其他殖民国家的外部竞争。资产者们认识到建立一个团结有力的国家势在必行,因而一场联邦派与州权派之间的联邦制宪会议于 1787 年召开了。两派的对立首先依然是经济利益方面的,北方工业州希望有强大的政府来废除州关税,而南方农业州反对强有力的政府,希望保持低关税以换取廉价的国外商品。③ 其次的矛盾在于联邦权力和州权力的划分。事实上,这二者的矛盾和斗争出现在历史发展的各个阶

---

① 王黎:《美国外交:理念、权力与秩序——从英国殖民地迈向世界强国》,世界知识出版社 2019 年版,第 9 页。
② 〔美〕马克·威斯顿·贾尼斯:《美国与国际法 1776—1939》,李明倩译,上海三联书店 2018 年版,第 28 页。
③ 复旦大学美国研究中心:《美国研究》,复旦大学出版社 1986 年版,第 114 页。

段，制宪时的矛盾主要解决办法为：联邦派的压倒性优势决定了会议的权限由修改《邦联条例》转为制定一部新的联邦宪法，作为中央立法机构的国会由以平等代表制代表州权的参议院和以比例代表制代表中央权力的众议院组成，中央拥有宪法中列举的权力，而州保留剩余未列举的权力。① 联邦制的一般特征，是联邦中央政府与各州政府在宪法规定的权力范围内应具有几近平等的地位，但由于美国制宪者的真正意图在于强化国家政府，所以在宪法中规定了中央地位高于各州。这些新的制度尝试体现了不同层级的势力为形成统一国家的利益而进行的相互斗争和妥协。

美国制宪过程中，针对国家是否采取集权制度以及民主程度如何，制宪者中还出现了保守主义和自由主义的斗争。共和制在孟德斯鸠以前被认为是一种只适合小国的制度，② 因此在美国如此广阔的疆域内如何实行共和制，是制宪者们面临的又一个重要问题。约翰·亚当斯和亚历山大·汉密尔顿持保守主义观点，惧怕和怀疑人民，主张应建立强大的中央政府，他们因此成为联邦主义的创始人，即后来美国共和党的前身联邦党的鼻祖。托马斯·杰斐逊和托马斯·潘恩则是建国初期政治家中少数的自由主义者或共和主义者，即后来美国民主党的前身，他们相信民主和平等思想，反对奴隶制，认为人民可以自己管理好政府，反对强有力的政府。制宪者当时多为属于保守派的资产阶级，他们为了维护自己的阶级利益，迫切希望建立强有力的国家机器，但在当时的历史条件下，不可能建立单一制的中央政府，不得已只能采用联邦制，因此联邦派基本上获得了制宪会议的胜利。但据此建立的强大的中央政府权力也被一分为三，"政府的三权分立和相互制约也反映出保守派对人性的深刻怀疑和对任何变革的谨慎防范"。③ 在随后的新宪法批准过程中，联邦主义者与支持州权的反联邦主义者再次展开激烈讨论，反对者担心拟议政府将管理个人而不是各州，有可能会成为一个集权政府，他们的理论分歧涉及"对共和国的规模、代表

---

① 复旦大学美国研究中心：《美国研究》，复旦大学出版社1986年版，第114~115页。
② 这一点也成为美国宪法制定后反联邦主义者的重要依据。孟德斯鸠在《论法的精神》中指出，不同的地域应建立不同形式的政府，小国适合建立共和国，中等大小的国家适合君主制国家，而庞大的国家更适合专制帝国统治。参见〔法〕孟德斯鸠《论法的精神》（上卷），许明龙译，商务印书馆2012年版，第147~148页。
③ 任晓、沈丁立编《保守主义理念与美国的外交政策》，上海三联书店2003年版，第12页。

制的功能和效果、主权的性质和归属的认识，以及他们对不同政治、经济和社会利益的考虑"。① 以汉密尔顿和麦迪逊为首的联邦党人撰写了著名的《联邦党人文集》，对于说服民众和通过宪法起到了非常关键的作用，最后以联邦党许诺通过保障州权和民权的《权利法案》为条件，新宪法最终得以通过。虽然反联邦主义者失败了，但这些论争对牵制和限制联邦主义者以及构建美国政治文化产生了影响，杰斐逊和汉密尔顿的不合也成了美国日后"政党制度之嚆矢"。② 各方之间的斗争和妥协，在客观上促成了美国宪政创制过程中的创新。

二 美国三权分立的宪法框架

历尽艰辛才得以制定和通过的美国宪法，规定了美国总体的政治和法律制度，成为美国一切政治行为和法律实践的"圣经"，也是美国国际法实践的根源和依据。在宪法创制过程中，中央权力和地方权力被予以划分，确保了联邦和各州利益的协调；在中央权力内部，基于洛克和孟德斯鸠的权力分立原则以及保守主义对权力的警惕和监督，权力被一分为三，即立法权、行政权和司法权，它们各司其职，相互协调，互为牵制。这种相互制约的关系也影响了美国外交政策的制定和实施，尤其导致美国的国际法实践中经常出现不确定性和前后矛盾的现象。因此，了解美国三权分立的宪法框架，是研究美国外交权和国际法实践的必要过程。

（一）国会的立法权

由于美国的联邦体制和权力制衡机制，美国的立法权在纵向和横向两个维度都被相应地进行了划分。在纵向上，美国的立法权分为联邦立法和州立法两个层次，各自地位不同、权限不同。美国宪法第1条第8款规定了国会的立法内容涉及税收、拨款、外交、人事等方面，而州议会可以制定、修改或废除州法律，以及通过州层面的决议和财政法案等。美国宪法第10条修正案规定，宪法未授予合众国也未禁止各州行使的权力，由各州或人民保留。据此，联邦拥有宪法中所明确列举的"授予的权力"，而州

---

① 梁红光：《联邦制理念与美国早期的国家构建》，上海三联书店2013年版，第262页。
② 张辰龙：《西方政治思想史》，知识产权出版社2016年版，第405页。

第二章　美国国际法实践的外交权力与法理传统

享有除此之外的"剩余权力",这使得二者的立法权限有了较为明确的界分。然而,在后来的历史发展中,国会和州议会之间的立法权限也有过一些斗争和调整。作为联邦最高法院大法官的马歇尔在1819年以"马卡洛诉马里兰州案"确认了国会拥有默示权力,即由宪法列举权力所派生出来的权力,扩大了国会的立法权。① 在位阶方面,美国宪法第6条规定了联邦立法的效力高于州立法,联邦宪法、法律和条约对各州都有效,州法不得与宪法、法律和条约相抵触。在每个层次的内部,立法权又横向地分属于其参议院和众议院,各州议会也基本上采用参众两院制。美国宪法第1条第1款规定,美国的立法权属于由参议院和众议院组成的合众国国会,并在该条其他款项中详细规定了各院的职责和义务,以及两院如何协调与牵制对方。这体现出美国宪法在防止任何部门独断专权方面的警惕。美国国会的组成方式不是无源之水、无本之木,它是以英国的议会为模板的创造物。英国议会有贵族院和平民院两院,美国国会的参议院和众议院基本上与其相对应。两院的设计可以既保证贵族阶层的利益,又兼顾平民大众的权益,各方妥协可以保持政治结构的稳定和促进政策法规的制定。

"孟德斯鸠的有序自由的观念之所以能变成现实,靠的不仅仅是形式上的分权体系,实际上各种不同的制衡机制都被纳入宪法之中。"② 除了在总体上立法权被分配给参众两院之外,分权制衡体现在诸多方面。第一,在各院议员组成和任期方面,宪法的设置可以在保护贵族阶层利益的同时兼顾各州平等。众议院由各州人民每两年选举产生的议员组成,参议院由各州议会选出的2名参议员组成,任期6年。在宪法第十七修正案于1913年通过之前,美国的参议员一般都是由州议会选举出来的杰出人才,6年任期的规定可以保持其连续性和独立性,以保证制宪者阶层的利益。虽然参议院的贵族色彩少于英国贵族院,但也可以抑制一时的民主冲动;同时

---

① 身为联邦党人的马歇尔在此案中认同了同为联邦党人的汉密尔顿的政策,认为美国联邦有建立国家银行系统的权力,而这派生于宪法所列举的"征税和规定商业"权力,此举确立了默示权力学说(从宽解释宪法学说),并在后来成为解释宪法的准则,实则扩大了国会的立法权。参见成少森、叶川《西方文化大辞典》,中国国际广播出版社1991年版,第1179页。
② 〔美〕拉塞尔·柯克:《美国秩序的根基》,张大军译,江苏凤凰文艺出版社2018年版,第432~433页。

每个州不论面积和人口均分配有2个参议员席位的规定,也满足了小州的平等愿望。① 第二,在弹劾权方面,两院也在事实上分享权力。众议院选举该院议长和其他官员,并独自享有弹劾权,但参议院享有审理一切弹劾案的全权。这是对弹劾这种重要权力的审慎制约,以避免任何一个机关的滥权。第三,即便在参议院内部,参议员的构成也是滚动型的,以避免同一批人员任职时间太久从而滋生专权和腐败。美国宪法规定,参议员在第一次选举后集会时,应立即尽可能平均分为三组,每组参议员应分别于第二年、第四年和第六年的年终改选,以便每两年改选参议员总数的三分之一,使参议员岗位的稳定性和流动性相结合,既可以保证政策的延续性,又可以防止腐败。第四,在会期和会议程序方面,宪法也做出了两院相互制约的规定。在国会开会期间,一院未经另一院同意不得休会三日以上,也不得从两院开会地点移往他处,这种设计可以使两院在程序和纪律上互相监督。第五,宪法对于特定内容的立法权做出了特别分配。所有征税议案应首先由众议院提出,但参议院可以同对待其他议案一样,提出修正案或对修正案表示赞同。这种安排是由于征税和拨款等事项与民众的舆论有更多的直接联系,因此被赋予众议院,但外交事务及确认总统重大人事任命等事务属于参议院。这种安排体现出贵族利益与平民利益平衡,但重大权力依然掌控在贵族阶层手中的本质。

  宪法不仅将立法权划分给多个部门,而且对立法程序也做出了涉及多个部门的复杂规定。首先,宪法赋予了总统批准立法的权力,将行政部门也纳入立法环节,扩展了权力制衡的范围。众议院或参议院通过的每一个议案,均应在成为法律之前送交合众国总统。总统如批准该议案,即应签署;如不批准,则应附上异议书并将议案退还给提出该项议案的议院,该院应将总统异议详细载入本院会议记录,并进行复议。其次,宪法规定了未批准议案的复议程序。复议后,如该院三分之二议员同意通过,即应将该议案连同异议书送交另一院,另一院也应加以复议,如经该院三分之二议员认可,该项议案即成为法律。凡须经参议院和众议院一致同意的命令、决议或表决(有关休会问题者除外)均应送交合众国总统,以上命

---

① 〔美〕拉塞尔·柯克:《美国秩序的根基》,张大军译,江苏凤凰文艺出版社2018年版,第431页。

令、决议或表决须经总统批准始能生效。如总统不予批准,则应按照对于议案所规定的规则与限制,由参议院和众议院三分之二议员再行通过。由此可见,美国的国会制度可谓世界上最复杂的议会制度之一。国会议员众多,每届国会都有数千议案提出,各个环节还渗透了各种政治势力、政党政治的竞争和交涉,各利益团体的游说活动以及选民的意见和利益等因素,使得议案的通过非常缓慢,甚至经常形成僵局。① 其实,制宪者如此复杂的精心设计,一方面是出于权力制衡的考量,另一方面也是因为秉持着审慎与节制,希望立法者能够对议案进行理性而充分的审议,特别是在面对重大决策或争议之时,以避免因冲动立法引发不良社会效果。然而在后世,尤其是在当代,美国的立法受到了一系列挑战。不仅国会立法被把持在政党领袖和总统等极少数人手中,"一揽子立法、紧急法令、立法外包、非常规授权、局外人起草等立法手段正在逐渐成为主流",② 大量议案突破传统立法过程中专门设置的程序性障碍,未经充分审议而获得法的地位。在如此复杂的立法机制之下,国际条约也同样面临着众多环节限制和不同势力斗争的考验,其批准和成为美国国内法的一部分的过程也非常艰辛。

(二) 总统的行政权

总统制是美国的制度发明,并经1787年制宪会议上的反复讨论而最终创立,其思想主要受到来自欧洲的混合政府理论与分权制衡思想,特别是孟德斯鸠的分权理论的影响,实践基础是殖民地至美国独立以来的政治经历,包括总督制、州际委员会制和强州长制等制度。③ 美国宪法第2条将行政权力赋予行政部门的首脑,即美利坚合众国总统,并对其选任方式、行政权力和义务以及权力限制做出了规定。第一,宪法规定了总统和副总统的任期和选举方式。总统任期四年,总统和具有同样任期的副总统均应按照一系列复杂的程序选举产生。第二,总统享有军事权。总统为合众国陆海军的总司令,并在各州民团奉召为合众国执行任务时担任统帅。第

---

① 冉伯恭、曾纪茂:《政治学概论》,格致出版社、上海人民出版社2008年版,第163~166页。
② 王怡:《民选的议会与不民主的立法:当代美国非正统立法程序考察》,《中南大学学报》(社会科学版)2018年第4期,第42~51页。
③ 李秀红:《美国总统制确立的理论渊源及制度基础》,《学术界》2015年第7期,第223~231+328页。

三，总统具有统领行政部门的权力。总统可以要求每个行政部门的主管官员提出有关他们职务的任何事件的书面意见。第四，总统具有特赦权。除了弹劾案之外，他有权对违反合众国法律者授予缓刑和特赦。第五，宪法将大部分外交权赋予总统。总统有权缔订条约，但须争取参议院的意见和同意，并须征得出席参议员中三分之二的人赞成才能批准条约；有权提名并在取得参议院的意见和同意后任命大使、公使及领事、最高法院的法官，以及一切其他在宪法中未经明定但以后将依法律规定而设置的合众国官员。然而，总统的权力其实是一种脆弱的权力，相比宪法为国会明确列举的重要权力，美国宪法仅规定了行政权属于总统，但并未对行政权的内涵进行明确界定，总统享有的实际权力完全取决于总统本人的努力和所能得到国会的支持，故而只是一种"说服性的权力"，[①] 但这种模糊性给日后总统权力的扩大开了方便之门。

美国总统也受到义务的限制和其他部门的牵制。美国宪法第2条第3款规定了总统的义务。总统需要经常向国会报告联邦的情况，并向国会提出他认为必要和适当的措施，供国会考虑；在特殊情况下，总统需要召集两院或其中一院开会，并应在两院对于休会时间意见不一致时，命令两院休会到他认为适当的时期为止；总统需要接见大使和公使，确保法律的实施，并任命所有合众国的军官。总统应宣誓维持、保护和捍卫合众国宪法。宪法第2条第4款规定了总统的限制。合众国总统、副总统及其他所有文官，因叛国、贿赂或其他重罪和轻罪，被弹劾而判罪者，均应免职。对总统进行监督和限制的部门主要是三权分立结构中的另外两个部门，即国会和最高法院。宪法规定的国会对总统的控制力极大，例如总统增设新的行政机构、所需款项都必须经过国会的批准，而国会几乎从不轻易批准，如联邦政府分别等了10年、39年、40年和45年才得到国会批准设立海军部、内政部、司法部和劳工部，而总统对国会的制衡却无此力度，美国建国后相当长时间内总统极少使用对国会的立法否决权。[②] 最高法院的

---

① Richard E. Neustadt, *Presidential Power: The Politics of Leadership from FDR to Carter*, New York: Wiley, 1980. 转引自赵可金《现代总统制中的后现代总统——美国总统权力的扩张及其制度制约》，《美国研究》2016年第6期，第5~6+20~40页。

② 张金鹏：《英美现代化研究》，云南大学出版社1995年版，第139页。

第二章　美国国际法实践的外交权力与法理传统

司法审查权对总统权力也是一种有力的限制。例如，在作为全球超级军事大国和头号经济强国的利益驱动下，总统的战争权力总体上呈现不断扩大趋向，但并未根本改变宪法的相关权力制衡结构，这是因为最高法院通过行使司法审查权进行的宪法解释发挥了重要作用。虽然最高法院时常以"政治问题的原则"为考虑，在维护宪法分权原则的前提下，对总统的战争权力及其扩张予以认同，① 但这反映出总统的权力在很大程度上受到了最高法院的制约和调控。

托克维尔曾经指出："美国总统掌握的大权几乎近于王权，但没有应用的机会。他拥有的权限，至今也只能在极其有限的范围内行使。法律容许他强大，但环境使他软弱无力。"② 其观点建立在美国建国之初、与世界其他国家的冲突和交流都尚且不足的前提下，因为国家主要在其与外国发生联系的时候，行政权才有机会施展自己的技巧和力量。然而，随着历史的发展和世界局势的变迁，尤其是二战后美国确立国际领导地位之后，美国更多地参与国际事务，托克维尔所提到的环境因素的改变使得美国总统的权力得到不断扩大。总体来说，第二次世界大战后美国政治制度发展和演变的一个重要特征，就是现代美国总统权力的增长以及国会和州政府地位的相对下降，而且在很长一段时期内，这种权力增长得到了国会和最高法院的默许或公开支持，尤其是在外交和战争问题上，最高法院倾向于利用其宪法解释权来扩大而不是缩小总统权力的范围。③ 因美国的外交权在很大程度上被赋予总统，并且该权力在不断扩大，因此，了解总统权力扩大的情况是分析美国国际法实践的前提。总统权力扩大表现在诸多方面，包括联邦官僚机构的扩大和总统办事机构的建立，以及联邦政府对经济生活的直接立法干预机制的加强，尤其是在20世纪30年代经济危机中，罗斯福新政以各种措施强化了总统对立法活动的影响。④ 在外交方面，总统

---

① 顾元：《扩张与限制：美国总统的战争权力——以联邦最高法院的司法审查为中心》，《国家行政学院学报》2012年第3期，第112~117页。
② 〔法〕托克维尔：《论美国的民主》，董果良译，商务印书馆2017年版，第157页。
③ 汪荣有、胡伯项：《当代世界经济与政治》（第二版），安徽大学出版社2013年版，第105页。
④ 此类措施如向国会提供各种专门咨文和建议报告，掌握政府部门制定的规章制度来回避国会的干预，扩大否决权和国会委托立法权的范围等。参见张金鹏《英美现代化研究》，云南大学出版社1995年版，第139~141页。

的权力也在默默扩大,虽其签署的条约必须经过参议院批准才能生效,但近些年来总统签署的行政协定已经占据主流,大大超过了条约的数量。行政协定不需要参议院的批准,却基本上具有同条约一样的效力。总统权力不断膨胀,到有"帝王般的总统"之称的尼克松时期达到巅峰,直到"水门事件"① 的曝光引起了民众的信任危机,国会才下定决心削弱总统的权力,以维护宪法的尊严和三权分立的制度。

(三) 法院的司法权

美国延续了英国的普通法传统,重视案例的作用,法官具有造法功能,因此法官的重要性非比寻常。虽然美国宪法对司法权的规定篇幅较短,司法权在很长一段时间内也受制于三权分立结构中的其他两个机关,但在后来的历史发展中,司法权逐渐获得了社会尊重和政治地位,并因此而不断扩张。美国宪法第3条第1款将美国的司法权赋予最高法院以及由国会随时下令设立的低级法院,同时规定了法官的任职期限为终身制,即最高法院和低级法院的法官,如果尽忠职守,应继续任职,并应在规定时间持续获得同样的服务报酬。第2款规定了司法权的适用范围,包括一切基于宪法、法律以及根据合众国权力所缔结的和将缔结的条约而产生的普通法及衡平法的案件,一切涉及大使、公使及领事的案件,一切有关海事裁判权和海上裁判权的案件,以合众国为当事方的诉讼,两个州或数个州之间的诉讼,一州与另一州的公民之间的诉讼,一州公民与另一州公民之间的诉讼,同州公民之间对他州让与土地的所有权的诉讼,一州或其公民与外国或外国公民或国民之间的诉讼。涉及大使、公使和领事以及以州为当事方的一切案件,其初审权属于最高法院。对上述所有其他案件,无论是法律方面还是事实方面,最高法院有上诉审理权,但须遵照国会所规定的例外与规则。宪法同样规定了司法审判规则。一切罪案,除弹劾案外,均应由陪审团裁定;审判应在罪案发生的州内进行;但如不止在一个州内

---

① "水门事件"(Watergate Scandal) 是指1972年6月17日尼克松指派其竞选班子的首席安全顾问等5人,潜入位于首都华盛顿水门大厦的民主党全国委员会总部办公室安装窃听设备,但被当场逮捕的事件。参见周毅《美国历史与文化》(第2版),首都经济贸易大学出版社2015年版,第141页。这是美国历史上一个著名的政治丑闻,而尼克松总统在国会弹劾和民众舆论的压力下,成为美国历史上第一个被迫主动辞职的总统。

发生，审判应在国会按法律指定的一处或数处地点进行。宪法也规定了司法权的使用限制。只有对合众国发动战争，或依附、帮助、庇护合众国敌人者，才犯叛国罪。无论何人，如非经由两个证人证明其公然叛国行为，或经由本人在公开法庭认罪者，均不得被判叛国罪。国会有权宣布对于叛国罪的惩处，但叛国罪罪犯公民权的剥夺，不得影响其继承人的权益，除剥夺公民权利终身者外，不得包括没收财产。

然而，宪法对于法院的构成、法官的任命等细节没有做出规定，因此1789年的第一届国会制定并通过了《1789年司法法》，利用该法构建了整的联邦司法体系，并与联邦宪法一起构成了美国联邦最高法院的两大法律支柱。该法规定，联邦一般法院系统由高到低分为三级，即联邦最高法院、联邦巡回法院和联邦地区法院。其中联邦最高法院是联邦法院系统的最高审级，由包括首席大法官在内的6名大法官组成，除对特定类型案件进行初审之外，主要负责审理上诉案件；13个州分为3个司法巡回区，2名最高法院的大法官与1名地区法院的法官在每一个司法巡回区内组成巡回法院；联邦地区法院是基层法院，如对该法院的判决不服，可向巡回法院提出上诉。① 联邦最高法院大法官的任职机制为终身制和任命制，美国总统对最高法院大法官进行提名与任命，并须经参议院多数票通过。在总统提名并公布候选人时，参议院内部的司法委员会将针对候选人举行听证会。经过司法法的确认，联邦最高法院拥有了最高的司法权威性，并且在立法和行政领域也扩展了自己的权力，内容涉及复杂的纠纷解决、法制统一、权利保障和权力制约等方面，使其成为美国社会的综合性或全能性控制机关，对塑造美国政治和法律产生了重要影响。②

尽管如此，联邦最高法院的司法权也受到其他两个三权分立机关的牵制和监督。一方面，国会的立法权可以制约最高法院的司法权。这种制约首先表现在提名方面，总统提名的大法官候选人须经参议院的批准才能被任命；其次，国会可以通过立法来决定大法官的任期、构成人数、退休要求、薪资水平等相关问题，例如1869年国会就通过了法令，规定大法官人数由6名变成9名。同时，国会还可以弹劾、罢免最高法院的大法官，虽

---

① 罗肇鸿、王怀宁：《资本主义大辞典》，人民出版社1995年版，第797页。
② 宋远升：《法院论》，中国政法大学出版社2016年版，第166页。

然这在历史上很少发生，但有过的几次尝试也对相关大法官产生了一定的威慑力。另外，国会有权推翻或修改法院判决，可以通过起草和制定限制司法决议的法律，或剥夺最高法院参与听取某些案件的权利，以立法制约司法。"历史上国会和行政当局曾联手在4个场合推翻了最高法院的判定，通过了宪法修正案。"① 另一方面，行政部门和最高法院的相互制约也影响着司法权的行使。根据美国宪法的设计初衷，司法系统应保持其独立性和政治中立性，而司法独立的实质在于将之与政府机构进行权力的隔离，从而增强司法的公正性和公平性。

然而，尽管法官们竭尽全力捍卫自身的独立性，其所坚持的司法被动性原则和实现自我限制的要求也力图防止其陷入政治纷争的漩涡，但是法官在抵制立法权和行政权干扰的过程中，必然和政治权力发生各种各样的纠葛，使其自身在事实上并不能真正超脱于政治之外。② 一方面，司法权受制于总统。司法部门的人事权掌握在总统和参议院手中，总统往往倾向于提名符合自己政治利益、与自己属于同一党派的人担任大法官，以增强自身的影响力和更加顺利地推行自己的政策。因此，法官的提名是一个总统与参议院、司法部门、政治领袖和其他利益集团进行博弈和竞争的过程，而这个过程从源头上就注定了联邦最高司法部门将会受到政治性影响。③ 另一方面，司法系统也对行政权力产生了重要的限制作用。最高法院在建立之初是三权分立结构中最弱势的部门，但是在以马歇尔大法官为首的诸多首席大法官的努力之下，通过"马伯里诉麦迪逊案"等著名案例，最高法院的司法审查权逐步确立，其司法权力也产生了扩张倾向。根据托克维尔的观察，美国在建国初期将司法权严格限制于常规范围之内，主要内容就是裁决案件，并且只审理特定案件，法官被授予巨大的政治权力是因为司法审查权的确立，其政治影响非同小可，因为法官可以从理论方面以一般方式抵制法律，可以自主

---

① 孙哲：《左右未来：美国国会的制度创新和决策行为》（修订版），上海人民出版社2011年版，第72页。
② 张杰：《美国法院系统司法权的政治性》，《河北法学》2009年第8期，第171~174页。
③ 在最高法院建立的头70多年里，除少许例外，总统任命的大法官都与自己属于同一党派，在美国111位大法官中，9位总统一共只任命了11名和自己不属于同一党派的大法官，仅占最高法院大法官总数的1/10，体现了总统任命大法官时的党派主义思想。参见杨晓阳《美国分权制衡体制中司法权之考察——以最高法院大法官的任命为视角》，《人民论坛》2013年第8期，第254~255页。

行动和弹劾立法者，那么他就或主动或被动地已经进入政治舞台和党派斗争。① 美国的司法权因而在国家政治生活中产生了无可匹敌的能动性和优越性。② 因此，考察美国的国际法实践，也不能脱离对美国外交权和司法权的研究。

三 美国外交权的分工与制衡

美国出于对公权力的畏惧和不信任而建立了三权分立的政治组织结构，而且这种分权制衡的精神被贯彻到每一种权力的分配之中。宪法将大部分立法权赋予了国会，但又留下小部分赋予了总统和法院。立法权属于国会，但国会内部又分为参议院和众议院，而且立法须经总统签署，法院也可以宣布立法违宪。行政权应属于总统，但是宪法又允许国会以拨款、弹劾等方式对总统进行牵制，且法院也可以以司法审查权来限制总统的行政命令，说明行政权也并非完全属于总统。司法权被赋予法院，但是国会又可以通过修改宪法来推翻法院的判决，总统也可以采取消极的行政辅助来阻碍司法判决的执行，因而法院在实际上也并非完全掌握司法权。同理，作为重要的权力之一，外交权也并不可能完全属于某一个机构。权力均有不断膨胀的内在特性，因此在三权分立的结构中，不同权力在各种斗争和权衡之中取舍和磨合，使得美国的国际法实践呈现独特的表征，因而分析美国外交权的分工与制衡成为必要的前提。

（一）美国外交权的分工

依据三权分立的制衡结构，美国的外交权分别属于国会、总统，并在一定程度上受到法院的影响和制约。虽然宪法中并未明确三者分工中交叉或空白的地方，但在法律实践中，各方都在不断发展着自己权力的触角，以至形成了一种融合状态，而如何在外交权的竞争中达成合作和协调，将成为美国实践国际法的政治基础和方向指引。

1. 总统的外交权

根据美国宪法的规定，国会拥有大量列举的权力，而关于总统权力的

---

① 〔法〕托克维尔：《论美国的民主》，董果良译，商务印书馆2017年版，第124~129页。
② 郑勇：《中国司法改革中的证据制度完善研究》，吉林人民出版社2019年版，第145页。

规定只有寥寥数笔。宪法中关于总统外交权的规定主要涉及：第 2 条第 1 款，规定行政权属于总统；第 2 款，规定总统是陆海军总司令，总统在经过参议院咨询和同意并得到出席参议员三分之二赞同的情况下有权缔结条约，总统提名并经参议院咨询和同意，有权任命大使、其他外交使节和领事；第 3 款还包括了总统接见大使和公使的内容。然而，宪法中关于这些权力的规定篇幅较简短，没有限定明晰的边界，这便为总统日后的外交权扩大奠定了基础。外交权虽然只是部分地属于总统，但总统有权谈判和签署条约，就意味着总统具备独立开展国家外交活动的自主性，可以代表国家对外参与国际事务。总统是军事统领，暗示了总统可以在紧急状态下宣战和优先掌握军事情报。事实上，从美国建国之后，总统权力确实在不断扩大，只不过在不同的历史时期，这种扩大程度处于一种动态变化的过程中。根据总统问政权力的获取来源（诉诸国会或诉诸民众）和权力结构的主导权归属（国会主导或总统主导）这两个维度及其四种指标，一般可将总统政治的形态大致分为三种，即前现代总统、现代总统和后现代总统，[①] 代表总统政治的三个发展阶段，在各个阶段中，总统行政地位提高或下降均是美国在不同时期国内政治和国际环境变化的结果，而伴随着总统权力的变化，总统的外交权也在发生变化，总体呈现不断扩大的趋势。

在第一个阶段，即前现代总统政治时期，起止时间是从美国建国到美国南北战争爆发，对应的总统是由华盛顿到林肯，所处的外交政策阶段为孤立主义到区域性扩张阶段。这一阶段的主要政治特征是，总统主要通过寻求国会同意或授权而获取权力，二者在府会关系上表现为国会主导。[②] 延续开国总统华盛顿的低调审慎风格，此时的总统对权力的追求总体上较为克制，同时由于这些主观或客观的原因，美国政治的主导基本上是联邦国会和各州的立法机构，以华盛顿为首的总统和行政部门处于消极无为的状态；即使有积极追求权力的总统，也往往是通过争取国会内部本党议员

---

① 赵可金：《现代总统制中的后现代总统——美国总统权力的扩张及其制度制约》，《美国研究》2016 年第 6 期，第 20 ~ 40 + 5 ~ 6 页。

② 赵可金：《现代总统制中的后现代总统——美国总统权力的扩张及其制度制约》，《美国研究》2016 年第 6 期，第 20 ~ 40 + 5 ~ 6 页。

第二章　美国国际法实践的外交权力与法理传统

的支持来间接推动总统动议和议程，而非诉诸公众。① 相应地，作为一个新生国家，美国潜心发展国内经济和对外贸易，孤立主义精神决定了其尽量远离国际事务的态度，因而制宪者们在制宪会议上对外交事务的关注和规定较少，总统的外交权发挥余地较小。然而，制宪者们寄希望于让宪法在实施中找到适合于社会现实的权力分配模式，因而给外交权留出了空白地带。这确实从最初就为总统的外交权扩大做好了铺垫，也在现实中对此提供了宪法支持。宪法仅明示行政权力属于总统，但总统具体拥有何种包括外交权力在内的行政权力，则完全取决于总统在不同历史时期、不同历史事件和不同个人性格特征下对总统权力的需要或追求。美国宪法第2条中提到的总统应确保法律得到实施，使得1817年《拉什—巴戈特协定》作为美国第一个国际行政协定而成为美国总统扩展缔约权的发端。宪法同一条中"必须和适宜"的用语以及总统为军队总司令的规定，成为总统在其认为"必须"时刻发动战争的理由，以至于美国在上百次的战争史上，由国会正式宣战的次数屈指可数。总统这种对外战争权从约翰·亚当斯、托马斯·杰斐逊任总统时期就开始了。②

在第二个阶段，现代总统政治时期的主要特征是，总统获取权力依然主要通过寻求国会同意或授权，但在府会关系上表现为总统主导的权力结构，所对应的美国国际关系发展阶段为海外扩张和称霸世界阶段，总统为从富兰克林·罗斯福到尼克松。19世纪末至20世纪以来，随着扩张主义兴起，社会达尔文主义大行其道，伍德罗·威尔逊就曾提出政府的权力应由达尔文而不是牛顿加以解说。③ 总统们已经不再安于有限的权力，而是更加积极地投身于游说国会议员授权增加预算，以及新设行政机构和扩充白宫助理，不断以各种手段提升和巩固总统的权力基础。④ 第一，这一时期，总统进一步巩固了其无须通过国会宣战而决定战争的权力。杜鲁门向朝鲜派兵、艾森豪威尔向中东派兵、肯尼迪和约翰逊向越南派兵、尼克松

---

① 赵可金：《现代总统制中的后现代总统——美国总统权力的扩张及其制度制约》，《美国研究》2016年第6期，第20~40+5~6页。
② 杨令侠：《杨生茂文集》，南开大学出版社2019年版，第211~212页。
③ 杨令侠：《杨生茂文集》，南开大学出版社2019年版，第211~212页。
④ 赵可金：《现代总统制中的后现代总统——美国总统权力的扩张及其制度制约》，《美国研究》2016年第6期，第20~40+5~6页。

轰炸柬埔寨及里根入侵格林纳达,都是总统先出兵而国会在事后被迫接受既成事实。① 第二,总统参与外交事务的权力得以扩大。随着两次世界大战后美国开始谋求世界霸权,拥有美国首席外交官身份的总统参与外交活动的频率也大大提高。在第一次世界大战中,威尔逊总统高举"十四点计划"大旗,积极参与国际事务和倡导组建国际联盟;在第二次世界大战中,罗斯福参加三巨头会议,决定了战后世界的经济秩序和政治秩序。这种外交事务的掌控权源于现代总统掌握了外交政策的创议权,可决定对外政策。罗斯福总统在经济危机和二战中的作用强化了总统制定外交政策的权威,而总统外交权的掌握以及总统与国会目标趋于一致的现象是从冷战时期开始的,例如北约和马歇尔计划的外交政策制定都是国会顺从了总统。② 联邦政府垄断美国的外交政策和外交活动,包括外交谈判,各州不得分享,而联邦政府的这一权力集中在总统身上。③ 第三,总统对情报逐渐拥有了垄断权。由于外交情报的特殊性和保密性,总统具有掌握情报的先天性优势,国会则因人数众多,并不适合保密工作。总统在外交事务中获取信息的便利性和优先性也是国会和其他部门不可企及的。这些因素构成了总统外交权在此阶段得以扩大的原因。直至尼克松执政时期出现了"帝王般的总统"现象,总统的外交权伴随美国霸权一起达到了巅峰。

第三个阶段是后现代总统政治时期,总统获取权力主要通过寻求公众支持,在府会关系上表现为总统与国会共享权力,对应的总统主要是从里根开始。从国际局势来看,世界多极化得到发展,美国霸权主义失去了之前无可匹敌的优势局面,美国总统的强势外交在国际社会不再具有之前的有效性。从国内形势来看,从20世纪中期以来,美国政治生态不断变迁,特别是媒体技术的飞速发展、民众利益的多元化,以及选民政党忠诚度的不断下降,使得总统开始越来越多地重视民众的力量,越过国会议员、行

---

① 李其荣:《美国总统权力的扩张及其动因》,《华中师范大学学报》(哲学社会科学版) 1990年第2期,第103~109页。
② 杭琛:《多视角看美国:美国乔治城大学研修随笔》,中国金融出版社2017年版,第43页。
③ 李其荣:《美国总统权力的扩张及其动因》,《华中师范大学学报》(哲学社会科学版) 1990年第2期,第103~109页。

政官员等传统的谈判对手而直接呼吁广大民众支持自己的政策和行动。①后现代总统政治的提出者之一理查德·罗斯指出，这一阶段的总统在国内除了采取"诉诸民众"策略之外，主要目标仍是"诉诸白宫"（going Washington），即获得选举成功或连任成功，毕竟这是掌握行政大权的前提。这与诉诸民众的政策具有一脉相承的效应，依靠民众获得总统职位与依靠民众在国会推行自己的政策立法，都是自下而上且前后一贯的行动方式。后现代总统政治另一个重要的创新表现，是"诉诸国际"（going international），即总统需要争取与其他国家的合作，向其他国家进行适当的妥协和讨价还价，如此才能将美国的利益成功推销为世界的利益。之前，全世界都在追随美国的脚步，尝试理解美国政府工作的机制和政策，而现在美国必须要开始了解世界其他国家至少是一些重要国家的运行机制，美国与世界其他地区的严重不对称业已结束。② 关于后现代总统政治的理论实际上尚处于起步阶段，它所反映的国际和国内形势基本符合发展潮流，但事实上，迄今为止美国仍然是当今世界唯一超级大国，美国总统仍然是世界事务中最为瞩目的角色之一，后现代总统政治顶多只是现代总统政治的影子而已，这从美国在诸多方面前后一致的外交政策中可窥见端倪。即便是行为最出格的特朗普在外交路线上也没有根本变化，依然坚持实用主义，在真正关切美国利益的问题上不会迁就，而在短期内该政策不会发生根本变化。③ 把握美国政治和法律的历史发展规律，便可大致预测其未来发展的方向，包括美国总统在外交实践中的行为特点和利益偏好。

2. 国会的外交权

国会的外交权在宪法中的规定虽然分布零散，但可梳理为如下五个方面。第一，在对外总体政策方面，国会具有立法权。美国宪法第 1 条第 1 款规定了全部立法权均属于由参议院和众议院组成的合众国国会，这其中

---

① 赵可金：《现代总统制中的后现代总统——美国总统权力的扩张及其制度制约》，《美国研究》2016 年第 6 期，第 20 ~ 40 + 5 ~ 6 页。

② Oliver Wright, "Review of the Postmodern President: The White House Meets the World by R. Rose", *International Affairs* (Royal Institute of International Affairs 1944), Vol. 65, Issue 4, 1989, pp. 766 - 768.

③ 赵可金：《特朗普：后现代总统的到来》，《理论导报》2016 年第 11 期，第 50 ~ 51 + 49 页。

必然包括对外政策的立法权。第二，在对外军事政策方面，国会具有宣战权等权力。同条第 8 款规定国会有权"宣战""招募陆军并供给其军需""建立并维持一支海军""征召民兵，以执行联邦法律、镇压叛乱和抵御入侵"，以及"惩罚海盗行为和在公海上所犯的重罪以及违反国际法的犯罪行为"，这意味着国会有宣战权、筹建军队的组织权，以及为军队拨款的财政权。第三，在对外贸易政策方面，国会具有管理权。同条第 8 款规定国会拥有"管理与外国的、州与州间的，以及对印第安部落的贸易"的权力，明确将管理外贸的权力授予了国会。第四，国会享有条约批准权。第 2 条第 2 款规定了总统缔结的条约须争取参议院的意见和同意，并须得到出席的参议员中三分之二的人赞成才得通过，这表明国会具有条约批准权；第五，国会享有外交人事任免权。同款规定总统提名的大使、公使及领事需取得参议院的意见和同意，意味着国会有外交人事任免的批准权。综观各种权力，可发现这是一套可互相融会贯通的"组合拳"。经贸方面，国会的对外贸易管理权可以通过制定对外贸易法律、批准对外贸易条约、决定征收关税以及掌握开支等方式行使；军事方面，宣战权可以通过控制军队规模和决定军费开支来体现国会的作用；外交方面，国会也可以通过国内立法权以控制条约的国内转化立法来施加影响。因此，国会的显性外交权虽然不大，但却真切地发挥着不可或缺的作用。正如詹姆斯·林赛所指出的，虽然美国外交政策的主要决策者是行政系统，但国会是一个重要的"参与者"和"评判者"，在监督政府外交政策制定和政府成熟政策转化成法律方面具有不可替代的重要作用，这体现了美国在外交中反复而审慎思考社会公众意见的民主传统。[1]

1993 年密歇根大学出版社出版的《国会复活：国会山的外交和国防政策》，刊载了许多有关国会在外交领域进展的文章。这些研究主要涉及国会运行的环境、影响其行动的财政限制和政治压力、国会决策的本质、国会行动主义的影响，以及国会在后冷战时代外交和国防政策制定中的角色等。此书整体上认为，国会的影响主要体现在三个外交和国防领域，即结

---

[1] James M. Lindsay, *Congress and the Politics of U. S. Foreign Policy*, Baltimore, The Johns Hopkins University Press, 1994. 转引自孙哲《美国的总统外交与国会外交》，《复旦学报》（社会科学版）2001 年第 4 期，第 50~57 页。

第二章　美国国际法实践的外交权力与法理传统

构性政策领域、战略性政策领域和危机性政策领域；国会通过四个原则性手段来施加影响，其中实质性立法是最显要的，但可预期的反应、程序性立法和观点塑造也是不可忽视的手段。① 第一，在结构性政策领域，国会的外交权力占主导地位，主要涉及美国如何利用资源来实现国家对外政策目标，包括决定对外战争中所需武器系统、军用产品、军事设施的研制、生产、采购和选点等，决定对外贸易具体政策，决定对外关系方面的对外援助的分配、移民政策、国际组织款项支付等内容，这些均属于与国家政治经济利益联系密切且涉及国内政治势力利益的问题。② 国内各党派、各选区和不同利益集团通常会在此类问题上明争暗斗，争取自己的利益最大化，通过国会影响国家的对外政策。第二，在战略性政策领域，国会的影响力比在结构性政策领域要弱，但也起到了一定的作用。此领域政策涉及美国对外政策的基本目标和与其他国家关系的性质确定等问题，涵盖面较广，包括是否干涉他国人权、美国国防开支的总体水平、是否对特定国家出售武器、是否对他国承担条约义务，以及对国际组织的态度等。③ 这类内容与国家内政关联不是非常大，因此不是国会所有议员和利益集团的必争之地。第三，在危机性政策领域，由于涉及国家生死存亡并且往往事态紧急，国会的性质决定了其无法迅速做出反应，而且国会也并不愿意反对总统的军事统领而承担危及国家生存的责任。④ 由此可见，国会的外交权在不同领域具有不同程度的作用和影响力，其结构性特征和程序性特征注定了它无法在危机性政策领域等发挥作用。国会由参议院100名议员和众议院435名议员组成，横向上代表不同的政党利益，纵向上又代表着各州的利益，在很多方面难以轻易就外交事项达成一致协调的共识，同时国会议事程序和表决程序的复杂性也决定了国会无法在紧急和危机事件中迅速做出反应。

---

① James M. Lindsay and Randall B. Ripley, "How Congress Influences Foreign and Defense Policy", *Bulletin of the American Academy of Arts and Sciences*, Vol. 47, No. 6, 1994, pp. 7 – 32.
② 周琪主编《国会与美国外交政策》，上海社会科学院出版社2006年版，第25页。
③ 周琪主编《国会与美国外交政策》，上海社会科学院出版社2006年版，第25页。
④ 〔美〕罗杰·希尔斯曼、劳拉·高克伦、帕特里夏·A.韦茨曼：《防务与外交决策中的政治——概念模式与官僚政治》，曹大鹏译，商务印书馆2000年版，第191页。

(二) 美国外交权的制衡

虽然美国总统掌握着绝大部分的外交权,但宪法的制度设计、历史传统以及政治现实使得美国外交权也被国会分享,同时也受到最高法院的制约。在分析了总统和国会对外交权的分享及其历史演变后,有必要沿着三权分立的逻辑对国会、总统和最高法院之间的相互制衡加以进一步分析。这种相互制衡主要发生在分享外交权的总统和国会之间,同时,在国际法的外交实践中,总统和国会的外交权间接受到最高法院的限制或影响。同时,总统事实上在国际关系中行使了大部分外交权,其在国际法的外交实践中占据了主导地位,美国外交权的限制主要体现为国会和最高法院对总统的限制或影响,尽管总统有时也会通过外交问题的"政治"性去制约国会的外交权,或者削弱最高法院的司法影响。

1. 总统外交权和国会外交权的此消彼长

与总统的外交权发展阶段相对应,总统外交权与国会外交权的历史互动发展也可以分为三个阶段。总体而言,总统外交权与国会外交权的关系经历了一个从放任到制约再到平衡的过程。在第一阶段,国会对总统外交权的制约较为消极。建国之初,立法机构对对外政策没有太大兴趣,并且由于宪法已经基本明确地将外交权赋予总统,只要行政没有重大失误,立法机构一般倾向于尊重或放任行政部门的自由行动。由于总统权力在宪法中的模糊规定,总统享有行政权力的范围由内在原因和外在动力共同决定。宪法不可能面面俱到,于是经常出现这样的现象,即总统在未得到国会授权的情形下,只能和国会共享权力,但这种权力的分配并不确定,此时政策就会变得高度政治化,政策解决需要依靠两个部门之间的协商和沟通,而这一过程就为国会后来在政治上制约总统做出了铺垫。[1] 历任总统在外交事务上的实践不断绕过国会以加强总统自身的外交权力,如乔治·华盛顿宣布在英法战争中保持中立地位,托马斯·杰斐逊秘密派遣海军剿灭北非海盗等。[2]

因此,在第二阶段,随着国内和国际局势的变化,国会改变了在外交

---

[1] 冯绍雷、潘世伟等:《国际关系新论》,上海社会科学院出版社1994年版,第324页。
[2] 周琪主编《国会与美国外交政策》,上海社会科学院出版社2006年版,第3页。

第二章　美国国际法实践的外交权力与法理传统

权上的消极态度。总统滥用授权频繁对外发动战争引起了民众的不满，对外政策直接影响了国内选民的切身利益，而且通信和媒介的发展提高了国会议员对外交事务信息的获取能力，[①] 这些因素使得国会在外交事务中发挥主动作用的必要性和可行性均有所加强，从而引发了国会对总统外交权制约和监督程度的加强。因而，国会开始了与总统的外交权争夺，主要通过参议院批准条约的方式来行使外交权力，例如拒绝批准威尔逊总统签署的《凡尔赛和约》等。但是在二战之后，由于联邦政府在社会、经济方面的控制力增强，加之冷战开始，被意识形态斗争主导的美国再次将总统的领导力推向高潮。总统是国家元首，对外代表国家，是外交政策的制定者和领导者，在国内和国际上均被视为美国头号外交家，因而他具备许多国会所不具有的优势和条件。其一，国会的权力是分散的，而总统的权力是集中的，总统采用首长负责制便可对危机事件做出快速反应，而无须通过参众议院庞大的机构、多方的博弈和烦琐的程序来做出决定。在20世纪以来危机事件日益增多的情况下，这一优势使得总统权威不断强化。其二，总统的决策更具准确性。总统职位虽然只属于一人，但多种委员会的设置可为其提供专业性和技术性的政策参见。随着社会发展，对外政策立法的专业性越来越强，国会议员虽然了解立法的规定和程序，但对对外事务的了解程度却远低于总统，而且总统掌握的情报系统非常发达，国防、军队部门不但拥有大量的情报机构和人员，总统还直接领导着隶属于自己的情报机关，如中央情报局，其情报的准确、迅捷、全面，决定了总统决策的准确性要高于国会。[②] 国会对行政部门进行委托立法，这也直接扩展了行政部门的权力。其三，总统的决策更具保密性。与国家利益联系特别密切的情报需要高度保密，总统利用保密制度做出秘密决策往往更快、更准，与国会形成巨大的信息差。由于以上诸多原因，第二次世界大战之后的十年里，"立法和行政部门之间的关系是以合作、依从和敌视的混合为特征的"。[③] 直至20世纪六七十年代的越南战争，以及美军入侵柬埔寨、老挝

[①] 冯绍雷、潘世伟等：《国际关系新论》，上海社会科学院出版社1994年版，第323页。
[②] 孙丽娟：《试析美国总统与国会外交决策权的法律渊源》，《长春教育学院学报》2001年第4期，第14～16+44页。
[③] 周琪主编《国会与美国外交政策》，上海社会科学院出版社2006年版，第5页。

和越南等事件激怒了国会，"水门事件"之后便进入了国会对总统权力进行限制的阶段。

在第三阶段，国会和总统的外交权之争由国会限制总统外交权到逐渐趋向稳定与合作。1970年，尼克松总统不顾国会的否决，坚持派兵入侵柬埔寨和老挝，引起了国内特别是国会对"帝王般的总统"职权的惶恐不安，国会开始从战争权入手对总统的外交权进行限制。"国会随即削减军费，在侵越战争中第一次有力地运用立法权来限制总统的战争行动。"① 此后，国会采取的一系列限制总统外交权的措施包括：1973年通过《限制总统战争权力法》，重申宣战权属于国会，规定了总统可以动用军队的限制条件、报告程序和时间期限，将总统的军事权置于国会的严格监督之下；② 1974年通过《预算和拨款扣压控制法》，针对总统擅自使用否决权进行扣压拨款的行为，做出了严格的限制性规定；1974年通过了监督总统办事机构的立法，该立法虽未获一致意见而至今尚未成为法律，但对国会审查白宫机构的工作情况、限制总统及其官僚日益膨胀的权力发挥着重要作用；1975年成立情报工作调查委员会，对总统违背宪法规定的职权而指示中央情报局从事非法活动进行调查；1976年通过专门法案，废除了4项全国紧急状态法令，撤销了470项尚未撤销的紧急状态权力法令，以限制总统在紧急或危机状态下的"独裁权力"；1976年4月参议院做出决议，禁止总统在未经国会批准的情况下达成重大国际协定，对总统绕过参议院而私自签署大量行政协定的行为进行了审查和限制。③

现阶段国会行动主义加强而总统外交权力相对衰落的原因与时代发展的背景息息相关。20世纪70年代之后，国会之所以积极参与外交事务，是因为与二战之前相比，国际大环境发生了诸多变化，国际关系也出现了新的格局。美国成为一超多强中的超级大国，在国际事务中参与和主导的

---

① 倪世雄、卢义民：《美国宪法与美国外交》，《复旦学报》（社会科学版）1987年第5期，第80~84页。
② 该法规定宣战权属于国会，只有在宣战、依照特别法令授权或国家处于紧急状态时，总统才可以动用军队，总统动用军队的任何决定必须在48小时内以书面形式向国会报告，且动用期限为60天，如有特殊情况可延期30天，在此期限内国会有权进行干预。
③ 倪世雄、卢义民：《美国宪法与美国外交》，《复旦学报》（社会科学版）1987年第5期，第80~84页。

第二章　美国国际法实践的外交权力与法理传统

事项越来越多，因此国会能够参与管理的外交事务也逐渐增多。两极对抗格局的结束，使美国放松了在国家安全方面的高度紧张状态，外交政策更倾向于关注低政治事务，而这方面的内容与国内政治关系更加密切，更加提高了国会的参与度。另外，二战之前主要通过条约批准权来限制总统权力的局面也有所改变，行政部门为绕过参议院对条约的批准，重点加强了对无须参议院通过即可生效的行政协定的运用，行政协定逐渐占据了美国条约实践的绝大部分。对此，国会又逐渐通过众议院的拨款权力来限制行政协定的通过。在国内，美国国会议员成分发生变化，实力增强的民主党自由派要求国会在外交领域发挥更加积极的作用，而国会在程序方面的改革也加强了其自身的民主性和开放性，使议员在国际事务的信息方面不再过度依赖行政部门。[①] 然而，国会与总统的外交权关系不能被简单地理解为一个你赢我输的"零和游戏"，关于这个问题学界一般有两种概念性的误解：一种认为外交和国防政策是单独的政策领域，这导致总统在某些危机时的显要成就遮蔽了整个外交领域的政策，而事实上在其他外交领域总统的作用并不大于国会；另一种认为衡量国会影响的最佳维度，就是考察其在政策立法中的影响，国会除此之外别无他用。而实际上，国会在许多方面还有各种手段来影响政策，如设置刺激行政部门反应的情形、改变行政部门决策的方式，以及塑造公众和精英的对外政策观点等。[②] 总之，国会已经成为外交决策中一个积极且有影响力的独立机构，更倾向于参与外交决策的制定，而非刻意反对总统的政策。

2. 最高法院对总统外交权的制约和影响

最高法院虽然不直接行使外交权，但美国是一个判例法国家，最高法院做出的关于对外政策的司法审判也会对外交产生重要影响，因此最高法院有关外交权的司法实践也不容忽视。美国宪法涉及最高法院外交权的规定较少，仅在第3条第1款中规定了合众国的司法权授予最高法院，第2款规定司法权的适用范围包括了几项涉及外交的内容，即涉及大使、公使及领事的案件，关于海事裁判权和海上裁判权的一切案件，以美国为当事

[①] 参见周琪主编《国会与美国外交政策》，上海社会科学院出版社2006年版，第9~10页。
[②] James M. Lindsay and Randall B. Ripley, "How Congress Influences Foreign and Defense Policy", *Bulletin of the American Academy of Arts and Sciences*, Vol. 47, No. 6, 1994, pp. 7–32.

方的诉讼，以及一州或其公民与外国或外国公民之间的诉讼，以上相关案件均应交由最高法院进行司法审理。从法理上讲，这些类型的案件都关乎国家安危或国家利益、尊严，理应由国家最高司法部门予以审理。另外，除了宪法中明确规定的司法机关外交权之外，随着最高法院司法权的扩大和加强，马歇尔大法官为最高法院赢取的司法审查权也涵盖了外交权方面的内容，即最高法院可以在案件审理过程中宣布某些外交方面的立法与宪法相违背而使这项法律无效。但是，由于司法权本身的滞后性和被动性，最高法院的外交权行使也存在着一定的限制，即最高法院只能在事件发生且有相关部门或人员向其提交了诉讼之后，才能开始行使审判权或司法审查权。这体现了司法本身的谦抑性，也体现了三权分立中司法是权利保障最后一道防线的独立性。然而，除了谦抑性，能动性也是司法的固有属性，马歇尔大法官对司法审查权的夺取本质上就是一种对司法能动性的发挥。另外，美国三权分立和司法独立的宪政结构使得司法所受到的外在约束相对较少，美国法官的宪法解释权和自由裁量权都比世界其他国家更大，尤其是美国司法审判的民主程序为个体法官的自主判断提供了展现机会，少数派法官的立场和观点可以通过异议的形式反映在判决书中，保证了各种不同意见都有可以得到表达和产生影响的机会，司法的克制性和能动性都有充分展现的空间。① 因而，在美国三权分立各部门的权力斗争和关系变化中，司法机关也相对自由地在不同时期展现出两种相反的倾向，即司法能动主义和司法克制主义，而在不同的理念意识支配下，最高法院对外交权的限制或影响也会展现出不同的概貌。

第一种倾向为司法能动主义，指法官在司法审查中，对多数规则和政治部门（立法和行政部门）持较大的怀疑态度，倾向于介入政治问题，广泛运用自由裁量权以创设规则和判例，不避讳对立法和行政行为做出违宪判断的一种司法哲学。② "司法能动主义的基本宗旨是法官应该审判案件，而不是回避案件，并且要广泛地利用他们的权力，尤其是通过扩大平等和

---

① 程汉大：《司法克制、能动与民主——美国司法审查理论与实践透析》，《清华法学》2010年第6期，第7~19页。

② 张进德等：《现代公法的变革》（上卷），商务印书馆2017年版，第281页。

第二章　美国国际法实践的外交权力与法理传统

个人自由的手段去促进公平,保护人的尊严。"① 虽然司法能动主义的概念直到 20 世纪 40 年代末才正式出现于美国学界,但司法能动主义的实践却在概念生成之前早就出现。自马歇尔大法官通过"马伯里诉麦迪逊案"确立了最高法院的司法审查权之时,司法能动主义就开始影响美国的司法实践,并与其"孪生兄弟"司法克制主义相互交织,贯穿于美国 200 多年司法史的始终,二者如同天平的两端,在不同历史时期不停地摇摆。司法能动主义的锋芒毕露是顺应各个时期不同的时代背景,而其收敛或消退也是审时度势和适应时事的选择。马歇尔大法官成功获得了司法审查权之后,在社会上引起轩然大波,而他在日后并没有再轻易动用此权力,从而使最高法院得以明哲保身并保持较高的社会认可度。在此之后,美国的司法能动主义主要掀起过两次潮流,一次是在美国的自由主义经济蓬勃发展时期,另一次是在二战之后人权问题引起普遍重视时期,每次最高法院都是以时代主题为背景发挥自身作用,而由于司法固有的被动性,当该主题不再顺应潮流之时,也是司法能动主义暂时偃旗息鼓之时。在司法能动主义阶段,最高法院在对外案件中的能动作用日益明显,涉及国际经济、移民以及跨国公司等众多涉外领域。例如,1983 年"移民和归化局诉查德案"(*Immigration and Naturalization Service v. Chadha*)② 在一定程度上限制了国会的立法权,削弱了日后国会在对外动武、对外军售、对外出口核设施等方面制约行政机构的能力。

第二种倾向为司法克制主义,指强调法院自身的职责范围和能力限度,尊重多数规则的决定作用和政治部门的行动范围,倾向于回避政治问题,广泛运用制宪者原意解释与合宪性推定,尽量对立法和行政行为不做违宪判断。③ 司法克制主义的一个重要原则就是政治回避,即对牵涉政治问题的案件不予受理,以凸显自身的司法中立性。在司法克制主义占上风的阶段,由于外交政策的政治性较强,最高法院对对外关系领域的案件自

---

① 〔美〕克里斯托弗·沃尔夫:《司法能动主义:自由的保障还是安全的威胁》,黄金荣译,中国政法大学出版社 2004 年版,第 3 页。
② 1983 年"移民和归化局诉查德案"中,印度裔学生查德因其签证过期应被遣送回国,但因获得司法部长的批准而中止遣送。然而,众议院通过了一项否决中止遣送的决议。为此,查德上诉到最高法院,最高法院宣告众议院的否决性立法违宪。
③ 张进德等:《现代公法的变革》(上卷),商务印书馆 2017 年版,第 281 页。

美国国际法实践的内在法理与外在合法性解构

然也是采取政治回避的态度,有时涉及国会和总统的对外政策权力关系的诉讼已经被递交至最高法院,但是最高法院却以"属于政治问题而非法律问题"为由而拒绝受理。例如,1979 年的"戈德华特诉卡特案"(Goldwater v. Carter)① 在政治上为中美建交这一外交政策铺平道路的同时,在法律上也对总统的废约权产生了历史影响,在一定程度上鼓励了后来几位总统在职期间频繁的废除条约行为,为美国在这一时期的国际法实践奠定了基调。然而,政治问题和法律问题的边界本身就难以划清,法院不予裁决的立场实际上在一定程度上也反映了法院的政治倾向,即冷战后期重新支持总统外交权的倾向。路易斯·亨金指出,政治原则只是法院政治考量下的产物,与其说它是基于权力分立对政治部门的尊重,倒不如说是为了维持法院的"政治洁癖",这一原则缺乏宪法依据,却使得司法机构据此放弃了其立宪体制监护者的角色和捍卫宪政及二元民主的职责,并最终放弃了宪法的精神。② 司法克制主义的另一原则是成熟性原则,即针对诉讼时机而言,当事人只有在案件到了可以起诉的阶段才能起诉。在"罗纳德·德卢姆诉布什案"(Ronald Dellums v. Bush)③ 中,法院就援引该原则驳回了

---

① "戈德华特诉卡特案"发生于中美建交过程中,涉及1954年美国同台湾当局缔结的"共同防御条约"的废除问题。中国政府对此始终持反对态度,并且从一开始就多次通过各种途径公开要求美方将之废除。经过20世纪六七十年代中美两国政府高层的认真交涉,终于在1977年卡特入主白宫后达成"按约终止"的废约方式。然而,早在卡特政府尚在考虑之时,国会议员戈德华特就向外界公开表示将会通过司法途径阻止卡特总统上述"非法和违宪"的做法。在卡特总统正式宣布"按约终止"的决定后不久,戈德华特联合参众两院的部分议员向地方法院送交了一份起诉书,请求法院裁定卡特总统违反宪法并要求禁止国务卿万斯履行相关终止条约的程序。地方法院支持了戈德华特的诉求,但卡特行政当局随即向哥伦比亚特区上诉法院进行上诉,并得到了上诉法院的支持。在此情况下,该案件最终上呈至联邦最高法院。联邦最高法院以本案争议具有"政治问题"性质为由不予受理,维持上诉法院支持卡特总统的裁决。参见李传利《试析中美建交谈判中的"废约"问题》,《理论月刊》2012年第9期,第102~106页。
② 〔美〕路易斯·亨金:《宪政、民主、对外事务》,邓正来译,生活·读书·新知三联书店1996年版,第129页。
③ "罗纳德·德卢姆诉布什案"发生于1990年8月伊拉克入侵科威特之时,老布什两度增兵海湾的行为引发了争议。罗纳德·德卢姆及其他参众议员将"总统向海湾派兵是为了采取进攻性军事战略"理解为"战争",因而质疑老布什增兵行为的合法性。然而,法院将宪法第1条第8款关于宣战权的规定应用于此案的前提是:总统的军事举动已经构成"战争"行为,而当时的局势显然未到战争阶段,法院以此裁定此案时机尚不成熟,不予受理。参见修丰义、韩庆娜《试析美国最高法院的外交功能》,《东方论坛》2009年第6期,第100~105页。

对老布什总统的诉讼,在客观上增强了对总统军事权的默许和肯定,为总统在国际实践中广泛运用武力提供了法律基础。

最高法院对总统外交权的制约关系难以避免地涉及政治因素的影响。由最高法院的外交权行使状况来看,它发挥作用的基础是有外交相关的案件诉至最高法院,而外交案件通常与其他两个拥有外交权的部门,即国会和总统有关,其作用是依照宪法和法律做出司法审判的同时,也要对国会的相关立法和总统的行政行为进行监督和审查。这意味着最高法院在启动外交权的时候,就已经介于国会、总统与其他主体之间。历史经验表明,虽然最高法院一直标榜司法的中立性和独立性,但它无论是选择司法能动主义还是司法克制主义来解释和指导自身行为,都是基于政治形势做出的符合自身利益的判断,这样才能使得最高法院从建国之初一个最不起眼的部门发展成为今日美国政治中举足轻重的部门。因而,司法系统也难免存在政治性,以至于托克维尔在考察了美国的民主之后说出那句名言:"在美国,几乎所有的政治问题迟早都要变成司法问题。"① 诚然,最高法院如果没有政治偏好,那总统任命时就无须尽量选择与自己属于同一党派的候选人,也无须因此与议会等其他政治力量反复博弈了。美国学者罗伯特·达尔认为,在法院中实际上占主导地位的政策观点,永远不会长期与美国占主导地位的法律制定者的政策观点相违背。② 这也说明了最高法院的作用具有政治性和选择性,它是顺应历史潮流和发展趋势的推动者,也是立法机关和行政机关之间关系的调节器。"司法系统作为辅助性的预防工具,它被赋予一种限制功能,它本身的存在绝非基于某种道德规范,而是赤裸裸的政治目的的体现,是解决利益之争的政治工具。不仅如此,在美国的分权与制衡的体制中,作为权力结构的一个参加者,法院经常要面临种种政治冲突。就法院系统本身来说,也常常成为矛盾冲突的主体。"③ 因此,最高法院对总统外交权的限制呈现随政治局势变化而发生变化的特点。

总体而言,最高法院对总统的外交权限制较为有限。主观上,最高法

---

① 〔法〕托克维尔:《论美国的民主》,董果良译,商务印书馆2017年版,第123页。
② 〔美〕希尔斯曼:《美国是如何治理的》,曹大鹏译,商务印书馆1986年版,第198页。
③ 张杰:《美国法院系统司法权的政治性》,《河北法学》2009年第8期,第171~174页。

院并没有与国会和总统争夺外交权的动力。最高法院并不愿过多染指外交事务的案件，一般倾向于放任国会和总统在此领域的控制权。这固然与司法机构自身的司法独立性有着密切关系，但实质上有三个方面的原因。其一，最高法院对总统在处理外交事务方面的效率秉持较大的信任。总统在掌握外交信息和机密方面确实优于其他任何部门，总统决策的及时性也远超程序烦琐、利益复杂的国会，因而信赖总统成为最高法院支持总统外交权的基础。在1942年的一项判决中，最高法院认为总统与外国政府订立的行政协定地位高于州法，这表明最高法院在面对与外交权力相关的问题时，出于务实需要而放弃了司法控制的概念，并担心宪法限制的责任强加于总统和国会的肩上。因为在这种复杂和技术性很强的领域，政府必须留有足够的回旋余地以有效应对各种局面，而司法审查在信息资源匮乏的情况下对这类行动可以进行适当监督，但不应给予不恰当的程序负担。① 其二，最高法院始终恪守三权分立的宪法原则。最高法院尽量避免自身卷入权力斗争，早在1938年宪法革命之前，最高法院已经通过"美国诉科蒂斯－赖特公司案"（United States v. Curtiss-Wright Export Co. 1936）② 认可了国会授予总统在外交领域内相当广泛的自由裁量权，司法部门设计出来的其他限制形式也未对外交政策的执行予以约束。其三，最高法院为维护国家对外一致的形象，倾向于在不同时期支持国会或总统，以使其获得较大的外交权。马歇尔就任大法官后，将本来只有独立"法官判决"的法院改革为拥有统一声音的"法院判决"，从而强化了法院的权威。因而在以后的司法实践中，法院也考虑到美国作为整个国家的权威性问题，在受理涉外案件中，法院倡导立法、行政与司法之间要互相尊重，力求避免使国家陷入不同部门针对同一问题发出不同声音的尴尬境地，以防一旦国家的权威性受到损害，将不利于政府行使强有力的外交权，对内也极易引发混乱

---

① 〔美〕罗伯特·麦克洛斯基：《美国最高法院》，任东来等译，中国政法大学出版社2005年版，第149~150页。

② "美国诉科蒂斯－赖特公司案"源于1934年国会参众两院就巴拉圭与玻利维亚的边界冲突做出的一项"联合决议案"，决议授权总统对这两个国家实施武器禁运。科蒂斯－赖特出口公司因向玻利维亚出售了15挺机枪，违反总统颁布的相关行政法令而受到起诉，并在联邦地区法院胜诉，但联邦最高法院的判决却宣布国会对总统的授权并不违宪。参见胡晓进、任东来《保守理念与美国联邦最高法院——以1889~1937年的联邦最高法院为中心》，《美国研究》2003年第2期，第48~72+4页。

第二章　美国国际法实践的外交权力与法理传统

局势。①

在客观上，在顺应国际潮流、配合国家外交战略方面，最高法院对总统外交权的扩张起到了推动作用。这与最高法院一直受到保守主义思想的影响有着密不可分的关系。在1891年《司法法》颁布之前，最高法院一直处于司法克制主义占上风的阶段，与之相对应的是美国建国之初的孤立主义策略。而随着美国开始实行扩张主义战略和最高法院司法权限的明确及扩大，保守主义思想指导下的最高法院开始走上了司法能动主义的道路，面对国会对总统的授权空前增多的情形，最高法院通常都予以认可。这使得总统的对外事务权日益彰显，而政府（非国家）力量的增强，促进了美国在19世纪末到20世纪30年代对外扩张的强劲势头；联邦政府的力量要对外增强，立法、行政、司法三者之间必须密切配合，当总统或国会在对外事务领域的权力受到挑战时，最高法院必须站出来加以维护，其对国会和总统对外事务权的宽泛解释，使国会和总统能够顺利地推行对外扩张政策，而不必担心在内政问题上掣肘。② 最高法院通过一系列的案例确认了总统在对外事务中充分的自由裁量权，如"马歇尔菲尔德公司诉克拉克案"（Marshall Field & Co. v. Clark 1892）中，最高法院肯定了1890年国会通过的《关税法》（The Tariff Act of 1890）对总统在一定情况下可以停止适用此《关税法》中的某些条款的授权；在"小汉普顿公司诉美国案"（J. W. Hampton Jr. & Co. v. United States 1928）及"美国诉科蒂斯－赖特公司案"中确定了总统作为国家的唯一代表应享有对外事务方面的全权，国会对总统的权力委托并不违宪；通过"美国诉贝尔蒙特案"（United States v. Belmont 1937）确认了总统作为国家的唯一代表拥有不经参议院建议和同意而缔结国际协定的权力。③ 这些判决使得总统在外交政策中拥有了越来越大的权力，对美国的外交政策和国际法实践具有深远的影响。

综上，美国外交权是在美国三权分立的宪政基础上进行划分的，在不

---

① 韩庆娜、修丰义：《试析美国司法对外交案例的规避行为》，《东方论坛》（《青岛大学学报》）2006年第5期，第112～117页。
② 胡晓进、任东来：《保守理念与美国联邦最高法院——以1889～1937年的联邦最高法院为中心》，《美国研究》2003年第2期，第48～72+4页。
③ 胡晓进、任东来：《保守理念与美国联邦最高法院——以1889～1937年的联邦最高法院为中心》，《美国研究》2003年第2期，第48～72+4页。

同的历史背景下，总统和国会的外交权在相互争夺中此消彼长，法院也在其中发挥着一定的影响和制约作用。在三者的共同作用之下，美国国际法外交实践的国内政治格局得以形成。美国国内政治结构与国际法发生互动的前提，需基于美国对国际法和国内法关系的理论认识和实践安排，理论上的传统和认知指导美国实践中的行动，而实践中的发展也使得美国对国际法的认识和观念不断调整，二者互动构成了美国国际法外交实践的理论基础。

第二节　美国国际法和国内法的关系

美国之所以能够成为目前世界上最发达的超级大国，一定程度上正是因为国际法在其发展过程中发挥了巨大作用。美国在从殖民地独立为国家的过程中，就开始利用国际法对其行为进行合法化，在建国初期依靠遵守国际法的形象在国际舞台上站稳了脚跟。19世纪后，美国开始利用国际法以美洲为圆心扩大势力范围，20世纪初开始引领国际法体系的构建，冷战结束之后又建立了满足其霸权目标的国际法律秩序，美国的实践体现了主权国家与国际法互相影响的发展过程。而在此过程中，美国所坚持的国际法与国内法的关系，影响了其对外政策和国际法实践，而后者也反过来使得美国的理论认识不断地进行相应调整。

一　美国国际法和国内法关系的理论

如前文所述，国际法和国内法关系的一元论或二元论是两种纯理论的分类，在现实中很难有哪个国家始终秉承其中的某一种。在不同的时代背景和历史条件下，国家会在实践中产生和发展不同的理论倾向，或根据国家实践选择符合其国家利益的理论进行阐释。美国亦如此，其国际法法理学并非围绕着一元论和二元论的两种理论逻辑发展，也没有经过某种精心设计或明确规定，在很大程度上只是追求国家利益和特定国际形势的巧合。[①] 从其法律规定和外交实践来考察，可以发现美国的实践基本上基于

[①] 参见〔美〕路易斯·亨金《国际法：政治与价值》，张乃根等译，中国政法大学出版社2004年版，第98页。

一种混合制的观点，它融合了一元论和二元论的特点，且在二者之间不断地调整变化。

（一）美国一元论实践及其特点

美国在建国初期就将国际法（当时称为"万国法"）作为美国国内法的一部分，这似乎表明美国是持一元论观点的。美国的特殊建国经历，使其从一开始便深受英国普通法的影响，美国的法制建设可谓对英国法的直接继承和移植。普通法有多种含义，① 此处是指英国的主要法律渊源，与衡平法对应，主要由判例组成，② 于12~13世纪随着英格兰被诺曼人征服而逐渐形成。③ 英国将国际法作为普通法的一部分，而1689年《权利法案》确立了议会至上原则之后，英国的宪政体制要求普通法服从于议会的修正，国际条约需要经过议会的立法转化才能成为国内法。因此，整体上，英国的一元论中具有国内法优先于国际法的倾向，并且分条件加以区别。议会可以制定与国际法相违背的法律，无论这是否将导致英国违反国际义务。

美国在建国之初基本完全继承了英国的国际法理论，使得国际法和国内法一元论的原则在美国也逐渐被接受，并据此影响了美国宪法中对万国法的相关规定，即条约与宪法、合众国法律均为全国的最高法律，高于州法，在法律与条约冲突时，"法院将解释国会的法律，以使其与美国在条约项下义务一致"。④ 这种对于国内法和国际法的认识和规定，体现了英美对国际法的审慎态度，即虽然承认国际法和国内法都是英美的法律，但是地位不能高于本国最高法律。这也是继承威斯特伐利亚体系建立以来所确立的国家主权原则的一种体现。然而，在司法判例中，美国宪法中的此类规定在不同时期也有不同的解释。拥有宪法最高解释权的最高法院曾在"密苏里诉荷兰案"的附论中解释过，条约是美国的最高法律，即使与宪

---

① 普通法的意义，一是"宪法"的对称，指根据宪法规定无须经特殊程序而制定的法律；二是"特别法"的对称，指在全国范围内通用的一般法律；三是本处所指意思。参见《法学词典》编辑委员会编《法学词典》，上海辞书出版社1980年版，第698页。
② 张光博：《简明法学大词典》，吉林人民出版社1991年版，第1666页。
③ 李培峰：《英美法要论》，上海人民出版社2013年版，第5页。
④ 〔美〕路易斯·亨金：《国际法：政治与价值》，张乃根等译，中国政法大学出版社2004年版，第101页。

法不一致也应予以实施；但在"雷德诉卡维特案"中，法官们的多数意见又转变为认为条约应该遵从宪法。[①]

美国宪法只规定了作为国际法渊源之一的国际条约在美国法律中的地位，对国际习惯法并未明确规定。国际习惯法虽然在联合国《国际法院规约》第 38 条中被列在仅次于国际条约的第二项，但这并不代表国际习惯法的效力等级就低于国际条约。相反，在第一次世界大战之前，国际习惯法一直在国际法中占据更重要的地位，在《奥本海国际法》和美国威尔逊所著《国际法》列举的国际法渊源中，位于首位的都是惯例。[②] 国际条约是在近现代国际交往频繁和国际组织大量兴起之后，才逐渐在数量上超过了国际习惯法。因此，在美国宪法制定的年代，虽然仅提及国际条约在美国宪法中的地位，但可以推测国际习惯法具有与国际条约相当甚至比其更高的地位，应该属于美国国内法的一部分，也是美国的最高法律，如果与其他法律发生冲突，以新法优先。

（二）美国二元论实践及其特点

美国是世界上第一个制定成文宪法的国家，宪法在美国的地位如同圣经般至高无上，一直被奉为金科玉律，几百年来仅通过了 27 项修正案。国会或者州的立法机关所制定的法律，若与美国宪法发生冲突，将被宣布违宪而无效，而联邦最高法院多年来不断通过判例来确立和强化美国宪法的这种权威性，使其地位深入人心。在面对国际法时，美国宪法真的能够放弃其优先性，使国际法真正融入国内法，使美国真正承担起国际义务吗？事实上，美国对这些问题的实践展现出其对国际法 - 国内法关系二元论认识的特点。将国内法和国际法分列于两条不同的轨道，运用国内宪法来为国际法在国内的实施设定条件，本身就是一种将二者视为不同体系的表现。

美国宪法规定了国家机关三权分立的结构，并将条约的签署权和批准

---

① 《美国判例汇编》第 252 卷，1920 年版，第 416 页；《美国判例汇编》第 354 卷，1957 年版，第 1 + 16 ~ 17 页。转引自〔美〕路易斯·亨金《国际法：政治与价值》，张乃根等译，中国政法大学出版社 2004 年版，第 100 页。
② 〔英〕詹宁斯等修订《奥本海国际法》（第一卷 第一分册），王铁崖等译，中国大百科全书出版社 1995 年版，第 15 页；周鲠生：《国际法》（上），武汉大学出版社 2009 年版，第 8 页。

权分别授予总统和参议院，这便意味着两个机关将会在以条约融入国际法的过程中产生分权和牵制。美国宪法第 2 条规定："总统有权缔订条约，但须争取参议院的意见和同意，并须出席的参议员中三分之二的人赞成。"宪法中关于总统权力的规定，即体现出一种国际法和国内法双轨制的意味。总统作为国内行政机关最高领导和国际上的美国国家首脑，既是国内法的执行者，也是国际法的缔订者。既然国际法也是国内法的一部分，那么国际法和国内法总统都要执行，都应该接受法院的司法管辖。然而，宪法中却没有明确规定法院有权对总统不履行国际法实施义务的管辖权。总统可以签署或废除、中止某项条约，做出违反国际条约义务的行为，但法院并不愿意因此而阻止总统，因为那并不触动美国宪法。相比之下，如果总统做出违背美国宪法或国会立法的行为，法院则会为捍卫宪法的权威而动用其违宪审查权，即便宪法也没有明确规定最高法院拥有这一权力。

为了给国际法的国内实施设置条件，美国在条约的实践中还发展出一种区分：自动执行条约和非自动执行条约，前者无须国内立法即可成为国内法的一部分，而后者需要国内立法才具有国内法律效力。非自动执行条约的国内适用，是以国内立法机构的转化为前提，它体现了国际法－国内法二元论的理论观点。非自动执行条约的出现，意味着并非所有的条约都能被美国法院直接适用，这加大了国际法在美国国内的实施难度。自动执行条约或非自动执行条约的决定性要素曾经主要是缔约方的意图，但现在考察条件越来越复杂，包括美国立法机构和司法机构的各项职权、条约是否包含个人诉权、美国行政机构和立法机构的指示等，使得美国对国际法和国内法关系的认识从"宪法上的一元论"变成了"事实上的二元论"。[①]实际上，这种种限制是美国在历史发展过程中维护主权国家自身利益的体现，甚至是利用国际法碎片化、国际机制软弱无力的乱象而做出的逃避国际义务的选择。然而，由于美国本土几乎没有经历惨痛的世界大战，没有受到国际法实效缺失带来的后果影响，因而没有对其种种违反国际法的行为进行反思的足够动力，而在冷战结束了两极对峙的威胁之后，不断加强的霸权主义使得其宪法至上的意愿更加强烈，国际法和国内法在两条轨道

---

① 陈卫东：《论美国对自动执行条约与非自动执行条约的区别》，《法学评论》2009 年第 2 期，第 69~75 页。

上越走越偏。关于自动执行条约和非自动执行条约的具体情况,将在后面的章节予以深入分析。

二 国际法在美国的适用及美国法的域外影响

从建国到两次英美战争,美国战胜了英国这一彼时的世界霸主,逐渐在世界上站稳了脚跟。国际法在美国适用的程度和方式不断变化,美国在利用国际法的同时,也对其进行了一定的创新发展,这些制度创新在国际秩序构建中发挥了重要影响。美国在第一次世界大战之前便已经成为世界第一经济强国,此后,美国开始尝试利用国际法来扩大其势力范围和国际影响力。美国的国内法逐渐在国际法上开始发挥作用,美国法在国际法中运用的过程也是美国势力不断扩张的过程。国际法在美国的适用以及美国法在域外的影响,是国际法和美国法互动的方式,二者都在实践中扩大了美国的国际影响和权威。

(一) 国际法在美国的适用

国际法在美国适用的历史,基本上就是美国依靠国际法逐渐获得发展和走向霸权的历史。建国初期,美国利用国际法获得了国家独立,并在两次世界大战期间逐渐赢取了区域霸权和全球霸权。了解这个历史过程,可以从整体上掌握国际法在美国适用的特点和趋势。

1. 建国初期至一战时期的国际法适用

历史上,大国的崛起往往与充分利用国际法密切相关。葡萄牙、西班牙、荷兰等第一批崛起的欧洲大国利用相互间的条约瓜分海外殖民地,使得自身经济实力迅速增强;英国、法国等后起之秀也通过签订各种国际条约的方式,稳定了本国在海外贸易中的支配地位。由于与英国特殊的渊源关系,美国自然深知国际法在确立其国际行为合法性和构建国际社会新秩序方面的作用。但实际上,美国最初在国内对国际法的适用,在很大程度上是为了寻求自保。美国的建国始于对万国法原理的运用,即利用万国法中的自然法来论证美国脱离英国独立存在的合法性。在标志着美国得以从英国分离出来并独立建国的文件《独立宣言》中,多处体现出对万国法的援引。《邦联条例》以及后来在其基础上形成的美国宪法中,均有援引或依据国际法的内容。而《邦联条例》本身,在实质上就属于国际法渊源之一的国际条约，因为美国邦联的形成就是拥有主权的各邦根据此条约组建的。从约翰·亚当斯、亚历山大·汉密尔顿，到本杰明·富兰克林、托马斯·杰斐逊，建国者们对万国法的研究也十分深入，美国国父们的著作中抬眼可见关于格劳秀斯、普芬多夫以及瓦特尔的引用。① 国际法从政治和法律上论证了美国独立的合法性，帮助美国维护了国家主权并成功建国。在这一阶段，美国将国际法视为其国内法的一部分，国际法在美国立法和司法层面的法律实践中得以体现。

在立法层面，美国延续英国的普通法传统，承认国际习惯法规则在国内的法律效力，国际习惯法被自然地看作国内法的一部分。美国宪法中明确规定了条约与法律一样，对各州具有最高的法律效力；由弗朗西斯·沃顿编辑的美国《国际法汇纂》中也强调了国际法是美国法的一部分："只要尚存任何其他可能的解释，国会的任何法案都不能采用违背万国法的解释。"② 在司法层面，国际法在美国适用的第一个表现是法院广泛援引国际法进行判案。建国初期，最著名的联邦最高法院首席大法官约翰·马歇尔对美国国际法司法实践做出了重要贡献。齐格勒认为，马歇尔将国际法当作美国法的组成部分，其任务就是"通过对国际法有效地使用、解释以及扩展，从而以其为重要工具来解决那些业已存在的特定案件"。③ 例如，"共和国诉德·隆尚案"④ 就确认了布莱克斯通的原则，即万国法应该被普通法全面吸收，因而也属于美利坚合众国法律的一部分。第二个表现是在争端解决中善用仲裁法。美国在摆脱英国控制的过程中，除两次英美战争之外，其间的纠纷基本上都是通过仲裁的方式解决的。例如，《杰伊条约》的签订开辟了大量运用仲裁解决国际争端的先河，据此成立的三个混合仲裁委员会解决了近百项争端。仲裁方法均摒弃了传统的战争方式，是美国避免战争损耗、保存实力趁机发展经济的良策，也是利用国际法实现世界

---

① 〔美〕马克·威斯顿·贾尼斯：《美国与国际法 1776—1939》，李明倩译，上海三联书店 2018 年版，第 28 页。
② 〔美〕马克·威斯顿·贾尼斯：《美国与国际法 1776—1939》，李明倩译，上海三联书店 2018 年版，第 124 页。
③ 〔美〕马克·威斯顿·贾尼斯：《美国与国际法 1776—1939》，李明倩译，上海三联书店 2018 年版，第 41 页。
④ 〔美〕马克·威斯顿·贾尼斯：《美国与国际法 1776—1939》，李明倩译，上海三联书店 2018 年版，第 32 页。

和平作用的重要实践。

美国早期将国际法视为国内法一部分的思维和实践，对于美国遵守和发展国际法起到了促进作用，而其对国际法的遵守也反过来缓和了与欧洲老牌帝国之间的关系，并逐渐提高了美国的国际地位。然而，美国对于国际法和国内法关系的态度是依据自身需要不断调整变化的，当国际法的规定符合其目的时，便采用国际法-国内法一元论且国际法位阶高于国内法的态度，充当国际法维护者和守法者的形象；当国际法的规定不符合其利益偏好时，便采用国际法-国内法一元论但国内法位阶高于国际法的解释，用国内立法来压制国际法的实施，达到自己的目的。随着国际事务的增多，国际法-国内法二元论成为美国掌握国际法在国内实施的"命门"，通过增加转化条件等措施，限制国际法在国内的权威。仲裁法曾是美国最引以为傲的国际法实践方式之一，但在19世纪和平运动推动下海牙国际常设仲裁法院得以建立之后，在国际争端涉及重要事项时，美国却较少将其提交国际仲裁机构进行裁决。例如，美国拒绝了西班牙希望通过仲裁解决美国所遭受损失的要求，从而加速了1898年美西战争的爆发。美国此举实质上是由于老牌欧洲帝国西班牙实力下降，不足以威慑美国，因此美国宁愿选择挑起战争速战速决，以达到争夺西班牙殖民地的目的。而美国在1872年"阿拉巴马号案"中却积极提出以仲裁方式解决与英国之间的争端，也是因为当时英国仍为世界头号强国，美国出于自保的目的，自然倾向于选择和平方式解决争端。

2. 一战至今的国际法适用

一战是美国崛起过程中的关键转折点。在此之前，尚处于经济实力上升阶段的美国对国际法的违反较为克制，而一战之后，随着国际格局的重构，欧洲老牌强国逐渐日落西山，美国后来居上，其对待国际法的态度和行为都随之发生了重要转变。美国开始试图成为国际法的积极构建者，以期在国际新秩序的重塑中占据一席之地，国际法在此阶段成为美国从价值观到实证法的改造对象。在一战之前发端的和平主义思潮渗透到美国的国际法观，美国尝试构建一个和平的世界秩序，在国内成立了"国际法和平协会"，推动国际仲裁的发展，并加强了对国际法的研究，成立"美国国际法学会"。与此同时，美国极力推动国际法中的实证主义向自然法转变，将自然法中的正义与和平等价值融入国际法。作为和平主义的自然法价值观的体现，美国在实践中积极维持中立地位，热衷于国际仲裁。但是，美国对国际法的利用依然体现了实用主义的色彩。由于国际法规定战时中立国的不作为义务只包括不直接参战和不提供军队、武器等军火或情报，未规定不能进行贸易，[①] 美国便利用这一点，在一战前期继续与欧洲各国进行贸易往来。美国后来与英、德等国进行的中立权力斗争也是其利用国际法维护其国家利益的手段。

二战后，美国的国际法实践更为主动，出现了现实主义、建构主义、自由主义等新的国际法思潮，国际习惯法和国际条约在美国的法律地位也发生了一些变化。二战之后援引国际习惯法和国际条约的案例逐渐增多，关于国际习惯法地位的讨论也随之增多。国际条约在美国国内法中的地位不断发生着微妙的变化。建国之初，条约在美国宪法中被明确规定为具有"全国最高法律"的地位，可以直接被联邦法院援引而适用。给予国际条约较高的地位，与美国建国之初需要稳定的国际环境有关。然而，随着美国实力的增强，自1829年"福斯特案"之后，国际条约在美国就产生了自动执行条约和非自动执行条约的区别，排除了所有条约均可被个人在美国法院直接援用的可能性，而且决定条约是否自动执行的因素和牵涉的机构也越来越多。[②] 这些国际法渊源在美国国内适用中的地位变化，体现了美国对国际法工具性和功利性的态度。

（二）美国法的域外影响

美国法在域外的影响主要表现为美国对国际法的创制，包括显性的创制，如促成各种国际条约的签署和以国内法的规定辐射国际法的内容，也包括隐性创制国际秩序，在思想理论层面逐步以其国内法精神渗透国际法。在显性创制方面，美国通过广泛签订条约的方式，使其领土扩张过程中的侵略行为合法化。一战后，美国着手起草《国际联盟盟约》《国际常设法院规约》《大西洋宪章》《联合国宪章》《北大西洋公约》等各种盟约，不断利用在国际法创制活动中的主导地位，完成自身的霸权主义目

---

① 黄秋丰、徐小帆：《国际法学》，对外经济贸易大学出版社2016年版，第344页。
② 陈卫东：《论美国对自动执行条约与非自动执行条约的区别》，《法学评论》2009年第2期，第69~75页。

标。美国利用国内法在国际法上产生作用的其他重要举措还包括对"中立法"的发展。中立原则是国际法的一般原则,[①] 最早于格劳秀斯在《战争与和平法》中讨论中立问题后得到国际认可。从建国之初开始,为避免卷入欧洲战争或纠纷以减少战争损耗,美国就充分利用国际法上的中立原则来远离战场。例如,1871 年英美在针对"阿拉巴马号案"签订的"华盛顿三协议"中规定了中立国的三项义务。在第一次世界大战前期,美国领导者牢记华盛顿总统高举中立主义大旗的叮嘱,极力拒绝卷入战事。但是,出于保持与英法等欧洲国家贸易往来的目的,美国不断为协约国提供军火物资和金融贷款,在事实上推翻了自己中立的原则,暴露了在此问题上的双重标准。在战争后期,为夺取参与战后秩序建设的话语权,美国又宣布参战,在形式上也放弃了中立原则。在孤立主义的助推下,到第二次世界大战中期,美国逐步通过其中立法的外交实践,攫取经济利益,大发战争横财,以至悄然蹿升至世界强国行列。美国在中立权力斗争方面的丰富实践和取得的丰硕成果,从侧面推动了中立制度的发展。然而在本质上,美国只是打着中立原则的旗号,攫取作为中立国的经济利益,而且在时机合适时随意改变自己的中立原则。

美国法在国际法上的影响,还包括一项重要的独创实践,即美国国内法的域外效力不断扩大。国内法的域外效力是指国内法域外适用过程中所产生的法律拘束力,而国内法域外适用指的是一国将具有域外效力的法律适用于其管辖领域之外的人、事、物的过程。一般而言,具体既可以包括国内法院实施司法管辖,也可以包括国内行政机关对国内法的适用和执行,但不包括国内法院适用双方当事人意思自治所选择的国内法律规则,或适用冲突规范所指引的国内法来解决争端的行为。[②] "域外"的"域"并非指"法域",但也并非指"领土",而是指国家能够管辖的所有范围,它包括领土之外的毗连区、经济专属区等国家仍可能对其有管辖权的范围。20 世纪以来,诸多大国的国内法效力逐渐突破属地主义原则的限制,

---

[①] "不愿意参加战争的国家有权宣布战时中立,非交战国既不参加交战国之间的敌对武装行动,也不支持或援助交战国的任何一方的不偏不倚的法律地位。"周忠海编《国际法》(第 2 版),中国政法大学出版社 2013 年版,第 480 页。

[②] 廖诗评:《国内法域外适用及其应对——以美国法域外适用措施为例》,《环球法律评论》2019 年第 3 期,第 166 ~ 178 页。

向域外不断扩展，美国的主导性作用"功不可没"。美国在一战期间颁布的《与敌国交易法》是一部在性质上具有域外效力的联邦法律，美国从此放弃严格的属地主义，其国内法效力由此开始超越国界。① 此后，国会、总统以及联邦法院相互配合，颁布和实施了越来越多扩大域外效力的国内法，在经济和军事实力的保驾护航之下，对国际秩序和国际法产生了深刻的影响。② 适当行使国内法的域外效力，可以保护本国公民和企业的利益，对国际法的创设和发展产生促进作用；而国内法域外效力的过分扩张，则无疑会破坏国际法规则，影响国际关系的稳定发展，成为强权政治和霸权主义的一种表现。美国的国内法域外效力扩张，引起了众多国家以同等行为进行反制或予以效仿，③ 而当诸多国家采用类似实践时，就可能形成相应的国际习惯法，促成新的国际法诞生，这从侧面体现出美国国内法在国际法上的创设和引领作用。

美国除了在上述实践中以国内法实证内容影响和推动国际法发展外，也十分重视在思想理论层面逐步以其国内法精神辐射国际法，在思想上引导和影响国际习惯法的形成和确信，以期在行动中主导创设符合其利益的国际秩序，即隐性地创制国际法。美国表面上利用国际法的各国主权平等原则，在早期获得了自身的国家主权独立，并且遏制了欧洲国家对美洲大陆的侵蚀，实则将美洲各国揽入囊中，确立了其在美洲的霸权地位。一战是世界局势重新洗牌的转折点，美国更是进一步利用一战，以其国际法实践参与国际秩序构建。1918 年美国提出的"十四点计划"以及 1921 年美国主导建立的华盛顿体系，确立了美国的海上霸权，并成为打开中国大门的"国际法基础"。另外，一战之后，美国开始了尝试引导建立全球性国

---

① 霍政欣：《国内法的域外效力：美国机制、学理解构与中国路径》，《政法论坛》2020 年第 2 期，第 173~191 页。

② 例如，1969 年，美国通过《出口管理法》（Export Administration Act），规定禁止将来源于美国的货物和技术出口到被制裁的国家；《伊朗核不扩散法》（Iran Nonproliferation Act of 2000）通过要求总统报告向伊朗转让可能有助于其发展核武器、生物武器或化学武器、弹道导弹或巡航导弹系统的所有外国实体，加强国会对外国实体向伊朗扩散武器的监督。

③ 例如，美国 2016 年通过了《全球马格尼茨基人权问责法》，旨在对外国的危害人权者实施制裁，包括冻结其在美资产和对其实施旅行禁令等。此法在国际上产生了很大影响，众多国家进行效仿，该法的"欧洲版"和"加拿大版"已经出台，欧美地区已逐渐形成一个多边参与的人权制裁体系。参见罗艳华、庞林立《美国人权制裁的新动态及其影响——以〈全球马格尼茨基人权问责法〉为例》，《国际政治研究》2019 年第 3 期。

际组织的努力,但由于各种原因,国际联盟很快瓦解。二战之后,进一步崛起的美国继续按照自己的意志,促成多国一同建立了联合国、国际货币基金组织、国际复兴开发银行、关税及贸易总协定等一系列国际组织,并在机构设置、人员构成、议题引导等诸多方面,将自己的权力渗透其中。例如,美国对联合国的操纵就体现了大国的特权。美国引导确立的大国一致原则使联合国在成立之初沦为美国的表决机器,美国在一定程度上控制了联合国的财政;实践中,美国热衷于加强联合国的维和行动,在政治和安全有关的问题上竭尽所能左右联合国,对南北差距、环境保护等关乎全人类发展的问题却视而不见,不愿承担大国的国际义务;[①] 美国在国际货币基金组织、国际复兴开发银行中拥有最高比例的投票权,这两个组织与美国促成签订的《关税及贸易总协定》一起成为美国在战后控制世界经济命脉的三把利剑。

第三节　美国国际法实践的国内政治传统

美国历史上对国际法的认识和实践整体上将国内法置于高于国际法的地位,美国国内倾向于用外交关系法来代替国际法的表述也体现了实践中这种国内法优先的传统。美国国内法传统深刻影响了其国际法实践,对其国内法传统的探究有利于揭示其外交关系法的实践特征和深层动力。美国国内法有着深厚的权利政治色彩,在美国得天独厚的后天发展优势中,这种权利政治的影响不断深化,呈现独有的特征,从而使其对外影响了国际法实践。

一　美国国际法实践的权利政治

大国政治深刻地影响了国际法的生成和实施,大国实力均衡构成了国际法运行的基础。大国政治和小国政治通过国家主权进行的外交博弈导致了国际法对国际政治的开放性。国家是国际法的天赋主体,国家主权具有权利和权力的双重属性,在国际政治中,大国的主权嬗变为政治权力,而

[①] 蒲俜:《当代世界中的国际组织》,当代世界出版社2002年版,第262页。

小国天赋主权的权利维度则相对削弱。受美国国内权利政治的影响，国会通过国际保守主义强调公民基本权利的保护，总统通过霸权政治来单边地维护国家主权，而公民则因"利维坦"情结更加不信任国际机制，这都为美国国际法实践的例外论和对外主权的霸权嬗变奠定了社会基础。简言之，美国的国际法实践呈现显著的权利政治特性，对其权利政治的概念和历史发展进行梳理，可以更深刻地理解其国际法实践的外在表现和内在特征。

（一）权利政治的概念与法律实践

权利政治的观念与自然法理论的发展息息相关。人们对自然状态的认识和利用，是催生权利意识的源泉和动力。纵观历史长河，格劳秀斯、霍布斯、洛克和卢梭等人对权利理论（社会契约论）的发展，均建立在各自对自然法理论的不同理解之上。格劳秀斯是近代西方启蒙思想家中第一位比较系统地论述理性自然法理论的人。他认为人的本性是驯良的、爱好交往的，这是自然法形成的基础，自然法就是对人性这些特点的反映，任何与人类的本性与理性相相合的就是正义的，反之则是罪恶的。根据其自然法理论，格劳秀斯提出了"天赋"自然权利的观点，认为私有财产不可侵犯，并以此为基础首次提出了近代意义上的社会契约论，[①]认为国家是人们为了避免私有财产引起暴力纷争和谋求共同福利而组成的完善联盟。以格劳秀斯为开端，启蒙思想家们循着形而上的抽象研究路径，把自古罗马以来的个人权利变成了一种全新而系统的"自然权利"体系。这种自然权利体系表达了一种基本相同的观点：人是生而平等的，人人都享有自然赋予的不可剥夺的权利，这些自然权利包括生命权、自由权和财产权，它们构成了政治统治的基础和国家诞生的渊源。

在构建与生俱来的天赋权利的基础上，霍布斯进一步发展了自然法理论和权利理论。他所描绘的自然状态是可怖的，自然状态下人们对利益的追逐可能会引发战争，每个人都可以为了保全自己的自由而伤害他人的自由，人人均可以相互敌对，此即"一切人对一切人的战争"。因而，他主

[①] 赵洁：《政府的社会责任》，山西人民出版社2015年版，第52页。

张无限主权以及单一主权论，而最理想的政体应当是君主专制。① 霍布斯强调人类为了"自我保存"，把所有的权利都交给某一个人，"这一人格（主权者人格）是大家相互订立信约而形成的，其方式就好像是人人都向每一个其他的人说：我承认这个人或这个集体，并放弃我管理自己的权利，把它授予这个人或这个群体，但条件是你也把自己的权利拿出来授予他，并以同样的方式承认他的一切行为。……这就是伟大的利维坦（Leviathan）的诞生，用更尊敬的方式来说，这就是活的上帝的诞生"。② 这个伟大的"利维坦"就是霍布斯口中的国家。利维坦是《圣经》中提到的一种巨大的怪兽，它是水族中的至高无上之物，霍布斯之所以用其比喻国家，是指它拥有统治一切的无限权力，予人们以和平与保卫。③ 通过对该过程的描述，霍布斯完成了其对社会契约形成的理论解释。

不同于格劳秀斯和霍布斯的相对落后和封建的君主主权论，洛克则认为自然状态是"一种尽管自由却是充满着恐惧和经常危险的状况"，④ 人们为克服自然状态的缺陷，确保生命财产的安全不受威胁，便订立契约，把自己的一部分权利交给政府来行使。认为合法性政府来自每个人都拥有自己的主权，即自由而平等、理性而理智的人们的同意，在社会契约中，每个人都拥有自我判断的主权。不仅如此，洛克主张实行法治和分权，即在和平状态下"自然权利"的实现应该依靠有限政府。在洛克看来，一切政府的权力都是有限的，而且只有在得到被统治者认可的情况下，政府的权力才得以存在。从根本上讲，霍布斯政治思想的核心和主题是强调国家权力的重要性，而与霍布斯根本不同的是，洛克的政治思想着重强调公民权利。从霍布斯到洛克，西方政治思想的主题实现了从权力到权利的转换。这种权利政治思想以公民权利为核心，以保护公民权利为宗旨，并主张建立一个法治的、有限权力的政府。

对于社会契约论最具有独到、精辟而又深刻见解的是法国资产阶级启蒙思想家卢梭。他所描绘的自然状态比前人更加美好，他认为自然状态是

---

① 〔英〕霍布斯：《利维坦》，黎思复、黎廷弼译，商务印书馆2009年版，第162页。
② 〔英〕霍布斯：《利维坦》，黎思复、黎廷弼译，商务印书馆2009年版，第131~132页。
③ 参见北京大学哲学系外国哲学史教研室编译《十六—十八世纪西欧各国哲学》，商务印书馆1975年版，第98页。
④ 〔英〕洛克：《政府论》（下卷），商务印书馆1983年版，第77页。

人类的真正的青春，是黄金时代，从而否定理性和文明发展，指出人类脱离自然状态进入社会状态时，谬误和邪恶也开始产生了，私有财产的出现就是人类不平等的根源。[①] 他在 1762 年出版的《社会契约论》一书中强调，社会契约论的主题就是要寻找一种结合的新形式来维护和保障每个人的人身和财富，在推翻暴君统治的基础上，整个社会重新订立一种新的契约，在契约的基础上建立一种真正的民主制度，如果不履行契约而滥用职权，并由此损害了人民的权利和利益，人民则有权取消契约，并可以通过暴力夺回自由。卢梭对社会契约论的发展是系统性的，他在个人与国家关系层面主张通过政治社会的构建来维护和保障以自然权利为主的人们的各种权利要求。综合而言，近代自然法学家认为所谓的社会契约，是人类从野蛮的自然状态进入到文明的社会状态的一种特殊方式。根据该方式，人们放弃自己在自然状态下的部分或全部自然权利，并将这些自然权利交给某一个人或者某一个集体，这就是国家和政府的诞生。换言之，国家的主权来源于每个人的自然权利，国家和政府成立的目的是为了保护每个个体的自然权利。人类自此开始生活在有国家、政府和法律的社会之中。如果国家和政府违背其成立的宗旨，人们就有权废除或推翻国家与政府。

在权利政治理论进一步深化的同时，其法律实践也自西欧资产阶级革命和美国独立战争之后，在欧洲和美国获得了长足发展。洛克的分权思想真正将中世纪以来英国的权力分立理论予以现代化改造，促进了英国乃至整个西方国家现代分权制衡制度的发展。洛克认为，立法权属于集体掌握下的议会，这对于立法权来说是一种制约，很大程度上可以防止独断专行。除此之外，洛克将执行权和对外权与立法权分立，认为将制定法律和执行法律的权力分开行使，可以有效防止权力滥用。虽然存在如忽视司法权等瑕疵和缺点，但是分权理论的巨大飞跃和突破，对英国和西欧宪政理论与实践的发展产生了巨大的影响。之后，法国资产阶级启蒙思想家孟德斯鸠在洛克分权理论的基础上做了进一步完善，并提出了现代意义上真正的三权分立理论。在孟德斯鸠的分权理论中，国家权力被分为立法、行政和司法三种，它们分别被授予三种不同的国家机关。三种不同的国家机关

---

① 马啸原：《近代西方政治思想》，云南大学出版社 2014 年版，第 96 页。

之间既相互独立又相互制约，其目的就是防止权力滥用。诚如他本人所言，"要防止滥用权力，就必须以权力制约权力"。① 孟德斯鸠的三权分立理论被运用至美国的政权运行机制中，并成为其核心原则。如本章第一节中所述，美国据此采用复合制的国家结构形式，在纵向上实行联邦与各州的二元分治，在横向上将国家权力分为立法权、行政权和司法权，三种权力在各自领域与层次内发挥保障公民权利的职能。

20 世纪，随着新自然法学派的兴起，权利政治的理论和实践实现了新发展。新自然法学派的主要代表罗尔斯在其《正义论》中提出了两大原则，一是作为公平的正义原则（the principle of justice as fairness），二是差异原则（the difference principle）。② 前者强调所有人在"原初状态"（the original position）中都是"自由而平等的道德人"，他们在"无知之幕"（veil of ignorance）的限制下，选择一套用以规范社会的正义原则；后者指的是，唯一允许存在的不平等，是那些对获利最少的那部分社会成员有利的社会与经济的不平等。以罗尔斯为代表的这种新自由主义的核心观点是，必须优先满足正义、公平和个人权利，一个公正社会的唯一的目的，是为其公民实现自身目标创造条件，且不妨碍他人的自由。③ 正如法学家哈特对政治哲学做出的概括：旧的信仰认为，某种形式的功利主义一定能够理解政治道德的核心；而现代的信仰则坚信真理存在于有关基本人权的理论中，而它强调的是保护个体的基本自由和利益。④ 换言之，在其宪法和法律中，这个公正的社会努力提供一种框架，公民在这种框架中追逐自己的价值与目标，同时不与他人的自由相冲突。这种观点为国家政治提出了一个新的目标，即实现个人权利的保护。个人权利从此获得了极大的尊重，权利思想也逐渐植根在西方的政治思想中。

（二）美国国内法的权利政治基础

自然法观念对美国法律制度形成所产生的作用，比其对世界上任何其

---

① 〔法〕孟德斯鸠：《论法的精神》（上卷），许明龙译，商务印书馆 2012 年版，第 158 页。
② 参见〔美〕约翰·罗尔斯《正义论》，何怀宏、何包钢、廖申白译，中国社会科学出版社 2009 年版，第 47 页。
③ 参见刘军宁、王焱编《自由与社群》，生活·读书·新知三联书店 1998 年版，第 67 页。
④ 参见〔英〕H. L. A. 哈特《在功利与权利之间》，《法理学与哲学论文集》，支振锋译，法律出版社 2005 年版，第 212 页。

第二章 美国国际法实践的外交权力与法理传统

他国家的作用都要强大。在自然权利观念的指引下，北美殖民地人民浴血奋战，实现了国家独立，因而美国从诞生之初，便在基因里携带了权利思想。在美国民众看来，权利是政治的目的，政治是权利的手段，他们根据权利契约观念判断政府权力的具体行使，这在其国内的法律制度中有着诸多体现，而这些国内法中的权利政治思想，也成为其对外进行国际交往的理论依据和行事准则。因此，探究美国国内法中的权利政治基础，是理解美国如何通过外交政策践行国际法的前提。

建国以后，美国民众的权利观念并未有所减少，自由与权利构成了美国政治的基本价值，其关于政治结构性框架的选择都是紧紧围绕着"权利"来进行的，权力结构中最显著的特征就是联邦制及三权分立制。美国联邦制以联邦宪法为依据，在中央设立最高立法机关、行政机关以及司法机关，同时，在各州设置平行的对应机构，把"人民交出的权力首先分给两种不同的政府，然后把各政府分得的那部分权力再分给几个不同的部门"。[①] 中央与地方是一种二元结构，也即各州具有相当程度的独立性。在立法方面，中央有联邦宪法以及依据宪法颁布的联邦法律，各州则可在遵循联邦宪法的基础上自主立法。联邦宪法具有最高的法律效力，各州所颁布的与联邦宪法相违背的法律被视为无效。在行政事务方面，宪法赋予中央与地方权力，并划定彼此的权力范围，双方在各自权力范围内平行活动，联邦政府无权管辖州政府权力范围内的事务，州政府也不得干涉联邦政府政策的施行。联邦政府在独立外交、组建军队、发行货币、管理国际贸易等国家重大事项上行使权力。按照宪法规定，州政府可行使未被宪法明确列出的"剩余权力"，只要宪法对此没有明确禁止。除具体事务外，各州在人事任命方面也享有自主权，中央既无权委派，也无权进行监督和考核。在司法方面，联邦法院与地方法院并不存在隶属关系，但是可以对各州之间发生的利益冲突和争执问题进行裁决，其司法裁决的法律效力高于地方法院。法院独立于行政、立法系统之外，能够兼顾中央与地方利益，以公平理性的方式解决争端。

由此可知，在联邦制纵向权力关系中，美国的立宪者更加强调中央集

[①] 〔美〕汉密尔顿、杰伊、麦迪逊：《联邦党人文集》，程逢如、在汉等译，商务印书馆 2009 年版，第 265 页。

权下的地方分权。在这种结构中，权力之间相互制约与监督，从而防止权力过度集中而出现滥用的现象。正如麦迪逊所言，"在一个部门的全部权力由掌握另一部门的全部权力的同一些人行使的地方，自由宪法的基本原则就会遭到破坏"。① 美国中央政府和地方政府之间分权的"权力剩余原则"，实质上是权利政治沿着权力主体的法律拟制在不同层级机制之间的体现。根据天赋权利和社会契约论，自然人以其权利依次创建了地方和联邦层面的政治共同体，美国独立战争中各州之间的邦联关系与其后制宪会议各州代表的政治谈判便展示了这种历史进路。尽管在自然人和各州政府之间，自然人是权利享有者，但是在各州和联邦政府之间，相对于中央权力，地方各州是权利享有者，它们是个体权利产生公共权力的链条中的不同节点。这种权利对不同层次公共权力的限制类似于欧盟法中的从属性原则，即欧盟的决策应优先地从更贴近民众即天赋权利享有者的层面做出。② 同时，这种权利到权力的实践路径在某种程度上传递了美国整体上对各级政府或公共权力的不信任感，当这种不信任感最终延伸到包括国际法在内的平权国际机制时，对国际法的信仰就无法与国内法相提并论了。然而，在这种权利-权力的链条中，在联邦宪法所规定的特定权力领域内，对外的主权享有者和行使者，即中央政府，同时也是对内政治系统和法律体系的至高无上者，而这种内外双重身份也是美国国内权利政治影响其国际法实践的政治和法律基础。

除了在纵向上实行联邦与各州的二元分治外，中央和地方政府的公共权力在横向上分为立法权、行政权、司法权，三种权力在各自领域与层次内发挥保障人权的职能，并成为自然权利观念影响下美国权力结构的另一特征。根据美国宪法，其立法权由参议院与众议院组成的国会行使，而参众议员由选民直接选举产生，这就在一定程度上体现了权利政治中"人民主权"的基本理念；而行政权和司法权则分别由总统和联邦法院行使。这种体制设计的权利目的不言而喻。如果立法权、行政权和司法权集中于同

---

① 〔美〕汉密尔顿、杰伊、麦迪逊：《联邦党人文集》，程逢如、在汉等译，商务印书馆2009年版，第247页。
② 曾令良：《论欧洲联盟法中的从属原则》，《武汉大学学报》（哲学社会科学版）1999年第2期，第39~43页。

一主体行使，自由就不会有存在的空间。为了确保分权机制得到有效实施，三个权力部门在组织上各自独立，不得相互干预，国会的召开、休会等立法活动均根据法律规定独立进行，总统无权解散国会；总统独立行使行政权，只对宪法和全体选民负责；联邦法院根据宪法、国会立法和美国缔结的国际条约独立进行司法审判，国会和总统无权干涉。以上是对政府权力的"分离"。权利政治的核心在于对公权力的限制和对公民天赋权利的保障，然而对政府权力的"分离"并不足以对其进行有效制约，一种权力对另一种权力的削弱同样会打破平衡，从而导致权力"游离"在界限之外，进而触及公民的权利范围。因此三权分立理念中，除权力的"分离"外，权力之间的"制衡"也至关重要。

为确保三权之间合理平衡，防止权力的滥用或者侵犯，宪法还规定了三权之间"制衡"原则，即：国会会受到总统否决权以及联邦法院司法审查权的双重制约；总统则会受到国会的行政监督权、弹劾权以及联邦法院的违宪审查权的限制；联邦法院则会受到国会修宪以及总统在法官人员调动方面的影响。这种分权结构有利于不同国家权力之间进行相互制约与监督。此部分内容在本章第一节已有详述。总之，权力所受到的"分离"与"制衡"双重约束的分权实践有利于公民权利受到更加切实的保障，从而夯实了美国国内法的权利政治基础。

(三) 美国国际法实践中的权利政治和主权嬗变

国家主权具有两方面的意义，即主权在国内是最高的，对国外则是独立和平等的。简而言之，国家主权对内具有权力属性，对外具有权利属性。尽管近代国家法学者一般认为主权国家在国际法上都是天赋权利的享有者，但事实上，少数大国在国际关系中享有支配性的权力，它们主导着国际法实证规则的形成并影响了国际法的实效。在不同的历史时期，特定的国际社会条件促成一些大国将其主权的平等权利属性嬗变为国际政治中的现实权力。在近代社会，军事实力是国家主权在国际秩序中嬗变为国际权力的决定性要素，对外的战争权被认为是国家的天赋权利。而美国的这种军事权利能力远远超越其他普通国家，于是该权利就嬗变为国际社会的支配性权力，且已不属于自然法意义下绝对平等的国家主权。主权嬗变促使美国在国际社会掌握话语霸权，并通过北约、亚太各军事同盟为他国虚

美国国际法实践的内在法理与外在合法性解构

构了在全球化中并不存在的敌国,这种"潜在的"军事依赖使美国在欧洲和亚太地区获取了国际性的支配力。

美国国际法实践中的主权嬗变是其对外获取国家利益的行为特征。对内,在权利政治思想的影响下,美国为防止人民权利受到减损,在纵向与横向权力关系中设立权力制衡机制,以此来避免权力的过度集中。而在这种权利政治及其制衡机制的作用下,相对于其他国家特别是大国而言,美国的国际法实践通常体现为以下两种情形:第一,在国际法的造法领域,国会以人民的代表及其天赋权利的维护者而自居,经常拒绝批准总统已经签署的重要国际条约,例如一战后的《国际联盟盟约》和二战后旨在建立国际贸易组织的《哈瓦那宪章》;第二,在国际法的遵守或实施领域,为了维护其天赋"主权"的外在"权利",总统经常通过单边主义和霸权主义外交,公然违反国际条约,以及退出重要的国际条约或国际组织。从本质上而言,参议院在条约批准过程中以及总统在退出条约过程中所呈现的"保守性",来自国家内在对公民基本权利的保护,以及国家外在对国家"天赋权利"即国家主权的维护,这是美国通过权利政治来影响其国际法实践的两大要素。

具体而言,一方面,200多年来,反对中央集权的民主自治信念一直被美国各州竭尽全力地用以维护各自的权力(或权利)和利益,因此,中央在缔结和批准国际协定或处理其他国际事务时,必须考虑到不打破中央和各州的权力平衡,不损害美国国民的个人权利和各州的利益,这使得一些在其他国家可以自然通过的条约在美国受到重重阻力;另一方面,美国总统和参议院在缔约权方面的权力碰撞对条约的缔结和批准形成了制衡。由于美国宪法中关于缔约权的规定一直存有争议,"在过去的二百多年中,参议院和总统不断互相指责"。① 参议院对总统缔结行政协定而不经参议院批准的规避缔约权的做法非常不满,而总统又指责参议院滥用宪法赋予的权力而轻易否决经过艰苦谈判才达成的条约,或通过保留意见、进行修改和添加备忘录等条件阻止或限制条约的缔结,从而使总统和整个国家在国际法实践领域处于尴尬境地,也引起了国际

---

① 〔美〕路易斯·亨金:《宪政·民主·对外事务》,邓正来译,生活·读书·新知三联书店1996年版,第67页。

社会的不满。①

由此可知，美国国际法实践不仅受制于其在国际关系中的现实政治权力和霸权主义政策，同时也深受其国内权利政治思想的影响。因此，了解美国权利政治思想背后的法理渊源对于理解其实践行为具有重要意义。

二 美国权利政治的法理渊源

美国从建国伊始便展现出对权利政治的灵活运用，这与其民族基因中的权利思想印记有着十分密切的联系。西方权利思想的产生与自然法的影响不可分割，因为伴随着自然法的生成，与权利相关的各种理念也随之出现。自然法发源于古希腊，在古罗马时期得到进一步发展；经历了中世纪的停滞后，它在欧洲文艺复兴运动中被赋予了新的内涵，近代自然法已经成为一种关于权利的思想学说，而且开始引导着近代西方权利思想的发展趋向。随着普通法中"利维坦"和"社会契约"等观点的提出，权利政治思想不断得以完善，而正是在该思想的影响和指引之下，美国的国际法实践才呈现出权利政治的特性。

（一）古希腊和古罗马时期的权利政治思想

古希腊时期人们对世界的认识经历了从神话过渡到理性的过程，自然法理念在此阶段萌发，其概念在这一历程中不断演进，由神或宇宙的法则转变为自然的正义法则，再发展为人类的道德法则。在早期古希腊人的观念中，诸神是大自然的主宰，自然的各种现象或力量均处于诸神的控制之下，神主宰人类所依据的法则是神的正义。正如《荷马史诗》第16章所记载，宙斯之所以投下暴风雨来惩罚人类，"是由于人类不顾上天的妒忌而滥用他们的权力，在法庭上发表歪曲的宣判而排除了正义"。② 由此表明，在荷马看来人类秩序应当遵从宇宙或神的法则，并受到该法则的约束；正义和法则并非源于自然，而是宇宙或神的授予。因此，古希腊神话中并未形成自然法的概念。然而，"一个诸神充斥的宇宙，希腊人并没有把作为两个对立领域的自然与超自然分离开来。二者始终内在

---

① 〔美〕路易斯·亨金：《宪政·民主·对外事务》，邓正来译，生活·读书·新知三联书店1996年版，第72页。
② 〔古希腊〕荷马：《伊利亚特》，傅东华译，人民文学出版社1958年版，第296~297页。

地互相关联"。① 这也为后来人们将视线从神的世界转向大自然并开始从中探寻人类的生活准则提供了基础。

自然法作为一个明晰的概念和人类秩序的法则，由荷马时代之后的希腊自然主义者提出。② 他们认为宇宙秩序"建立在内在规律和分配法则之上，而非诸神的威力"。③ 同时，他们试图将对自然秩序和法则的思考引入人类社会。赫拉克利特是较早阐释自然法的自然主义哲学家，其自然法观念诞生于神话没落的转折时期，并包含对世界本原的新认知。在赫拉克利特看来，世界的本原是火，"这个世界，对于一切存在物都是一样的，它不是任何神所创造的，也不是任何人所创造的；它过去、现在、未来永远是一团永恒的活火，在一定的分寸上燃烧，在一定的分寸上熄灭"。④ 这也意味着，世界的运行有其内部的自然规则，无须神的指引，也即宇宙有其理性或自然之道。在理性自然观的引导下，赫拉克利特所提出的"神"的法律不同于神的意志，而是指"逻各斯"（Logos），⑤ 即自然理性、规律或法则。而人的法律遵从于逻各斯，因为人的法律派生于逻各斯，也即自然法则或规律。赫拉克利特使得人类的法律和正义在自然的理性法则中找到了根源，正因如此，他被后世奉为自然法思想的始祖。

然而，赫拉克利特并未真正将法律与正义区分开。按照其观点，自然的法律是正义的，由自然的法律派生的人定的法律必然正义，而两者可能相背离的一面却被忽略。将自然的法律与人定的法律从实质上区别开来，并从人类社会本身的视角而非神的立场将自然法作为人类社会最高道德法则进行解读的，是智者学派。智者学派立足于"人是万物的尺度"的原则，开始用人的眼光去审视客观世界。正如文德尔班所说："在智者学派

---

① 〔法〕让-皮埃尔·韦尔南：《古希腊的神话与宗教》，杜小真译，生活·读书·新知三联书店2001年版，第5页。
② 汪太贤：《从神谕到自然的启示：古希腊自然法的源起与生成》，《现代法学》2004年第12期。
③ 〔法〕让-皮埃尔·韦尔南：《希腊思想的起源》，秦海鹰译，生活·读书·新知三联书店1996年版，第3页。
④ 北京大学哲学系外国哲学史教研室编译《西方哲学原著选读》（上卷），商务印书馆1999年版，第21页。
⑤ 古希腊语Logos一般具有三种含义：语言或言辞；语言或言辞的表达；在语言表达中所显示的理智或理性。因而赫拉克利特所指的Logos一词意指自然的理智或理性。

以前，无一人曾想到过检验一下法律，问一问法律自称的合法权力究竟基于什么。"① 智者学派最早就法律的合法性问题进行探讨。由此可知，在探索对自然的理性解释基础上，智者学派还寻求对法律的理性解释，自然法的焦点也因此从自然秩序转移到人类秩序，核心思想也从自然的正义问题转移到了法律的正义问题。

随着斯多葛学派的创立和发展，自然法的普遍有效性得到了进一步确立，并为后来的自然权利理论的发展打下了坚实基础。该学派认为自然法是普遍存在且至高无上的，一切国家与个人都须遵守，国家制定的法律应当符合自然法；而由于所有人遵循同一个理性，所以人人平等。这种平等主义的观念具有巨大的进步意义，它在某种程度上与权利思想理念具有一致性。因此，英国哲学家罗素认为，斯多葛学派对于后世的影响有两个方面，"一个方面是知识论，另一个方面是自然律和天赋人权的学说"。② 在斯多葛学派思想的影响下，以西塞罗为代表的古罗马学者继承了其学派关于每个人本质上是平等的这一观念，并因此认为人人具有法律上的平等性。同时，西塞罗也将自然法与人定法予以区分。他认为，自然法是理性的命令，具有普遍性与永久性，而人定法须遵循自然法。在西塞罗看来，并非所有成文法律都属于实质意义上的"法律"，因为法律源于自然，服从自然法，因而只有正义、公正等与自然法相符的法律才是真正的法律。在西塞罗思想的引导下，古罗马人的法律实践逐渐与自斯多葛学派以来延续的自然法传统相结合，并将其转化成了实在的法律原则。美国法学家杜兹纳认为，西塞罗"把斯多葛派的合理的普遍性转变为罗马的法律思想"。③ 古罗马的"万民法"中就包含了个体平等与独立的自然法理性原则。同时，虽然古罗马人未能表达一种具体的"权利"概念，但这些具有权利要素的自然法原则也为罗马法中权利思想的进一步发展提供了指引。

综上，自然法诞生于古希腊时期人类对世界本原的思考转移至人类社会之际，在对自然法与人定法统一与对立关系的发现中不断发展，并逐渐确立其普遍性，而后经过古罗马时期转化成了实在的法律原则。

---

① 〔德〕文德尔班：《哲学史教程》（上卷），罗达仁译，商务印书馆1987年版，第103页。
② 〔英〕罗素：《西方哲学史》（上卷），何兆武、李约瑟译，商务印书馆1963年版，第340页。
③ 〔美〕科斯塔斯·杜兹纳：《人权的终结》，郭春发译，江苏人民出版社2002年版，第51页。

（二）中世纪的权利政治思想

进入中世纪之后，欧洲社会成为基督教统治与支配一切的社会，这一阶段的各种理论学说则基本为强调基督教教义的神学所主导。此时，宗教权力与世俗权力组成的二元权力占据主导，甚至世俗权力渐渐置于宗教权力之下，权利政治的发展受到了严重阻碍。

在蒙昧的人类早期，宗教往往和政治密不可分，但在基督教早期，耶稣认为天国与现实国家、宗教与政治应该分开，强调"归还恺撒的东西给恺撒，归还上帝的东西给上帝"。① 这一时期的基督教较为收敛和保守，教义也趋于克制，但开始出现一种二元权力的观点，即权力分为两种，一种是上帝的权力，一种是世俗的权力，彼此分开，互不干涉。公元395年，罗马帝国在日渐衰微中分裂为西罗马帝国和东罗马帝国，基督教也随之开始分裂为罗马天主教和东正教。罗马帝国灭亡前夜，圣奥古斯丁将世间分为"上帝之城"和"地上之城"，并为二者的关系做出了新的阐释，认为"地上之城"贪慕权力而缺乏正义，需要上帝的正义来约束，"世俗权力是上帝实施公正的惩罚的工具，这是国家权力正义性的来源"，"世俗权力是作为神圣权力的执行者存在的"。② 这种说法虽然承认世俗权力的存在，但将二元权力中的世俗权力置于上帝权力之下，神权地位开始上升。教皇格拉修斯进一步阐述了这种二元权力论，确立了中世纪政教合一、君权神授的基调。

随着资本主义萌芽和文艺复兴运动的兴起，马丁·路德发起的宗教改革运动再次深刻影响了世俗权力和宗教权力的分配。其实，宗教改革运动早在14世纪中期就已有苗头，"约翰·威克利夫被视为宗教改革的先驱"，他提出了反教权主义的主张，并形成了"罗拉德派"，但后来被亨利四世镇压。③ 在罗拉德派的影响下，马丁·路德反对教会的特权，提出"因信称义"，不需要教会的中介，这在根本上动摇了教权存在的基础。但是，宗教改革运动没有改变基督教的本义，路德依然尊重上帝的地位，在"上

---

① 《圣经·马太福音》第22章第21节；《圣经·马可福音》第12章第17节。
② 王乐理：《美德与国家——西方传统政治思想专题研究》，天津人民出版社2015年版，第330~333页。
③ 阎照祥：《英国政治思想史》，人民出版社2010年版，第9~12页。

第二章　美国国际法实践的外交权力与法理传统

帝之城"和"地上之城"的双城论之上提出了双重王国论,认为两个国度都由上帝建立,两个国度有自己不同的任务,并以上帝之国作为评价地上之国的标准。他传承了基督教对世俗权力进行批判、贬低的态度,认为世俗权力应该恪守自己的俗世限制,"异端是属灵的事情,它不能被铁器击垮"。[①]但总体而言,马丁·路德发起的宗教改革运动主要是为了解决教权和俗权之间的关系,重新划清教权和俗权的界限,以减少不断膨胀的教权向俗权领域的僭越。宗教改革运动提高了俗权的权威,代表了新兴资产阶级的意志,权力政治的风向标再次随着经济制度和社会变革而改变。另外,路德的"因信称义"强调个人靠信仰得以赎罪,体现了信仰自由、与上帝沟通自由的精神,也为自由主义的萌生奠定了思想和宗教基础。

此外,宗教改革运动还促成了后来通过独立战争摆脱殖民统治的美国的一种普遍信念,即美国例外论的形成。这种普遍信念深植于美国民众思想中,并深刻影响着美国的外交实践。16世纪欧洲宗教改革运动中,英国清教徒原本希望通过改革向世人树立基督教世界的楷模,实现他们拯救和复兴世界的梦想,却因受到英国王室的迫害,最终部分清教徒选择离开故土,来到北美大陆实现其宗教理想。北美大陆的清教徒将自己视为上帝在尘世的"选民"。"上帝的选民"源于《旧约全书》,指上帝挑选犹太民族为自己的选民,拯救他们脱离埃及法老的奴役。基督教兴起以后,这一概念有了很大的外延,泛指尘世中因崇拜上帝而蒙受其恩宠的基督教徒。[②]在欧洲宗教改革运动中,这一概念所指的对象转向在运动中脱颖而出的新教徒。"上帝的选民"概念尽管对于新教各教派来说都是一种使自己的尘世行为合理化的解释,但它所体现的内容在虔诚的清教徒身上显得尤为强烈。

1630年,率领清教徒移居马萨诸塞的清教牧师约翰·温思洛普便称他们为"上帝的选民"。他提出:"我们将成为整个世界的山巅之城,全世界的眼睛都将看着我们。如果我们在完成这一事业的过程中欺骗了上帝,致

[①] 王乐理等:《美德与国家——西方传统政治思想专题研究》,天津人民出版社2015年版,第338页。
[②] 王晓德:《"美国例外论"与美国文化全球扩张的根源》,《世界经济与政治》2006年第7期,第46~52页。

美国国际法实践的内在法理与外在合法性解构

使上帝不再像今天这样帮助我们，那我们终将成为世人的谈资和笑柄。"[1]正如丹尼尔·布尔斯廷所言，约翰·温思洛普等领袖对北美大陆移民独特身份的阐释"敲定了美国历史的基调"，[2]而这种独特身份也成为整个美利坚民族的身份，即美国人是上帝的选民，在上帝的特别眷顾和委托下，他们负有一种特殊的使命，即在美洲建立一个理想国，为世界上受到宗教迫害和政治压迫的人们提供一个避难所。在此，他们通过极具影响力的宗教形式向世人展示北美大陆移民所承担的特殊使命，而对这种独特身份的定位和由此产生的优越感也成了美国例外论的核心。

美国例外论使得美国在外交实践中具有优越感，这种优越感主要体现在两个方面：美国对自身国际地位的认定以及与其他国家比较下的特殊性。一方面，美国认为自己是一个自由、民主、平等、无阶级差别的"新世界"，因此注定要在世界舞台上扮演独一无二的角色，即唯一的国际规则的制定者和世界的领导者，甚至应该处在国际体系之上，而不仅仅在该体系之内。这不仅因为美国有强大的实力，而且因为美国是成功革命的典范，没有殖民别国的历史。在其扮演所谓"领导者"角色的过程中，美国名义上自称为"拯救者"，其在两次世界大战和冷战中的参与均被其解释为拯救世界的自由行动，[3]而实际上美国不断破坏他国国家主权，干涉他国内政。另一方面，美国自认为不同于且实际上更优越于其他现代民族国家。相比较而言，欧洲是专制和压迫横行的"旧世界"，欧洲国家之间通过权力政治相互发生关系，而美国则以本国的权利政治理念为傲，并认为既然美国优越于所有其他国家，那么就不能用衡量其他国家的标准来衡量美国，而必须用一套完全不同的标准来衡量和要求自己。

因此，在欧洲经历了蜕变和发展的基督教文化，在某种意义上为移民北美的大众提供了一种信念支撑。这种信念支撑一直延续至今，并在一定

---

[1] David Hawke, ed., *US Colonial History: Readings and Documents*, The Bobbs-Merrill Company, 1966, pp. 96–97.

[2] 〔美〕丹尼尔·布尔斯廷：《美国人：开拓历程》，中国对外翻译出版公司译，生活·读书·新知三联书店1993年版，第3页。

[3] 一战被美国解释成"让民主享有安全的救援行动"，二战则是为了"实现四大自由"，遏制苏联不仅仅是为了美国的国家安全，还被其解释为"拯救世界的无私行为"；"美国所希望的仅仅是其他国家的自由，美国不要其他国家的土地和资源，也不想主宰其他国家"。Henry Kissinger, *White House Years*, New York: Little, Brown and Company, 1979, p. 33.

第二章　美国国际法实践的外交权力与法理传统

程度上指引着美国霸权主义外交实践的方向。

(三) 近代以来普通法的权利政治思想

随着商品经济和资本主义的萌芽，除宗教改革外，在经济方面，自由贸易过程中要求商品主体之间平等交换财产的法权观念随之形成，同时该法权观念还包含对合法的私有财产享有自由支配权。"法权关系，是一种反映着经济关系的意志关系。"① 这种关系强调以自由意志进行平等选择和商品交换。而当这种观念日益凸显并逐渐成为社会的普遍共识，维护平等、自由、私有财产等合法权益的强烈意愿便推动着蕴含自然法原则的罗马法获得新生。同时，"城市运动，比任何其他中世纪运动更实际，明显地标志着中世纪时代的消逝和近代的开端"，② 市民作为新型的阶层，获得了人身自由和城市自治的特许权，从而逐渐滋养了人文主义的诞生。最终，罗马法复兴、文艺复兴、宗教改革运动③得以兴起，并强烈冲击和动摇了基督教的神权统治地位。

文艺复兴时期的思想家反对封建主义和神权统治，强调人的价值与尊严，提倡"人性"与"人权"，反对"神性"与"神权"。此种意识形态转变中最显著的特征在于人的主体地位得以确立，人的价值被予以肯定。在这一时期，资产阶级对抗封建教会所使用的武器是这一时代正在发展起来的自然科学。当时欧洲大陆数学、力学发展比较快，一切知识似乎都是由一些不证自明的公理推论出来的，而且只有在这种公理系统中得到证明才能被认为是准确无误的，因此就形成了所谓的唯理论。在唯理论原则的支持下，欧洲大陆首先为革命制订了清晰的目标，即孟德斯鸠、卢梭设计的民主共和制。在激烈的革命消灭非理性的封建王权统治并建立资产阶级政权后，国家立法机关从自然法中发展出新的成文法规，并沿着从抽象到具体、从理论到实践的思路适用法律，系统而又抽象的法律原则存在于具体法律事实之前。法官只能在严格的审判权限内解释和适用法律，因为根

---

① 《马克思恩格斯全集》(第 23 卷)，人民出版社 1972 年版，第 102 页。
② 〔美〕汤普逊:《中世纪经济社会史: 300 ~ 1300》(下册)，耿淡如译，商务印书馆 2011 年版，第 480 页。
③ 罗马法复兴 (Revival of Roman Law)、文艺复兴 (Renaissance) 和宗教改革 (Religious Reformation) 的英文首字母均为 R，故在历史上又被称为"三 R 运动"。

美国国际法实践的内在法理与外在合法性解构

据该理论,在任何情况下,法官都能从现存的法律中找到可适用的法律规范,也即法律这把"万能钥匙"能够开启各种各样的"锁"。

如果说法国资产阶级革命是唯理论原则指引下充满理性的设计,那么英国资产阶级革命则是对现实的谨慎映射。与欧洲大陆不同的是,英国资产阶级革命主要以唯物主义经验论的形式表现出来。英国资产阶级并未为其革命设定理想模式,洛克的君主立宪思想是对资产阶级革命的肯定,国家制度的理论也是在资产阶级革命结束时才总结出来。这一时期的科学还处于积累材料的阶段,这些材料主要靠实验的观察和分析来获得,即靠经验取得。因此,直接的经验被部分哲学家认为是唯一可靠的认识方法,并形成了经验论。依据经验论,英国资产阶级思想家认为新法规产生自一条从具体到抽象、从实践到理论的思想路线。立法机关制定的法自然是法律,通过其他途径产生的法也是法律,法官在审判中推出的法律原则,即判例法,不仅是允许的,而且在事实上往往超过立法机关制定法的地位,制定法只有通过法官在审判实践中的适用成为判例,才能真正进入英国法律体系。此外,与起源于古罗马法的欧洲大陆国家法律不同,英国法律源于盎格鲁-撒克逊法,也即日耳曼法的一个分支,在日耳曼法的基础上形成并发展起来,文艺复兴时期受到罗马法的影响,从而开始吸收罗马法中的自然法思想。[①] 同时,由于英国资产阶级革命不彻底,革命后的法律保留了其原有形式,因而在经受了欧洲法典编纂运动冲击的同时,英国保持了其普通法的独立。因此,在自然法回归后的欧洲资产阶级革命中,以法国为代表的欧洲大陆国家和沿海地区的英国逐渐分离为两种不同的法系——大陆法系和普通法系,这种以判例法为表现形式的普通法系又随大英帝国的殖民侵略扩散开来,影响到了当时属于英国殖民地的美国。

在美国建国之前的政权真空期,洛克关于权利的思想深刻影响着北美大陆的移民,源自近代自然法理论的自然权利观被视为神圣不可亵渎。在个人与国家关系的问题上,自然法理论为个人权利的伸张提供了全新的表达方式,开辟了权利政治观的理论路径。洛克在其《政府论》中深刻论述了个人与国家、权利与权力之间的政治关系,强调了公民权利的至上性,

---

① 饶艾:《罗马法与日耳曼法——西方两大法系特点之比较研究》,《法商研究》(《中南政法学院学报》)1995 年第 5 期,第 77~81 页。

第二章　美国国际法实践的外交权力与法理传统

这也成为权利政治思想的核心。这些都深刻地影响着北美殖民地的政治思维模式。而洛克的理论观点之所以被北美殖民地人民所信服，相当程度上在于殖民地的实践与其理论存在契合之处，"洛克不必去说服殖民地人士，因为他们早已经被说服了。之所以如此，那是因为他们早就生活在与洛克提供理论基础的政府大致相仿的政府之下"。① 1620年，一批主要由清教徒组成的移民队伍乘坐"五月花号"船只抵达北美大陆，并在途中签订了被认为是美国民主基石的《五月花号公约》。《五月花号公约》虽内容简单，却在美国政治思想史上占有重要地位，因为该公约蕴含着权利政治思想，如"政府存在的正当目的是为了保障人民的不可转让的自然权利，权利是权力的目的，权力仅是实现权利的手段与工具。权利制约着权力，权力行使的最终目的就在于保障权利的落实"。② 根据《五月花号公约》所确立的自治原则，北美殖民地自建立以来，一直享有高度的自治权。自治权通过英国国王颁发特许状而取得；公共事务可在殖民地议会中商议解决，议员由来自不同阶层、不同职业的人选举产生，议会采取多数人同意原则，"整体的行动以较大的力量为转移，这个较大的力量就是大多数人的同意……人人通过这种同意而受到大多数人的约束"，③ 并通过他们所认为公平的法律对殖民地实施管理。英国通过"特许状"的契约形式对殖民地进行形式化的管理，殖民地人民也只是形式意义上的英国臣民，并且这种契约很大程度上依赖于"被统治者的同意"。因而，这片殖民地已然拥有了权利政治思想的土壤。然而，英国为化解国内的财政危机，在北美殖民地实行加强税收征收的政策，殖民地议会的立法权被架空甚至被取消，且在英国议会中却没有殖民地的代表，这严重冲击和损害了殖民地原有的社会运行模式。

综上，由于民众的权利观念会直接影响一个民族的政治体制选择，因而美国从北美殖民地时期即以自然法作为理论基础，实现了国家独立，而后在其权利观念的引导下，开启了权利政治化的历程。《独立宣言》就是

---

① 〔美〕卡尔·贝克尔：《论〈独立宣言〉：政治思想史》，彭刚译，商务印书馆2017年版，第65页。
② 范进学：《论〈"五月花号"公约〉对美国宪政之可能贡献》，《云南大学学报》（社会科学版）2010年第1期，第58~63+95~96页。
③ 〔英〕洛克：《政府论》（下篇），瞿菊农、叶启芳译，商务印书馆1964年版，第59页。

111

依据自然法与自然权利的观念，阐释北美殖民地人民要求独立的正义性，并明确提出应当摆脱英国控制、获得完全独立从而成为主权国家的观点。因此，《独立宣言》从某种程度上代表着美国建国后的权利政治发展的起点。美国建国后，在以孟德斯鸠为代表的思想家的影响下，立宪者将权利政治的理念注入宪法，并以三权分立等原则的形式予以体现，从而进一步巩固其国内法的权利政治基础。

第三章　美国关于国际条约的法律规定与实践

根据《国际法院规约》第 38 条的规定，国际法的主要渊源包括国际条约、国际习惯法和一般国际法原则，因此，国际法在美国的实践维度主要通过国际条约的缔结、遵守，国际习惯法和一般国际法原则的参与形成、遵守，以及国际争端的解决来实现的。本章与第四章将从重点论的角度，分别以国际法的两种主要渊源，即国际条约和国际习惯法为主要内容，分析美国在这两个主要维度的实践。美国对国际条约有着独特的分类，其国际条约实践基于美国宪法所规定的缔结程序而展开，三权分立的外交权力划分和两党制度的相互牵制使各部门行使缔约权时在横向上受到一定的法律限制，而联邦主义导致的联邦权力与各州权力之间的关系也在纵向上对国际条约缔结产生影响，这是美国国际条约实践的国内法理根源。在此理论基础上，美国关于国际条约的实践在不同的国际法运行环节呈现一系列特点，并且产生了重要的国际法影响。通过对美国关于国际条约的法律规定和法律实践两个维度的深入分析，可以对其实践的不确定性和法理原因进行解释，归纳总结美国是如何将霸权主义渗透于国际法实践的各个方面，理解美国是如何由大国政治走向霸权政治，以及是如何对国际法实践和实效产生影响的。

第一节　美国关于国际条约的国内法规定

国际条约是国际法的主要渊源之一，在国际法上占据重要地位。考察一个国家的国际法实践，首先需要了解其关于国际条约的法律规定和具体实践。由于美国三权分立的权力结构的特殊性，美国不得不在遵守国际条约的一般性规定之外，于其国家内部又规定了复杂的条约缔结步骤，并将国际条约分成了不同的种类，每种类别的缔结主体、缔结程序和法律效力各不相同。这种分类方法既具有国内政治意义，又产生了国际霸权影响。美国出于对其宪法至上信念的尊崇，加之其长期无可匹敌的国际地位，其态度逐渐从建国初期的遵守国际法演变为倾向于以国内法来限制国际条约对美国的影响，并从国内法角度对美国所缔结的条约做出了一套完整的规定。这些美国独有的条约规定在维护本国利益的同时，对它与其他国家的交往和国际关系的发展形成了一定的冲突，同时也体现和助长了美国的国际法霸权。

一 美国关于国际条约的分类

作为最主要的国际法渊源之一，国际条约在国际上有着较为明确的定义，但是美国又按照其国内法的需求将国际条约分为不同的种类，主要包括美国宪法专门界定的"条约"和行政协定之类的一般国际协定，而条约又被分成自动执行条约和非自动执行条约，行政协定也按照国会和行政部门的主体参与程度不同而分为三种。美国这种复杂又独创的国际条约分类方式，植根于美国独特的宪政历史背景之下，既有其国内政治意义，又兼具国际霸权政治的功能。

（一）美国对国际条约的独特分类

根据1969年《维也纳条约法公约》的规定，"称'条约'者，谓国家间所缔结而以国际法为准之国际书面协定，不论其载于一项单独文书或两项以上相互有关之文书内，亦不论其特定名称为何"。[①] 的确，条约有着各种不同的名称，如公约（conventions）、国际协定（international agreements）、协约（pacts）、总文件（general acts）、宪章（charters）、规约（statutes）、宣言（declarations）和盟约（covenants）等，但它们指的都是同一种类似的合意行为，即通过成文协议的创制，参与国约束自己以某种特定方式行事或在其间建立特定关系，并规定了一系列参与国承诺遵守的条件和义务。[②] 因

[①] 《维也纳条约法公约》（1969年）第一编第二条。
[②] 〔英〕马尔科姆·N. 肖：《国际法》（第六版上），白桂梅等译，北京大学出版社2011年版，第74~75页。

第三章 美国关于国际条约的法律规定与实践

此,只要是国家之间签订的、规定了权利与义务关系的成文协议,均属于条约。① 然而在国际法实践发展较为成熟且国内法规定较为复杂的美国,条约又在不同的历史条件下以不同角度进行了细分,主要围绕两个维度展开。

首先,从条约的程序或缔约行为的主体来划分,美国主要存在着两大类条约。一类是根据美国宪法第2条第2款明确规定的,经过和根据参议院的建议和同意,并得到该院出席议员三分之二的同意而由总统缔结的条约。只有这种重要的国际协定才被美国称为"条约"(treaty),一般又被称为"至上条款"(美国宪法第6条第2款)中的条约;另一类是一般国际协定,其中包括无须国会批准而仅由行政部门签署的行政协定(executive agreement),以及联合声明、联合公报等条约文件。在一般国际协定中,美国只认可行政协定的法律约束力。② 因而,后续分析主要按照条约和行政协定的两分法,而暂不考虑其他无法律约束力的协议。虽然美国的条约种类繁多,但美国并非《维也纳条约法公约》的缔约国,而这个中原因也与其国内法中复杂的条约分类与缔约程序以及其背后所涉及的权力分配等问题息息相关。然而,这并不能否定美国所缔结条约在国际法上的性质,"当条约反映习惯法时,非(《维也纳条约法公约》的)缔约国是受约束的……因为它是对一项或多项习惯国际法规则的确认"。③ 虽然美国不是《维也纳条约法公约》的缔约国,但美国国务院多次表示,即使公约对美国无效,也仍将公约的某些条款视为现行习惯法的编纂,在许多领域仍然依赖公约中所载的规则。④ 美国法院也经常援引该公约来解决条约方面的案件。⑤ 因此,不论美国对条约的称呼为何,这两类实质上都属于国际法上的条约,而

---

① 事实上,国家与其他国际法主体间或其他国际法主体之间所缔结的协议也属于条约,但目前国际上最主要的仍然是国家间的条约。参见王铁崖主编、魏敏副主编《国际法》,法律出版社1981年版,第319页。
② 王玮:《美国条约行为的模式》,《美国研究》2011年第3期,第74~89页。
③ 〔英〕马尔科姆·N. 肖:《国际法》(第六版上),白桂梅等译,北京大学出版社2011年版,第76页。
④ Robert E. Dalton, "The Vienna Convention on the Law of Treaties: Consequences for the United States", *American Society of International Law Proceedings*, Vol. 78, 1984, pp. 276-278.
⑤ Maria Frankowska, "The Vienna Convention on the Law of Treaties Before United States Courts", *Virginia Journal of International Law*, Vol. 28, No. 2, 1988, pp. 281-392.

美国之所以会进行区分,主要是美国国内法上的划分,其背后有着深刻的国内政治意义和国际霸权意涵。

"行政协定"并非国际法上的术语,也不是普遍适用于各国国内法的术语,①在美国,它通常指代以行政部门为缔约主体的国际协议,主要包括国会-行政协定、总统行政协定、条约派生协定三种形式。②美国宪法第10条规定,各州可在经过国会同意的情况下与其他州或国家缔结协定或盟约,因此各州拥有同外国缔结协定的权力。但是,该协定是否属于现在意义上的行政协定并不明确,只能证明立宪者将条约和协定进行了区分。立宪的时代背景注定了这种区分会在全球贸易发达的今天引起适用者的困惑,立宪者当时也许并未意识到协定会被如此广泛地适用,以至于宪法仅对那些会对国家产生重大影响的条约做出了规定,对协定则采取了模糊的处理方式。但就美国宪法本身而言,这种模糊的处理方式不仅不会破坏其基本精神和原则,③而且扩大了行政部门的自由裁量权,使得行政协定更具灵活性。在三种行政协定中,总统行政协定是指总统在宪法规定的职权范围内与外国政府或国际组织缔结的国际协定,总统签署后无须国会批准即可对美国产生效力;国会-行政协定包括国会事先授权缔结的行政协定和国会事后授权缔结的行政协定,前者指国会事先颁布一项法案,授权总统缔结某项国际协议,后者指当一项国际协议即将达成时,总统向国会申请接受该协议;条约派生协定是在经国会批准通过的已生效条约框架下,为制定具体执行的方案作为补充,国会在通过的决议中明示或暗示授权总

---

① 参见余先予主编《国际法律大辞典》,湖南出版社1995年版,第159页。
② 美国行政协定的分类存在几种不同的方式,有人认为在实践中美国行政协定可以按照主体分为两类,一类是国会的行政协定,一类是总统的行政协定;有人认为可以按照协定产生的过程分为四类:国会法案事先授权缔结的国际协定、以法规形式提交国会批准的国际协定、依条约的行政协定和总统依固有权力缔结的独立行政协定,而一般将前两者统称为国会-行政协定。参见程乃胜、张荣现《论美国行政协定》,《安徽师大学报》(哲学社会科学版) 1998年第4期,第55~58页;徐泉:《美国行政协定的合宪性分析》,《现代法学》2010年第3期,第121~132页。由于行政协定的主体必定涉及总统,因此第一种以主体来分类意义不大,而以主体中国会参与的比例来分类更有意义,因而此处以第二种分类方法为基础,将国会参与程度最强的纳为一类,即国会-行政协定;次强的为条约派生协定,因条约批准过程需要参议院参与;最弱的一类为总统行政协定,即总统根据其权力独立缔结的行政协定。
③ 徐泉:《美国行政协定的合宪性分析》,《现代法学》2010年第3期,第121~132页。

统缔结相关的国际协议。① 三种行政协定的缔约主体主要为总统,除总统行政协定完全掌握在总统的职权范围内,其他两种形式的行政协定都在缔约环节充分尊重了国会的参与,因而在此方面总统与国会后续产生的矛盾就相对较少。因行政协定缔结程序相对便捷、所涉权力分配较为明确等优势,其在美国建国几十年之后便逐渐成为美国条约中独具一格却又占据重要地位的形式。

其次,按照条约在美国国内法中适用的方式,条约又被分为自动执行条约和非自动执行条约。自动执行条约意味着条约批准后即可立即成为美国国内法的一部分,而非自动执行条约还要求国会在它们得以实施之前颁布实施立法,即通过立法转化使其成为国内法。这种分类始于1829年的"福斯特诉尼尔森案"(Foster and Elam v. Neilson)②。在此案中,美国联邦最高法院做出的判决大致如下:宪法规定条约是美国的最高法律,因此条约本身即可发挥作用,在法院中即被视为等同于立法机关制定的法律,而无须任何立法规定的协助;但是,如果条约的条款中意含一个合同——如果任何一方承诺要履行某一具体行为——而这一合同是指向政府部门而非指向司法部门的,则该条约必须在立法机关执行该合同之后,才可以成为法院可适用的法律。自此之后,美国的条约产生了"司法的"和"政治的"的区分,条约也被分为自动执行条约和非自动执行条约,这种分类使得美国关于条约的实践更加复杂。法律的生命在于实施,条约的作用也必须通过在国内法中的适用来发挥,而美国关于自动执行条约和非自动执行条约的区分加剧了国际条约适用的难度。虽然自动执行条约在批准后即可在国内法院执行,但这并不一定意味着在任何情况下自动执行条约都能得

---

① 胡加祥:《美国总统缔约权的宪法规定与历史变迁》,《河北法学》2012年第3期,第16~22页。
② 1818年,美国和西班牙签订条约,规定美国拥有东西佛罗里达的领土,但在此前经由西班牙政府所获取的土地仍具有法律效力。1826年,James Foster和Pleasants Elam共同向地区法庭提起诉讼,要求取得路易斯安那一块土地的所有权,那是他们在1804年经由西班牙政府获得的土地。被告David Neilson则认为,该区域已经于1803年由美国政府购买而归美国所有,所以1804年的西班牙政府已无权将该土地授予他人。原告则以该条约为据,称条约已认可此前经由西班牙政府获取之土地。地区法院支持被告意见。原告向最高法院提出上诉。最高法院认为,美国对外缔结的条约属总统及国会"政治"权力范围的事项,无法自动适用于国内司法机构,法庭不应越权以外交条约来否定国内法律,因而最高法院维持原判。

到执行。从条约成为国内法的一部分，到私人可直接援引条约作为其权利依据，这中间还需要跨越两道障碍，即非自动执行性检验和可援引性检验。其中非自动执行性检验旨在排除一部分取得国内法地位的条约规范作为裁判规范直接适用的资格，通过该检验者，可取得像制定法一样在国内法院作为裁判规范适用的资格，它将被称为"自动执行条约"或"可直接适用条约"，但像制定法一样可直接适用的条约，法院并非真的就可以作为裁判规范加以援引，更毋宁提及由私人在法院援引。[①] 因而，美国条约中的非自动执行条约在实施和适用时较为复杂，在理论和实践中均存在模糊性等困境。

（二）美国关于条约分类的国内政治意义

美国国际法实践中的条约之所以有着复杂的分类，其中一个主要目的是协调国内政治利益和缓解国内政治矛盾，在某种程度上也是权力制衡的产物。条约和行政协定的分类，就是美国为国家权力在国际条约方面发挥作用进行的一次配置。历史上宪法中规定的条约条款，其实是为了将各州团结在一个政府内而精心设置的妥协条款，它最初主要考虑两个因素。首先，宪法假设参议院将作为总统的顾问委员会，以确保总统不会独揽缔约大权。宪法规定的条约缔结程序较为复杂，使得参议院与行政部门在关乎国家重大利益的条约缔结方面互相牵制。其次，之所以称之为一种"妥协"的安排，是因为美国建国初期南北各州矛盾激烈，美国绝大多数州要求保护地区利益，特别是南方奴隶州的利益。为此，宪法应确保由各州代表组成的参议院分享缔约权。制宪讨论时，曾经有反对人士提出，应将众议院纳入缔约权范围，而非仅仅赋予参议院和总统，但因众议院议员人数较多不具有保密性和效率性而被否决。这些目标体现出美国将条约当作争夺和协调政治利益工具的本质。总统和参议院议员的换届时间不一致，使得总统与参议院多数党为同一党派的概率降低，总统很难左右参议院三分之二议员的意见，总统缔结的条约经常因未得到参议院的批准而夭折。根据美国国务院的统计，1789~1945 年，因参议院否决而搁置的条约多达

---

① 兰磊：《美国法上条约非自动执行性的类型化分析》，《国际商法论丛》第 11 卷，法律出版社，2013，第 192~219 页。

第三章　美国关于国际条约的法律规定与实践

62件，其中包括具有重要国际法意义的《国际联盟盟约》《凡尔赛条约》《常设国际法院规约》等，① 现代以来又有诸如《联合国海洋法公约》《京都议定书》《生物多样性公约》等国际条约。批准条约的过程博弈，就是美国国内各党派、各利益集团之间相互权衡利弊和进行利益取舍的过程，其最终结果基本上会符合美国在当下的整体利益，但这对外造成了美国对国际义务的减损和违反。

然而，美国将条约和行政协定进行区分，仅是其国内法意义上的分法，并不具备国际法上的意义。在国际法上，只要是国家合意形成的旨在确定其权利和义务的协定，就对双方都具有法律约束力。而国际条约在一个国家内的约束力，体现为其在国内法中的地位和适用。实际上，在美国国内，条约和行政协定的法律地位因难以分辨而逐渐趋同。宪法在建立时尚未将行政协定包含其中，仅规定了条约的地位与国家最高法律一致，但后来的案例逐渐肯定了行政协定与条约拥有同等地位。1937年美国最高法院在"联邦诉贝蒙特"（United States v. Belmont）一案的判词中提到，宪法中明文规定的条约的优越性，也可以适用于一切国际协定；1942年联邦最高法院在宣判"联邦诉品客"（United States v. Pink）一案时，再次确认行政协定与条约同为美国最高法律，效力优先于各州法律。② 因而，这些实践的发展引起了美国学界对于美国关于条约的两种分类是否有必要存在的不同讨论。自20世纪40年代以来，大多数美国国际立法学者在"条约和国会－行政协定的互换性辩论"问题上陷入了两大阵营：一种观点认为条约和国会－行政协定应该被视为完全可以互换的，而另一种观点则认为条约和国会－行政协定无法互换，也不应该互换。第一种观点的支持者占大多数，甚至1987年《美国对外关系法重述（第三次）》也通过描述"过去曾经有人认为一些协议只能作为条约达成，但学术观点拒绝了这一观点"的情况，认可了条约和国会－行政协定之间的互换性。③ 支持互换者认为，条约和行政协定都是为同样的目的服务，而反对互换者仍然坚持维护宪法

---

① 胡述兆：《胡述兆文集》（下），中山大学出版社2014年版，第761页。
② 胡述兆：《胡述兆文集》（下），中山大学出版社2014年版，第763~764页。
③ Oona A. Hathaway, "Treaties' End: The Past, Present, and Future of International Lawmaking in the United States", *The Yale Law Journal*, Vol. 117, 2008, pp. 1236-1372.

规定的条约划分标准，实质上也是对参议院条约批准权的一种辩护和坚守。

（三） 美国关于条约分类的国际霸权意义

美国关于条约的分类方法，不论是将其在大类上分为条约和行政协定，还是又将条约细分为自动执行条约与非自动执行条约，这背后均有其国际法上的霸权意义。正是因为条约在美国存在如此复杂的分类情况，以及在各种情况下又定有不同的缔结和批准方式，这种分类方法可以在一定程度上成为美国主导国际秩序构建却逃避国际责任的借口。在很多情况下，美国是一项国际条约的发起国和主导国，其总统在起草和谈判条约过程中积极参与，利用其软实力影响其他国家做出各种协调和让步。而经过不断打磨的条约一旦签署，并在其他国家相继批准的情况下，美国反而利用其复杂的条约分类和程序，获得在国会中反复考量和权衡利弊的时间与机会，而最终若不符合美国的整体利益，即可以参议院不予批准为由，最终放弃加入条约。

行政协定的大量出现，不仅是美国行政部门规避参议院缔约限制的一种表现，也与国际形势的变化和国际协定的内容复杂化息息相关。美国关于条约的分类也体现出美国在历史上存在的不同思想和主义之间的斗争与协调。从建国初期的孤立主义到一战与二战之间的国际主义，再到冷战及之后的现实主义，美国国际关系领域的思潮一定程度上影响了美国在国际法实践中的不同态度。建国初期，美国国父们企图隔离美国与欧洲的纷争，因此在宪法中做出了严格的条约缔结规定，并且模糊了协议的具体缔结要求，这是深受孤立主义影响之下的一种立法手段。而二战之后，世界进入两极格局，深受现实主义影响的美国作为争霸的一方，积极介入国际事务，构建符合自身利益的国际秩序，在经济、贸易、政治等各领域全面发展势力。此时，美国如果继续采用批准效率较低的条约作为国际合作方式，则无法应对其日益增长的国际霸权需求，而一向以国际法掩盖其争夺霸权目的的美国为了更广泛地参与国际事务，一个重要的方法就是更快、更多地签署和实施国际条约。在此背景之下，因行政协定省略了参议院的批准程序而更易于国内执行，它在美国缔结的条约数量上逐渐占据了主导地位。美国充分利用行政协定展开国际合作，更有利于美国享受国际法律权利和履行国际法律义务，构建美国治下的国际法律秩序。

因此，美国关于条约的分类方法使得美国的国际法实践具有了充分的灵活性和变通性，这与美国的普通法精神一脉相承。奥利弗·温德尔·霍姆斯（Oliver Wendell Holmes）曾认为（普通法）法律的生命在于经验，[1]它注重实践中的法或"行动中的法"（law-in-action），而不是大陆法系所强调的"书本中的法"；它又体现了美国的自由主义和功利主义传统，即在不同历史条件下，主动选择最有利于其利益最大化的方式来实现自身的目标。当国际条件有损于其利益时，美国可以用条约的复杂分类来阻挠国际条约的缔结，而当利益的风向标发生逆转时，它又可以运用效率极高的行政协定来促成自身目的的达成。例如，20世纪以来，美国逐渐抛弃了重商主义以及美国自内战以来一直奉行的贸易保护主义政策，转而支持与外国建立各种互惠贸易协定，从而出现了大量行政协定，而这一转变是由条约条款的烦琐以及美国更充分参与国际领域事务的愿望和需要所推动的。这是当美国试图全面参与国际事务时充分利用高效率的行政协定的体现。而与此同时，当美国加入国际条约的意愿不强或缺乏动力时，又会刻意选择以更难批准通过的条约形式来达成一种表面的参与。例如，在20世纪后半叶，美国国内掀起了对加入国际人权协议的强烈反对，一些人担心国际人权协议会被用来挑战种族隔离政策，最终这场争论以"妥协"告终，即此类协议只能作为条约而缔结。而众所周知，条约需通过参议院的各种保留、谅解和声明的附加条件，导致最后几乎完全不可执行。[2]

二　美国关于条约的运行过程与法理分析

根据国际法运行论的逻辑，美国的条约实践过程包括缔结条约、批准条约、遵守条约、适用条约、条约无效等环节。其中，缔结和批准条约是条约对美国生效的前提，遵守和适用条约是条约对美国生效的体现，而条约无效则包括条约退出、失效、中止、终止等情况。美国关于条约分类的多样性，导致不同类别的条约在美国也对应不同程序的运行过程。在此期

---

[1] Oliver Wendell Holmes, *The Common Law*, Harvard University Press, 1963, p. 5.
[2] Oona A. Hathaway, "Treaties' End: The Past, Present, and Future of International Law-making in the United States", *The Yale Law Journal*, Vol. 117, 2008, pp. 1236, 1240.

间，国内政治与司法之间的难以界分，联邦与各州之间的相互矛盾逐渐显现，体现出美国国际法实践深受国内法和国内政治制约与影响的特点。

（一）美国的条约缔结与批准程序

美国的条约缔结权由总统和参议院分享，因此条约缔结过程需经过二者共同的努力。美国宪法第2条第2款规定，总统有权缔结条约，但须争取参议院的意见和同意，并须经出席的参议员中三分之二的人赞成。条约的缔结与批准程序包括：第一步，谈判，总统代表与外国谈判条约条款，总统或总统代表在完成的草案上签字；第二步，总统将条约转交参议院，以获得参议院同意；第三步，由参议院外交关系委员会决定是否将条约提交参议院全体会议进行投票表决，如果条约被送交参议院全体会议且获得所需的三分之二支持，条约即获得通过，其后参议院将向总统发送一份建议和同意的决议，表示批准条约；第四步，总统此时有批准或不批准条约的自由裁量权，若总统决定批准该条约，如该条约为双边协议，总统将与条约另一方交换批准书，如该条约为多边条约，总统将批准书（加入书）交存于联合国。① 然而，由于该环节过于复杂，条约通过率较低，影响条约缔结的效率，因而美国第一任总统乔治·华盛顿在任期结束时，就已经不再在条约缔结进程中征求参议院的意见，而仅仅依靠参议院来批准已经谈判的条约，而这也成为美国此后的惯例：行政部门一般不与参议院正式协商就谈判条约，然后提交参议院批准。②

宪法中虽然未提及行政协定，但制宪者很清楚，有时国家间需要达成一些非条约式的协议或协定（agreements），因而总统根据自身权力达成某种协议的状态获得了认同，③ 以至于行政部门的权力进一步扩大，行政协定的数量逐渐增多。行政协定与条约的性质不同，其缔结程序也相对简单。以较为重要的国会-行政协定为例，其虽包括事前国会以法规形式授权和事后提交国会批准两种形式，但在这两种情况下，国会都以参众两院

---

① Curtis A. Bradley, *International Law in the U. S. Legal System*, Second Edition, Oxford University Press, 2015, pp. 32 – 33.
② Curtis A. Bradley, *International Law in the U. S. Legal System*, Second Edition, Oxford University Press, 2015, pp. 32 – 33.
③ 〔美〕路易斯·亨金：《宪政·民主·对外事务》，邓正来译，生活·读书·新知三联书店1996年版，第83页。

第三章　美国关于国际条约的法律规定与实践

的简单多数通过法律，便将行政协定融入国内立法，其后再交与总统签署。因此，行政协定缔结程序的便利性成为其数量众多的原因之一。在宪法历史的前50年，美国缔结的60项条约中只有27项行政协定，然而1939~1989年，美国缔结了11698项行政协定，而条约仅有702项，[1] 行政协定的数量已经远超条约。进入21世纪，尽管行政协定的数量有所回落，但其与条约各自所占的比例依然呈现显著差异。[2] 行政协定的增多，一方面是为了提高条约的通过率，而参议院在某种程度上对此进行了默许。另一方面，国际协议与国会监管权之间的重叠越来越大，促使条约从参议院的绝大多数通过转变为获得国会全体议员的多数通过，[3] 这又是在国内法与国际法意义上均对美国有利的一种独特行为。虽然缔结行政协定看似属于行政部门的权力，但参议院并未放弃对行政协定的掌控权。20世纪70年代之后，国会要求总统报告与外国达成的所有协定，1972年的《卡斯—扎布劳基法》（Case-Zablocki Act）要求国务院将所有生效6日的行政协定均提交参议院外交关系委员会。[4] 可见，美国国内各部门对缔结权的争夺无处不在，不论是条约，还是行政协定。

美国条约缔结和批准过程的复杂性，表面上是美国出于国家主权权利的自由选择，但深层原因则是这种做法对美国的国内政治和对外关系均可产生利益，符合美国个人主义和理性主义的追求。在国内政治方面，美国宪法所规定的缔约过程体现了宪法制定者对权力制衡的考虑，既将缔约权分配给了总统和参议院，以满足双方的意愿来稳定国内政治，而又不完全将此种权力界限明确化，从而给双方留有争斗的余地以相互牵制。在对外关系方面，美国复杂的缔约过程促进了美国国家利益的最大化。一是总统向参议院进行咨询的过程有助于双方群策群力，做出最有利于美国利益的决策。总统签署条约之后寻求参议院批准的过程，为审慎缔结条约提供了条件。条约签署和批准之间的时间差，可使已经完成条约谈判的政府有关

---

[1] Curtis A. Bradley, *International Law in the U. S. Legal System*, Second Edition, Oxford University Press, 2015, pp. 75-76.
[2] 王玮：《美国条约行为的模式》，《美国研究》2011年第3期，第74~89页。
[3] Curtis A. Bradley, *International Law in the U. S. Legal System*, Second Edition, Oxford University Press, 2015, p. 76.
[4] 何永江：《美国贸易政策专题研究》，南开大学出版社2019年版，第71页。

部门有机会研究条约在总体上的利弊，而且这种研究要比代表谈判条约时更从容。二是美国国内政治斗争的矛盾可以转嫁为总统在国际关系中讨价还价的筹码，以及成为各种形式的（包括"保留""修正""宣言""条件"等）"有条件同意"的前提。条约谈判中，政府为提高获得批准通过的可能性，经常要求对重要条约再三考虑，以至于谈判中不得不出现一些单方面的让步和一定的妥协。"行政部门在面对国际谈判对手时，以克服国内反对声音为谈判条件，迫使谈判对手做出足够的让步。"① 因此，美国关于条约缔结的复杂性使其对美国国际法实践有利，而对其他国家有害。

（二）美国对条约的遵守及适用

条约在缔结之后，能否真正发挥国际法的作用，必须依赖其在国内法中的实施，因此对美国条约实施过程的研究也很有必要。美国条约主要分为宪法条款中的条约与行政协定两大类，而前者又分为非自动执行条约与自动执行条约，因此，不同种类的条约实施过程也各不相同。广义的法律遵守可以涵盖主动的守法行为、执法行为和司法行为。在国际社会，国家是国际法的天赋主体，因此，美国对于条约的遵守主要包括行政部门对条约的执行性遵守和司法机构的条约规则适用。

相较于非自动执行条约而言，自动执行条约的实施较为容易。关于自动执行条约的法律规定已经较为明确，除了美国宪法第6条第2款（即"最高条款"或"至上条款"）中规定了条约的地位，以及1829年美国联邦最高法院在"福斯特诉尼尔森案"中做出的关于自动执行条约的司法解释之外，马歇尔大法官还发表过相关法律意见，指出条约在本质上是两个国家之间的契约，而非立法行为；需要在一国领土范围内实施特定行为的条约，一般不会自动实现此行为，除非缔约方的主权权力将其带入执行阶段，即为之进行转化立法。如果条约的实施不需要为其立法，法院则认为其等同于立法，即为自动执行条约。然而，由于需要国内法的配合，自动执行条约也引起过法律位阶层面的争论。总体来说，尽管至上条款规定了美国缔结的一切条约均与美国宪法和根据该宪法制定的法律一样，都属于美国最高法律，即使任何州的宪法或法律与之相抵触，各州法官仍受其约

---

① 王玮：《美国条约行为的模式》，《美国研究》2011年第3期，第74~89页。

第三章 美国关于国际条约的法律规定与实践

束,并且依照宪法的此项规定,条约自动成为国内法的一部分,即条约在美国自动取得国内法效力,但在美国发展的历史进程中,宪法、联邦成文法、条约和州法的相对法律地位一直是争论的热点。目前,大多数观点都同意条约具有等同于联邦成文法的地位。因此,条约与美国国内法的位阶基本得以厘清,即宪法高于条约,如果条约义务与宪法不一致,则宪法优先;联邦法等同于条约,如果条约义务与联邦法不一致,法院将适用时间上的后者优先规则,即以较晚产生的为准;州法低于条约,如果条约与州法不一致,则以条约义务为准。这基本上确立了自动执行条约在美国国内实施的优先性规则。

非自动执行条约的实施则更加复杂,因为其面临着可能会出现的两个问题。第一,非自动执行条约在签署之时,其所必要的执行立法尚未通过,而在此期间可能会因该条约无法在国内执行或适用而使美国违反了某种国际义务。为避免这一问题,参议院通常会推迟对非自动执行条约的建议和同意,直到可以同时颁布实施立法,或根据随后颁布的实施立法才提出建议及同意批准条约。虽然避免了美国在正式批准条约之前承担国际义务,但这些应对方案使得非自动执行条约面临着额外的批准障碍,即该条约必须首先得到总统和参议院三分之二的支持才能获得批准,并需通过参议院和众议院的多数票进行转化立法方可适用,这就增加了非自动执行条约获得实施的时间和难度。第二,宪法仅规定批准条约的权力属于参议院,忽略了后续的其他程序中的权力归属,而这些权力的相互压制也形成了条约实施的阻力。其中,最主要的就是众议院在条约方面的权力和责任问题,因为条约的实施涉及宪法赋予众议院的权力,例如其著名的"钱袋子"权。众议院有时通过不予拨付执行所需的资金,使得需要拨款的条约被废除,否则它必须在不使用任何权力的情况下做出对条约中规定拨款事项的独立判断。为解决此难题,早期的总统采用了在条约可能需要拨款时向众议院发送信息的习惯,或者在一些情况下,拨款是在条约提交参议院之前投票表决的。[①] 这便导致众议院被卷入条约实施的过程,增加了美国履行国际义务的难度。

---

① Oona A. Hathaway, "Treaties' End: The Past, Present, and Future of International Lawmaking in the United States", *The Yale Law Journal*, Vol. 117, 2008, pp. 1236 – 1372.

行政协定则避免了条约适用所面临的这些矛盾和困境。行政协定由总统亲自签署,其实施是由行政部门执行或者法院直接适用,不再需要其他部门的批准或同意。关于条约执行的行政协定更无此类复杂程序,因其本身即专门是为实施或执行某个条约而签署的。即便是牵涉较多部门的国会-行政协定在实施上也较为简便,因其是通过立法制定的,因此该立法使其不仅具有与联邦成文法同等的地位,而且成为联邦成文法的一部分。大多数国会-行政协定与不侵犯众议院传统权力范围的自动执行条约几乎没有区别,但当条约没有明确地自动执行时,国会-行政协定便发挥了比较优势。除非另有说明,否则国会-行政协定通常被认为是自动执行的,并且通过国会-行政协定的立法中可以包括任何必要的关于实施的表述。[①]国会-行政协定的另一个优势是,因为众议院平等参与了其通过过程,在后续实施中可以避免众议院挑起新的问题来阻碍其实施。因此,与条约相比,国会-行政协定一旦签署,其后续的实施便会相对顺畅,对内有效地保护了国会的特权,对外又为美国树立了恪守国际法的国际形象。这些优势也是从条约实施层面解释近些年行政协定逐渐占据上风的原因。

(三) 条约对美国的无效

一个国家停止履行某项条约的原因和形式有很多,从条约本身的客观角度来讲,主要包括条约失效、条约终止和条约中止等情况;从国家的主观意志方面来讲,主要包括条约的退出。条约对美国无效的情况中,以其主动退出条约最为突出,该行为的国际法影响较为深远,产生的不良示范效应有损国际法的实效和权威。因此,对美国退出条约的国内法规定和国际合法性进行分析,是考察美国条约实践的重点。美国条约退出问题的主要矛盾点,在于退出行为在国际法上是否符合国际条约法和条约本身的规定,以及在国内法中条约退出权属于哪个部门的权力。

国际条约是作为平等的国际法主体根据自由意志签订的契约,通常包括退出的程序,而如果不明确包含退出规定,也往往默示了隐含退出权,只是由于条约缔结者不倾向于缔结方退出而故意没有明示。这些条约本身

[①] Oona A. Hathaway, "Treaties' End: The Past, Present, and Future of International Lawmaking in the United States", *The Yale Law Journal*, Vol. 117, 2008, pp. 1236 – 1372.

的规定和特征,使得条约退出在国际法上基本具备了合法性基础。《维也纳条约法公约》第54~65条对条约退出的规范做出了具体阐释:在符合条约规定或经所有缔约方同意的情况下,条约可以终止,或当事方可以退出条约。此外,对于所有协议,如果满足特定情况(例如无法履行),则可以撤回,因而总体要求是只要愿意保持耐心,各国均可以以合法的方式退出大多数协议,只有少数重要协议(尤其是某些人权条约)缺乏明确的退出途径。[1]

具体而言,《维也纳条约法公约》(以下简称《公约》)第54条规定了条约退出的必要条件,即条约的终止或缔约方的退出只能在以下两种情况下发生:一是符合条约规定;二是在与其他缔约方协商后,征得了所有当事方的同意。这是在条约本身规定了退出条款的情况下,只要符合退出规定,或者征得其他所有缔约方同意即可退出。《公约》第56条规定了不含终止或退出条款的条约的终止或退出条件,即此类条约不得终止或退出,除非经确定,当事国原意有容许终止或退出条约的可能性,或者条约的性质可能暗示了终止或退出的权利;在满足这两种例外的情况下,程序上还有一个要求,即一方应至少提前12个月通知各方其打算根据上述条款终止或退出条约。这条规定就等同于给条约退出关上了一扇大门,却又留了一扇小窗。《公约》第65条是关于条约失效、终止、退出或停止施行应依循的程序,主要包括提出理由和要求、提出措施、解决争端等步骤。首先,当事国应援引其同意受条约约束的缺陷来质疑条约的有效性,或提出终止条约、退出条约或中止其实施的理由,并将这些措施及其理由通知其他缔约方。除特殊紧急情况外,在自收到通知之日起不少于3个月的期限内,如无当事方提出异议,提出通知的当事方可按规定提出措施。但如任何其他当事方提出反对,当事方应通过《联合国宪章》第33条规定的和平解决争端的方式寻求解决。另外,上述各款中的任何规定均不影响当事国在任何对解决争端具有约束力的有效条款下的权利或义务。《公约》在很大程度上是对当时国际公认的国际习惯法予以了书面化确认,各国在这些规定明确之前,基本上已经按照此类习惯法进行了条约退出的实践。

---

[1] Galbraith Jean, "The President's Power to Withdraw the United States from International Agreements at Present and in the Future", *AJIL Unbound*, Vol. 111, 2017, pp. 445–449.

然而，在美国的国内法层面，美国宪法并未规定条约退出事项，更没有明确条约退出的权力归属哪一部门或机构。这引起了学界以及国际法实践中的很多讨论。柯蒂斯·布拉德利（Curtis Bradley）指出，宪法规定的条约终止需要国会或参议院的批准，至少19世纪后期的历史实践证明了这一观点。① 然而，自20世纪开始，总统开始主张至少在国际条约允许退出的情况下自己有权使美国退出条约，而当美国最高法院受理终止条约的案件时，也将其视为不可审理的政治问题而拒绝插手，② 默许总统条约退出权的司法判决也在一定程度上起到了推波助澜的作用。③ 于是，总统单方面终止条约成为一种常态，因为在大多数情况下，总统终止条约并不是行政部门和立法部门之间发生重大冲突的根源。根据历史惯例，只要国际法允许，且参议院在建议和同意条约的决议中或国会在法规中都不禁止，总统就有权单方面终止条约。自20世纪下半叶以来，总统继续主张自己享有终止条约的权力并加以行使，以至于目前的主流立场承认总统有权使美国退出条约，其方式是根据条约中的退出条款，或经由国际法证明退出理由正当。④ 尤其是在特朗普总统在任期间，美国退出了相当多的国际条约。总之，虽然美国缔结条约的程序复杂，但对于终止条约的规定却相对简单，导致美国对退出条约的规定与缔结条约的规定是非对称性的，进而加剧了美国退出条约的随意性。而这种对比和反差实则反映了美国对承担国际义务的谨慎和逃避，以及对享受国家权利（条约退出权）的热衷，义务和权利的非对称性即是霸权主义的一种写照。但从整体历史潮流来看，与所有基于实践的结论一样，这一现状并不稳定，总统并不总是独占条约退出的大权，诸如最高法院等其他部门总是会依据情况做出审时度势的决

---

① Curtis A. Bradley, "Treaty Termination and Historical Gloss", *Texas Law Review*, Vol. 92, 2014, p. 800.
② Curtis A. Bradley, *International Law in the U. S. Legal System*, Second Edition, Oxford University Press, 2015, pp. 70 – 72.
③ 1978年，卡特政府接受了中国提出的中美建交三原则，中美达成建交协议，总统通知美国国会将退出与台湾的"防务条约"，并推动了"与台湾关系法"的拟定。该事件引发了国会极右势力对卡特总统向最高法院提起诉讼，但法院认为这涉及政治问题，是不可审判的，实际上给卡特总统开了绿灯，回避了总统废约是否违宪的问题。参见孙哲编《美国国会研究I》，复旦大学出版社2002年版，第89～108页。
④ Galbraith Jean, "The President's Power to Withdraw the United States from International Agreements at Present and in the Future", *AJIL Unbound*, Vol. 111, 2017, pp. 445 – 449.

定,因而关于美国条约退出权的问题处于动态变化的过程中。

当然,美国的宪法很难为此而做出修改,但是面对总统越来越肆意的条约退出行为和不断扩大的外交权力,延续其三权分立的政治传统以及出于维护不同方面利益的需要,美国其他部门正在从各个方面做出规定,以限制总统在条约退出方面的自由裁量权。第一,司法部门依然是一个制约总统权力的重要部门。根据宪法的三权分立与制衡设计,美国法院本身就是制衡总统权力最重要的部门,法院一方面可以通过司法解释权来要求国会明确声明美国在退出国际条约后暂停或终止实施立法,另一方面可以通过司法审判权在总统条约退出的相关案例中做出否定或限制总统条约退出的裁定。第二,国会也是牵制总统权力的重要部门,它可以从立法等方面采取措施反制总统单边主义的条约退出行为。其中一个重要方式就是通过软法机制,例如委员会听证会、发布会议决议、在法规中加入劝告性措辞等。[①] 同时,参议院可以强化在条约咨询与建议方面的权力,或者在批准条约时在声明等保留条件中加入关于条约退出的要求等。第三,美国各州也可以采取各种措施来限制总统的条约退出行为。例如,特朗普总统宣布美国将退出《巴黎协定》之后,美国多个州和城市都宣布将继续支持气候行动,以实现《巴黎协定》的目标。[②] 总之,美国总统随意退出条约的行为即便具备国际法上的合法性,也会受到美国国内其他部门或机构的质疑和反对。然而实际上,在宪法未做出明确规定的前提下,总统独享了条约退出权,总统身后的利益集团便可从中获益,从而侵犯其他群体的利益,这便会使条约退出权成为美国国内政治权力角逐的对象,这才是美国国内反对总统独霸条约退出权的重点,而非从国际法的正当性或遵守国际法基本原则出发而进行的考量。

第二节 美国关于国际条约实践的特点及其法律影响

在复杂的宪法规定之下,美国关于国际条约的实践呈现不同的特征和

[①] Galbraith Jean, "The President's Power to Withdraw the United States from International Agreements at Present and in the Future", *AJIL Unbound*, Vol. 111, 2017, pp. 445-449.

[②] "Open Letter to the International Community and Parties to the Paris Agreement from U.S. State, Local, and Business Leaders", available at WEARESTILLIN. COM.

问题，充分体现了其国际法实践是基于国家利益出发的，并由国内政治斗争与协调所决定，而正是基于这个出发点，美国在缔结条约时要经历一系列复杂的程序，并且最终缔结的条约也会附加各种条件和保留。但即便是在缔结时如此谨慎，美国缔结的条约在国内的实施与适用依然存在各种模糊地带，因而引起了实践中的困境。与此同时，美国在考量了自身利益与条约义务的一致性之后，经常做出随意退出条约的决定。因而，从条约缔结到条约实施，再到条约退出，美国关于国际条约的实践在每个步骤均影响着其他国家和整个国际社会。从实证法层面，美国的国内法规定决定了其会对国际制度做出符合其国际霸权的安排，影响条约的实质内容；从自然法层面，美国在不同时期的条约实践也影响着国际法价值的塑造。

一 美国关于国际条约实践的特点

美国的条约实践，在条约缔结、实施、适用和退出等各个环节都体现出复杂性与不确定性交织的特点，而这往往都是建立在其国内政治矛盾与协调的基础上，并且具有一脉相承的先后逻辑，即都是以国内利益为出发点，以国际局势为风向标，以国际法实践为谋求国际霸权的工具。

（一）条约缔结权力的国内政治性和斗争协调性

虽然总统和国会都是为美国效力的国家机构，经宪法规定和实践演变而来的烦琐的条约缔结规定也对美国国家整体有利，但是这并不代表这些机构及其背后的利益集团之间不存在矛盾和争夺，条约缔结的复杂规定也是各方利益冲突的集中表现，尤其是在总统和国会之间。首先，这是宪法制定时既定的分权制衡手段。宪法的创始者们认为有必要授权代表国家的行政代理人去参与条约的协商，但不能因此就将缔约权赋予此人，因为这将使国家受到国际责任的约束；而须经参议院绝大多数投票同意的要求，被视为确保联邦政府在缔结条约时不偏向特定部门利益的一种手段。在划分条约权力时，因众议院的规模太大、组成变化频繁，不能确保缔结条约时的保密程度、速度和政策一致性，因此众议院并不被包括在内。其次，这是三权分立的各部门之间不同的职能定位导致的。"总统更倾向于从国家的整体政治、经济和安全战略的角度来考虑贸易问题，尤其钟情于自由贸易给国家整体福利带来的巨大好处；而国会则对来自国内社会的诸如利益集团、公众娱乐和选民的压力更为敏感。"① 因而，总统主要是为了谋求国家整体利益，而参议院内部是由各州议员组成，他们代表各州和特殊利益集团的利益，使得参议院和总统两个权力部门在条约缔结过程中矛盾重重。在第二章的分析中已知总统在外交中占据有利地位，掌握着参议院无法掌握的信息和机密，具有更加迅速做出反应的灵活性，因此其在缔结条约时往往抢占先机，略过向参议院征求意见的环节，直接对外代表国家进行条约缔结。在实践中，行政部门确实会通过与参议院外交关系委员会或选定成员协商而让参议院参与谈判过程，然而却不会与参议院进行任何正式磋商。② 这实际上是总统对参议院缔约权的一种掠夺。

为了适应国内纷繁复杂的政治权力争夺，美国的国际法实践不得不做出相应的调整，频繁出现条约签署而不予通过等独特行为。以一战之后肩负重建国际秩序重任的《国际联盟盟约》为例，彼时威尔逊总统积极引导各国起草了该条约，并在谈判期间周游欧洲列国，向世界宣扬其提出的"十四点计划"，将美国的影响渗透进了当时主要的国际秩序构建者的脑海。然而，威尔逊总统所签署的条约最终却因为国内意见不一而并未获得参议院的批准。经过激烈的斗争之后，美国做出了当时被国内认为是最符合其利益的选择，即仍然坚持门罗主义的道路，远离国际事务，拒绝承担引领国际秩序重建的责任。再如，在被公认为国际海洋法宪章的1982年《联合国海洋法公约》制定期间，美国虽然积极参与谈判和起草，但国内恐于因此而丧失或削弱自身的海洋霸权，因此参议院至今仍未批准通过该条约。但是，这并不影响美国的国际海洋法实践。《联合国海洋法公约》的特点是许多条款规定的不仅是缔约国的权利和义务关系，也是普遍适用于各国的法律制度，美国依然可以选择性地采纳公约中对其有利的部分，如公约签发之后，美国也宣布建立200海里专属经济区，将其领海扩至12海里，毗邻区扩至24海里，并享受公约规定的各项船舶航行权。甚至连规制条约法本身的《维也纳条约法公约》，美国也至今尚未加入，但这并不

---

① 徐泉、王参：《美国〈联邦宪法〉体制中的"条约"理念》，《云南大学学报》（法学版）2009年第3期，第108~116页。

② Ved P. Nanda, "Conclusion and Implementation of Treaties and Other International Agreements in the United States", *The American Journal of Comparative Law*, Vol. 38, 1990, pp. 369-387.

影响美国对此的借鉴和适用。因此，美国复杂的条约分类和缔结程序给了美国国内充分考量的时间和机会，以使美国的国际法实践符合其国际霸权主义的安排，而当现实情况不符合其国家利益和国内政治大局的时候，美国往往会拒绝批准条约。

在历史的演进过程中，美国司法部门对国际条约的国内适用也设置了诸多限制，变相参与了缔约权的争夺。美国对条约的国内法规定越来越趋于体系化，从司法适用角度形成了一整套从国内法角度对国际条约做出限制的规定。有学者总结出美国宪法有三种关于条约的学说，一是新法优于旧法的规则，允许后来的法规凌驾于条约规定之上；二是某些条约不是自动执行的，需要国会采取进一步行动的理论；三是倾向于将法规解释为避免凌驾于条约义务之上的学说。[1] 这三点恰好是美国司法对条约进行限制性规定的体现。首先，即便是一项批准通过的条约，它在美国国内法中的地位亦不甚明确。美国信奉国内法和国际法"一元论"，然而当联邦法律和条约发生冲突时，关于何者处于优先地位的问题，美国最高法院采取了一种"后者优先"的规则，即当自动执行条约与联邦法律冲突时，法院采纳时间顺序上的后者。这便会对条约的实效产生威胁，因为美国随时可用国内法改变国际条约，美国所负有的遵守国际条约的责任也将随之消失，这将构成对国际法的一种违反。其次，自动执行条约和非自动执行条约的分类也是美国从司法角度的独创。自动执行条约是指经国内法接受后无须再通过国内立法予以补充规定即应由国内司法机关予以适用的条约，而非自动执行条约是指经国内接受后尚需通过国内立法予以补充规定才能由国内司法或行政机关予以适用的条约。[2] 这种分类也是最高法院在实践中发展出的一种对条约国内适用的限制方法。

（二）条约缔结程序的复杂性与附加条件的多样性

面对行政协定的猛增和总统对参议院条约批准权的侵蚀，参议院也有将此局面扳回一城的三种方式：拒不同意、拖延搁置、提具条件。在实践中，参议院在通过总统所签署条约的过程中，如果条约难以满足参议院所

---

[1] D. F. Vagts, "The United States and Its Treaties: Observance and Breach", *The American Journal of International Law*, Vol. 95, No. 2, 2001, pp. 313 – 334.

[2] 李浩培：《条约法概论》，法律出版社1987年版，第386、392、395页。

第三章　美国关于国际条约的法律规定与实践

代表的利益所在，有时就会直接拒绝同意。而在更多情况下，参议院会对签署的条约进行拖延和搁置处理，有的条约签署之后甚至多年不会被提交至参议院进行表决。为应对此情况，总统在实践中会提前判断条约的可通过性，预计通过可能性不大时，出于对自己政治资源的节约，甚至根本不会提交至参议院进行同意批准。据专门统计，美国在1776～1976年200年间签署而未获批准的条约多达400余项，迄今为止，仍搁置在参议院日程上的未获批准条约共计29项，包括《经济、社会及文化权利国际公约》《美洲人权公约》《妇女政治权利公约》《儿童权利公约》《生物多样性公约》《联合国海洋法公约》《全面禁止核试验条约》《维也纳条约法公约》等，这些条约搁置在参议院长达十数年甚至数十年之久。[1] 有研究统计，1776～1937年美国约有10%的条约并未得到参议院批准，其中1840年以前参议院批准的比例较高，此后批准的比例开始下降，在某些时期接受条约的比例很低。[2] 国际条约的签订对其他国家而言意味着履行国际义务的开始，而美国签订条约的结果却充满不确定性，影响其国际义务的履行，大大降低了其他国家与美国进行合作的意愿和信心。

另外，在艰难得到参议院同意的条约中，往往会被附加参议院列出的条件，这些条件通常以"声明""保留"等形式出现。据统计，自从宪制确立以来，美国所有批准通过的条约中，约有15%的条约存在条件声明，[3] 使得许多条约都与其原本面目产生了一定的差别，在一定程度上缩小了自己的义务范围。虽然根据《维也纳条约法公约》的规定，条约允许保留，但美国条约中这些附加条件通常来自参议院所提供的咨询和同意决议，而非总统在谈判缔约时即提出的保留。出现此类附加条件的现象，本质上是面对总统刻意绕过参议院咨询权而直接提交同意表决的行为，参议院所提出的对这种权力争夺的抗议和反击。然而，在提请表决的条约中附加各种条件的过程，有时也会成为阻挠条约最终获得批准的绊脚石。通常而言，总统会与参议院保持连续的沟通，参议院不大可能在条约进程的最后阶段

---

[1] 王玮:《美国条约行为的模式》,《美国研究》2011年第3期,第74～89页。

[2] 王玮:《从例外到通例：美国缔约机制的全球扩散》,《世界经济与政治》2012年第8期,第36～52+157页。

[3] Kevin C. Kennedy, "Conditional Approval of Treaties by the U. S. Senate", *Loyola of Los Angeles International and Comparative Law Review*, Vol. 19, 1996, pp. 89－172.

毫无征兆地附加不可接受的条款,但二者之间的沟通未必总是能够达成妥协。例如,参议院对 1969 年《维也纳条约法公约》的"解释"被认为是不可接受的,至今仍被搁置在参议院日程上。[1] 因而,实践中的条约要获得批准,需要经历"地狱般"的过程,而参议院与总统缔约权之间的政治权力斗争而引发的条约缔结限制,如"条件""声明"等附加条款,使得美国条约的义务范围得以缩小而权利得以扩大,这也是霸权主义的一种行径。

(三) 条约实施的障碍性和条约退出的随意性

在上一部分的理论阐释中,已经基本厘清了国际条约在美国国内实施与适用的法律规定。然而,在实践中,许多案例仍表明了美国国内对于国际条约国内实施与适用的困惑与矛盾。第一,国际条约在国内法的实施仍需要一定的前置步骤。理论上,美国宪法规定条约是美国的最高法律,无须任何转化便可以同国内的联邦法律一样加以实施。但是美国这种国际法 - 国内法一元论的观点是不甚稳定的,其表现为在司法历史实践中条约逐渐演化出了自动执行条约与非自动执行条约的界分,表明有一部分条约不能直接转化为国内法,而必须先经过国会立法才能成为国内法,这又似乎证明了美国是一个国际法 - 国内法二元论观点的国家。而后来随着行政协定的崛起,条约分类更加复杂,因而美国签署批准之后的条约也需要按照这些不同的类别予以实施。一旦缔结条约,参议院与众议院一起在制定实施立法或拨付必要资金方面就发挥着重要作用,但是相比而言,参议院在执行过程中的权威比条约缔结时的作用相对弱化。实际上,自动执行条约与非自动执行条约的区分在一定程度上是实践发展的必然,因为与宪法条文或制定法可能在实施之前需要再次立法予以细化一样,条约也可能因为各种原因而需要在适用之前以制定法加以补充。正如适用法律的前提是需要法院,而法院的设立至少需要有一部制定法对此予以授权;如果要在联邦法院起诉,那必然要有一部制定法赋予法院对该事务的管辖权;如果当事人所要运用的法律考虑要创设当事人寻求强制执行的义务,但该法律本身并未试图创设该义务,则需要立法创设该义务;如果法律确实创设了该义务,还

---

[1] 王玮:《美国条约行为的模式》,《美国研究》2011 年第 3 期,第 74~89 页。

需要立法创设一个允许请求损害赔偿或其他救济的诉权。[1]

第二，国际条约在美国法院中的适用存在模糊性。条约作为美国的法律，也是每个州的法律，理论上可以在州和地方法院直接适用。但是，美国在条约实践中发展出的分类方法，使得条约在美国法院予以适用之前，需要首先对其进行自动执行条约与非自动执行条约的区分，其次再根据情况予以不同的判断。然而，这种分类在现实中并不容易区分。除非是在缔约时即在内容中明确表示该条约属于自动执行条约或非自动执行条约，否则对它的判断是非常具有主观性和历史性的，因为这其中还涉及政治性问题与司法性问题的分野，因而法院在不同情形下做出的判断并非总是标准一致。在实践中，区分二者的方法也在不断发展汇总，判断缔约方的意图曾经是自动执行分析中的决定性要素，但现在越来越多地在于考察立法机构的专属立法权力、司法机构在对外关系中的职权限制、条约是否包含个人诉权、行政机构和立法机构的指示等。[2] 即便是对于自动执行条约与非自动执行条约的区分已经明确，这两种分类在实践中又将分别如何适用，依然需要依赖各地法院的自由裁量。根据《美国对外关系法重述（第四次）》的描述，条约高于州和地方法律，当州和地方法律与自动执行条约的规定发生冲突时，美国法院将适用自动执行条约的规定；虽然非自动执行条约的条款本身在司法上并不直接可执行，州和地方法院却可通过适用州和地方法律来促进或确保遵守非自动执行的条约义务。例如，某些州法院在根据州法律行使权力时，遵循了国际法院关于《维也纳领事关系公约》规定的权利的非自动执行判决。[3] 但法院可以在多大程度上根据条约承认特定权利或授予特定救济措施，条约何时赋予私人诉权，这些问题仍需要进一步考量。在条约成为私人可援引的法律规范之前需要解决三道障碍——非自动执行检验、法院可援引性检验、私人可援引性检验，即通过

---

[1] Carlos Manuel Vázquez, "Treaty-Based Rights and Remedies of Individuals", *Columbia Law Review*, Vol. 92, 1992, pp. 1082 - 1163. 转引自兰磊《美国法上条约非自动执行性的类型化分析》,《国际商法论丛》第 11 卷, 法律出版社 2013 年版, 第 192 ~ 219 页。

[2] 陈卫东：《论美国对自动执行条约与非自动执行条约的区别》,《法学评论》2009 年第 2 期, 第 69 ~ 75 页。

[3] The American Law Institute, *Restatement of the Law Fourth*, *the Foreign Relations Law of the United States*, American Law Institute Publishers, 2018, pp. 79 - 80.

非自动执行检验的条约只是像制定法一样可直接适用的,通过法院可援引性检验的条约才是真正可直接适用的,而通过私人可援引性检验的条约是私人可援引的,也称私人可司法强制执行的。① 这些复杂的过程增加了公民在援引国际条约时的成本和障碍,使得国际条约在美国的司法适用存在一定的复杂性和模糊性,也对美国履行条约规定的国际义务造成了一定的阻碍。

第三,美国条约退出呈现一定程度的随意性,使得其国际法实践存在不确定性。由于美国宪法并未明示条约退出权属于哪个部门,而美国总统又拥有较大的外交权并且负责整个行政部门,因而获得了美国国内其他部门对其在条约退出权上的较大信任,甚至从功能上讲,中止、终止或退出条约的决定可能比加入条约的决定更需要灵活性,特别是在某些情况下,例如当其他缔约方严重违反条约义务时,如果要求总统获得参议院三分之二同意或国会的授权,那么美国可能难以有效应对其他缔约方的行动。② 实践中,总统的条约退出权不断增强就印证了这种纵容的态势。因而,相对缔结条约而言,美国的条约退出缺乏各方制衡和深思熟虑的条件,在很大程度上取决于总统的个人喜好和性格特点,这也助长了美国霸权主义的国际法实践。美国根据国家利益和国内因素随时退出条约,政策需求不同时又要求重新加入,此种反复无常的行为在特朗普总统上台之后尤其突出。例如,作为联合国教科文组织创始国之一,美国对其在该组织中的影响力非常不满,于1984年宣布退出该组织,因利益考虑又在2003年重新回归,然而于2017年再度宣布退出。③ 自特朗普当选美国总统后,美国接连宣布退出联合国教科文组织、联合国人权理事会、万国邮政联盟、跨太平洋伙伴关系协定(TPP),以及《巴黎协定》《伊朗核问题协议》《维也纳外交关系公约关于强制解决争端之任择议定书》等国际组织和条约,④ 这些退出国际组织和条约的实践增加了美国国际法实践的不确定性,影响了国际法的权威。

---

① 兰磊:《美国法上条约非自动执行性的类型化分析》,《国际商法论丛》第11卷,法律出版社2013年版,第192~219页。
② The American Law Institute, *Restatement of the Law Fourth, the Foreign Relations Law of the United States*, American Law Institute Publishers, 2018, p. 128.
③ 刘铁娃:《霸权地位与制度开放性:解释美国对联合国教科文组织影响力的演变》,《国际论坛》2012年第6期,第14~20+77页。
④ 伍俐斌:《论美国退出国际组织和条约的合法性问题》,《世界经济与政治》2018年第11期,第59~79+158~159页。

二 美国关于条约实践的法律影响

美国关于条约的实践反映了其国内的政治需要，因此，最大化地利用国际法为其谋取国家利益，是美国关于条约实践的出发点。但是，美国作为近代以来世界上影响力最大的国家，其国际法实践中的一举一动都会产生国内和国际的法律影响，包括以缔结条约为手段构建了国家版图和国际秩序，以条约执行中设置各种制度来缩减其国际义务，以及以条约退出来做出自身利益最大化的保全。

（一）美国条约缔结的法律影响

第一，美国广泛利用条约的签订使其侵略行为合法化，达到领土扩张的目的。《格伦威尔条约》（1795年）、《布法罗克里条约》（1798年）、《文森斯条约》（1803年）的签订，使美国从印第安人手中掠夺了大量土地；《俄勒冈条约》的签订使美国通过割让方式从英国等前殖民者手中获得了大片土地；武力迫使墨西哥签订的《瓜达卢普希达尔戈条约》使美国获得了大片墨西哥领土；美西战争后美国与西班牙签订的《巴黎和约》，又使其获得了亚太地区的岛屿，打开了通往亚洲的大门。事实上，这些条约的签订只是美国利用国际法来掩盖其帝国主义本质的手段，即利用形式上的合法性，来掩盖实质上的不正当性。美国通过此种方式逐渐扩大了其领土面积和势力范围，随之确立了其世界大国的地位。

第二，美国利用促成条约缔结和国际组织的建立来影响国际法的创制。一战前后是美国开始积极创制国际法的开端。美国国内的和平主义者对于国际仲裁制度的建立发挥了重要影响，其积极参加的两次海牙国际会议推动了常设仲裁法院的建立，促进了和平解决国际争端思想的发展。一战后，美国着手起草《国际联盟盟约》，试图以新的国际秩序取代过去的欧洲均势体系；美国和平主义者又参与起草《国际法院规约》，并以此促成了国际常设法院的成立。二战爆发后，美国继续筹划建立一种更加符合其利益的国际秩序，促使英国签订《大西洋宪章》并组织26国共同签署《联合国家宣言》对其进行确认；促成《联合国宪章》成为现代世界最重要的国际法渊源之一。冷战期间，美国签订《北大西洋公约》等各种盟约，拉拢盟国共同对抗苏联。美国不断利用自创的国际法，来完成其霸权主义的目标。

第三，美国利用本国对条约进行分类的制度提高了其在国际上谈判的门槛，影响了国际条约签署的公平性。美国国内的三权分立结构以及联邦与州之间的关系，为美国条约缔结增加了其他国家与其进行谈判的难度，总统以说服国内通过条约为借口，可以向谈判对手讨价还价，提高了美国在条约谈判中的优势地位，但在客观上却影响了其他主权国家意志的充分体现。条约分类的方法平衡了条约在美国适用的安全价值和效率价值之间的关系，也是美国为了适应不同条约不同适用方式的需要，[①] 同时有助于维护美国的利益。这些实践行为使得美国缔结的条约从源头上便倾向于符合美国的利益，是其霸权主义渗透到条约实践领域的一种体现。

（二）美国条约适用和执行的法律影响

国际条约在美国国内的执行门槛越来越高，从而间接地降低了国际条约在国内法中的地位。同时，美国为国际条约在签署、批准及国内执行等环节设置了越来越多的条件和限制，例如总统的条约签署权和参议院的条约批准权相互掣肘，以至于经常出现总统签署了条约而无法获得批准的情况；条约签署和通过的过程中经常提具各种利于本国的保留和声明，最大限度地减少本国需要承担的国际义务。另外，19世纪末，通过最高法院的一系列判例，美国逐渐确定了"后法优先规则"（later-in-time rule 或 last-in-time rule），即虽然按照美国宪法第6条的规定，条约在美国具有与联邦法律同等的地位，但在条约与联邦法律发生冲突时，后制定者优先，这种规定成为美国将条约挡在国内法律秩序之外的"最后的屏障"。[②] 美国对于国际条约的此类规定，展现出对国际法的功利性态度，美国利用国内的立法规定和法院解释，使国际法在国内的适用变相地服务于自身的利益需求。与英国的传统如出一辙，美国规定在法律与条约冲突时，"法院将解释国会的法律，以使其与美国在条约项下义务一致"，[③] 体现出美国司法部门对维护国家利益的实用主义，证实了美国在解释权方面所占据的优势，

[①] 王勇：《条约在美国执行的理论基础和实践检视》，《求索》2008年第7期，第138~140页。

[②] 陈卫东：《论条约在美国国内适用中的"后法优先规则"》，《甘肃政法学院学报》2009年第1期，第22~29页。

[③] 〔美〕路易斯·亨金：《国际法：政治与价值》，张乃根等译，中国政法大学出版社2004年版，第101页。

第三章　美国关于国际条约的法律规定与实践

同时也是美国权利与义务非对称性的一种霸权主义体现。

美国自行将条约区分为自动执行条约与非自动执行条约,并且在区分时过多地纳入政治因素,影响了国际条约的法律作用发挥。根据至上条款,条约具有全国最高法律的地位,并直接对州具有约束力。但近年来,一方面,美国州政府和地方政府经常违反美国在相关条约下的义务,使得条约很难在美国法院得以实施,这实际上向州和地方官员发出了一个他们可以继续违反条约而无须担心司法制裁的信号,而当美国联邦法院对行政机构的条约违反行为视而不见时,美国也就失去了作为其政治制度核心的法治原则;[①] 另一方面,由于政治色彩的强化,美国司法机构丧失了其在适用条约中的核心作用,使得三权分立结构中的平衡被打破,法院支持外交事务权力越来越多地向政治机构聚集,不利于条约在一个法治良好的国内环境中实施。由于美国法院对条约国内实施的重重限制,其条约实践体现出其在国际权利和国际义务中的不对称追求,兀自追求自身国家利益而忽视他国利益的行为必将招致其他国家的反抗,不利于国际社会的和谐与稳定。

（三）美国条约退出的法律影响

美国条约退出的法律影响,分为国际和国内两个层面。其国际层面的法律影响需要结合美国条约退出的实践,从其行为的合法性与正当性两个方面来进行评析。合法性（legality）又译为合乎法律性,是指社会秩序、制度或行动合乎既定法律的规定、程序和要求,因而合法性是对既定法律的遵守,而遵守行为与法律本身是否正义无关;正当性（legitimacy）则指社会秩序、制度或行动具有道德基础和价值依托,以使行为主体基于正当的理由自愿服从和遵守法律,强调法律本体或遵守行为的价值基础或道德性,其中被自愿遵守的法律包括实证法以及高于实证法的自然法。[②] 在国际法中,符合实证国际法规定的行为具有合法性,但法律只是最后一道防线,只具备合法性而不具备正当性的行为不利于国际法的和平与正义等价值的实现。因而,国际法主体行为的正当性判定必须符合国际法的基本价

[①] 陈卫东:《论美国对自动执行条约与非自动执行条约的区别》,《法学评论》2009年第2期,第69~75页。

[②] 江河:《条约退出机制:法律困境、法理解读与中国方案》,《环球法律评论》2020年第4期,第178~192页。

值，只有当国际行为具备合法性和正当性有机统一的特性，才能对国际法和国际社会发挥正面积极的作用。总之，合法性是判断美国条约退出行为是否符合国际法规定的标准，是对美国国际法实践的基本评判，而正当性才是对美国退约行为是否有利于维护国际法价值或破坏国际法价值的评判标准，这种条约退出的合法性和正当性在逻辑上对应着国家主权的双重属性和国际法的双重法理。美国条约退出的法律影响，正是沿此两方面向国际社会进行渗透。

首先，合法性包括实体合法性和程序合法性。其中，实体合法性问题是指美国在相关法律规定的内容中是否享有退出国际组织或条约的权利。因国际组织通常都是根据宪章性质的条约而建立的，所以退出国际组织实质上也就是退出该组织的宪章性条约，二者具有一定的同质性。判断美国是否享有退出条约的权利，主要可从两方面的依据进行考察和判定，一方面，根据国际条约本身的条约退出规定，有些国际条约含有退出条款，有些则不含退出条款；另一方面，若条约本身不含退出规定，则可以从一般国际法出发进行分辨，包括运用《维也纳条约法公约》、国际法的一般法律原则及相关国际习惯法等。国家即使享有退出国际条约的权利，在退出时也应遵守相应的程序规则，这就是程序合法性问题，包括退出国际条约的程序问题、退出时间、退出通知、退出生效、退出国已承担义务的处理等。只有这两方面全部符合法律规定，才能够具备国际法上的合法性，才不至于构成对国际法的违法行为，这也是对美国条约退出实践进行评判的基本依据。

在美国宣布退出的国际组织或国际条约中，有一些国际组织的章程和条约对条约退出做出了明确的规定，例如《联合国教科文组织组织法》《万国邮政联盟组织法》《跨太平洋伙伴关系协定》《巴黎协定》都允许国家退出，因而美国从这些国际组织和条约退出，符合有关规定的要求，享有退出的权利。然而，美国在特朗普执政时期宣布退出的大量国际组织和条约中，有些并未规定退出条款，这通常是因为条约起草者并不鼓励缔约国退出，例如，联合国人权理事会、《伊朗核问题协议》和《维也纳外交关系公约关于强制解决争端之任择议定书》等，因此对于美国退出这些国际组织和条约是否具有实体合法性，就只能从国际习惯法和国际法一般原则等其他方面出发进行探讨。《维也纳条约法公约》第54条（乙）项和第56条处理的就是当条约不含退出条款时的退出问题，即如果一个条约没有关于退出的规定，原则上就不允许缔约国退出。但是，该公约在原则之外又规定了三种可以退出的例外情况，即从条约各缔约国的原意推断允许退出，或从条约的性质推断允许退出，以及当全体当事国咨商其他各缔约国后表示同意也可以退出。① 这些例外规定为解释美国条约退出的合法性提供了弹性空间。

其次，正当性主要考察国际法行为主体做出某种行为的合理权利来源以及该行为对于国际法价值的契合程度。条约退出的主要权利基础是国家主权原则。国家主权原则是国际法中一项最重要的原则，在此原则下，主权国家对内享有不受干涉地管理和支配其领土内的一切人、事、物的最高权力，对外享有自主地与其他国际法主体进行平等交往的独立权，其中包括的一个重要方面，就是国家具有与其他国际法主体缔结条约以及从国际条约中合法退出的权利。即便主权国家拥有此项权利，但是在缺乏最高权威的国际社会中，国际法在很大程度上依赖于国家主体在国际法价值层面的一致信仰以及在此基础上形成的国际法一般原则和国际习惯法等，其中最基本的一项原则就是"条约必须信守"的原则，而条约退出是对此原则的违背，从本质上是不利于国际合作发展的。

美国很多条约的退出在事实上构成对国际法正当性的背离。例如，联合国人权理事会、《伊朗核问题协议》和《维也纳外交关系公约关于强制解决争端之任择议定书》等都没有设置退出条款，因此原则上美国不得退出，但由于三项例外规定的存在，特别是《维也纳条约法公约》第56条规定的两项例外给退出国留下了较大的解释和操作空间，所以难以绝对地断定美国退出国际组织和条约在国际法层面是非法的。但即便如此，其单边主义行为具有非常明显的不正当性，违反了"条约必须遵守"的国际法原则。另外，在美国引导的单向度全球化给国际社会造成共同危机的时代背景下，美国退出核武器控制、人权等这些较为重要领域的国际组织或条约，表现出其在相关领域国际合作中的消极态度，这既不符合其作为大国

---

① 伍俐斌：《论美国退出国际组织和条约的合法性问题》，《世界经济与政治》2018年第11期。

应该承担的国际责任，损害了国际多边合作和共同发展，对全球治理体系构成严峻挑战，也不利于国际法公平与正义价值的实现，其逆时代潮流的行为无法为世界各国所接受。

总之，美国是国际法实践的大国，而且由于当前世界秩序和国际法制度本身在很大程度上就受到美国的影响，美国很难直接或明显地违反国际法，而是利用国际法的规则漏洞或人为留白，来达到攫取自身利益的目的。因此，美国很多条约退出的实践呈现合法性与正当性分离的特征。换言之，从表面上看，美国条约退出或者符合条约本身规定，或者符合国际法一般规则的规定，但即使在以上两种情形都不符合的情况下，也能以例外为借口退出不符合自身利益的条约，而不论其对国际法价值产生的负面影响。这正是国家主权的双重属性所导致的条约退出内在悖论，国家主权的实证法属性和自然法属性分别构成条约退出的合法性和正当性基础，但美国条约退出的合法性与正当性的对立关系会影响国际法的实效并最终危及国际和平与安全。[①] 例如，美国于2019年8月3日正式退出《苏联和美国消除两国中程和中短程导弹条约》（以下简称《中导条约》）。虽然该条约第15条对条约退出做出了相关规定，表明缔约国基于国家主权享有在其最高利益受到威胁时的条约退出权，而如何界定国家的最高利益及其是否受到威胁是主权国家的内部事务，因而美国退出《中导条约》具有合法性。但是，从国际法价值层面来对该条约予以考察，发现该条约是维护世界和平与安全领域的重要条约，旨在终止两个超级大国之间的军备竞赛从而遏制核战争风险以及使用、试验核武器所引发的生态危机。美国退出该条约不仅导致了20世纪80年代以来最严重的核军备控制危机，使人类的整体生存再次面临核战争风险，而且可能对国际社会产生负面示范效应，这是核安全法律体系的严重倒退，无疑将危及国际和平与安全，从而使退约行为缺乏正当性。[②] 因此，考察美国条约退出行为要将合法性和正当性结合起来，这样才能全面揭示其国际法影响。

---

① 江河：《条约退出机制：法律困境、法理解读与中国方案》，《环球法律评论》2020年第4期，第178~192页。

② 江河：《条约退出机制：法律困境、法理解读与中国方案》，《环球法律评论》2020年第4期，第178~192页。

第四章 美国关于国际习惯法的法律规定与实践

国际习惯法是《国际法院规约》第 38 条所界定的国际法两大渊源之一，其构成美国国际法实践的重要内容。美国是普通法系国家，习惯法对美国来说具有更加独特的意义，在建国初期国际习惯法就成为其国内法体系的一部分，不需立法转化或纳入程序即可在国内发生效力。因此，考察美国关于国际习惯法的实践是分析美国国际法实践的一个重要方面。通过一些转折性的经典案例，了解国际习惯法在美国国内的适用及其发展，可以进一步认清美国在国际法实践中的两面性，即对内保护国家主权或人民权利，对外将这种权利政治嬗变为霸权主义和强权政治。另外，美国的国际习惯法实践是普遍性和特殊性的统一。作为一个普通法（判例法）系国家，习惯法的地位不言而喻，但由于美国国内法上模糊不清的法律规定，加之还牵涉各机构的权力制衡和各层面的权力争夺，国际习惯法在其国内的实施存在历时的不确定性和共时的冲突性。总体而言，作为一个超级大国，美国的国际习惯法实践深刻影响着国际习惯法的形成与发展。

第一节 国际习惯法在普通法系中的地位

惯例（国际习惯法）是国际法最初的渊源，也是国际法中实体法部分的主要渊源。[①] 国际习惯法被普通法系国家认可为法律的一部分，但其在国内法中的地位在不同时期和不同国家各异。从国际习惯法的定义入手，了解其特征，推出其中蕴含的国家主权因素，从而奠定理解主权国家在国

[①] 周鲠生：《国际法》（上），武汉大学出版社 2009 年版，第 11 页。

际习惯法实践中发挥影响的基础。美国所沿袭的英国法律传统中极为重要的一部分，便包括对国际习惯法的观念认识和法律规定的传承与创新。因而，从英国的国际习惯法传统着手，挖掘美国的国际习惯法发展过程，是引向美国国际习惯法现实和未来的历史原点。

一　国际习惯法的定义和特征

国际习惯法是国际条约之外另一大重要的国际法渊源，并在国际条约出现之前就长期在国际法上占据主导地位。在法律体系松散和碎片化严重的国际法中，国际习惯法的作用甚至比国际条约更加重要，它在当今依然生命力不减。国际习惯法填补了国际条约无法覆盖的空隙，对各个国家具有普遍的拘束力，尤其是强行法的强制力更是为维护世界秩序提供了法律保障。

（一）国际习惯法的定义

国际习惯法的上位概念是习惯法，因此从习惯法的概念入手可以更好地理解国际习惯法的特殊性。关于习惯法（customary law）的概念，英国学者沃克指出，"当习惯、惯例和通行的做法已经相当地确定并在相当一部分地区被使用，像以书面明确表述规则的法律体系一样，为人们所了解、公认并被视为具有法律约束力时，它们就可称为习惯法"。[①] 法学家们对于习惯法的普遍定义体现了习惯法的两项要素，即对某种行为长期、普遍地实践，以及人们有意识地将其当作法律来遵守，这是被广泛认可的习惯法的"通例"与"法律确信"二要素。习惯法基本上是非成文性的，习惯法的表现形式为口头传播，偏向于不成文的、流动性的方式。但是，人们在实践中也产生了将习惯法成文化、固定化的倾向和手段。除了对习惯法进行编纂之外，在司法审判过程中，通过法院在审判中对这些习惯法中的法律信念予以贯彻，并以裁判的形式对此类习惯法予以载明，便也能使

[①] 〔英〕戴维·M. 沃克：《牛津法律大辞典》，李双元等译，法律出版社2003年版，第296页。其他法学家也给出了类似的界定，如德国法学家卡尔·拉伦茨指出，习惯法是指长期以来、事实上被人们普遍遵守的人际关系行为规则，这种规则因为被有意识地遵守，故而具备了法律命令的性质，因此某项习惯法已被确立的证据不仅包括人们在事实上如此行为，还必须加上这种行为是伴随着法律确信而来的表现。参见〔德〕卡尔·拉伦茨《法学方法论》，黄家镇译，商务印书馆2020年版，第448页。

第四章　美国关于国际习惯法的法律规定与实践

得这一部分的习惯法得以固化下来,方便人们查明和遵守。另外,在判例法国家,遵循先例原则使得某一司法判决中的某些内容经常得以重复,这些被强化的内容就变成了反复和长期的实践,且判例天然具备法律强制力,当判例中这部分内容使人们产生了法律确信,它就会逐渐演变成习惯法。这反映了习惯法与判例法的关系,也是理解英美法系国家在判例法实践传统中与国际习惯法形成互动关系的前提。

习惯法是对习惯的法律化,其历史源远流长。在出现权力机关制定法律之前,各民族、部落等社会交往单位内部早已形成了约定俗成的各种习惯,而反复实践并受到广泛约束力认可的规则就逐渐形成了习惯法。制定法反而是后来统治阶层为固化法律要求而产生的,在近现代才逐渐占据了重要甚至主要位置。由于习惯法和制定法都是重要的法律形式,对习惯法的法源地位与法律位阶的讨论便产生了,不同学派的学者存在不同的见解。总体上,各国学者认可习惯法作为法律的渊源之一的观点。如美国法哲学家埃德加·博登海默在《法理学:法律哲学与法律方法》中将法的渊源区分为正式渊源(立法)和非正式渊源(习惯法),[①]前者是人们有意识地以宪法规定的立法机关来进行立法的结果,后者是通过人们对在法律共同体中占主导地位的法律信念的实际贯彻而形成;卡尔·拉伦茨认为,成文法制定后,习惯法依然在很重要的范围内形成和发展;[②]博登海默认为,虽然在当今文明社会中习惯作为法律渊源的作用日益减小,但习惯依然具备产生法律的力量,[③]这说明习惯法作为一股无法忽视的力量,仍然是法律渊源的一种。但是,关于习惯法与制定法之间的法律位阶关系,不同学派产生了不同的观点。萨维尼在《论在立法和法学方面我们时代的任务》中认为,习惯法的地位原则上应高于成文法,所有的法起初都是以今天被称之为习惯法的方式产生的;[④]雅克·盖斯旦等人认为,几乎所有的

[①] 〔美〕E. 博登海默:《法理学:法律哲学与法律方法》,邓正来译,中国政法大学出版社2004年版,第15~16页。

[②] 〔德〕卡尔·拉伦茨:《德国民法通论》(上册),王晓晔等译,法律出版社2003年版,第12~13页。

[③] 〔美〕E. 博登海默:《法理学:法律哲学与法律方法》,邓正来译,中国政法大学出版社2004年版,第497页。

[④] 〔德〕卡尔·拉伦茨:《德国民法通论》(上册),王晓晔等译,法律出版社2003年版,第12页。

现代学者都承认它具有法的渊源的资格，但习惯法只具有辅助且有限作用。① 简而言之，在此问题上，法律实证主义与德国的历史法学派持两种截然相反的观点，前者秉承"制定法一元论"观点，完全将习惯法等社会自在规则排除在法律渊源之外，而后者认为习惯法的位阶应该高于制定法，忽视了国家与社会二元对立结构中国家的主导性地位。② 习惯法形成于社会交往的习惯中，并且多数已经经过人们道德伦理和公序良俗层面的检验，其实更反映了自然法的引导，因此对习惯法位阶的讨论，本质上也是对法律的自然法性质与实证法性质之间关系的考量。

顾名思义，国际习惯法是国际社会交往中形成的习惯法，是习惯法的下位词。因此，它与习惯法在本质上与历史上具有统一性。根据《国际法院规约》第38条第1款，国际习惯法是"作为通例之证明而经接受为法律者"。这里暗示了国际习惯法的两个要素，一是作为通例，即需要为世界各国广泛接受；二是被接受为法律，即心理上要认可和确信某一种规范具有法律拘束力。这与人们对习惯法基本要素的认识基本一致。美国法学会对国际习惯法的定义是，"来自各国的通常的、一致的实践，并由各国将其作为法律义务加以遵守的国际社会的法律"，③ 这与现代国际法普遍的国际习惯法定义在实质上保持了一致。伊恩·布朗利将国际习惯法的概念总结为"各国重复类似的行为而具有法律拘束力的结果"，④ 并对其进行了更加细致的划分，认为国际习惯法的要素包括时间的持续性、行为的一致性、行为的连贯性、行为的一般性及必要的法律确念等。⑤ 这些要素表明国际习惯法的形成需要漫长而持续的一致行为，且需要由实质性的做法引起各国在心理上接受此法律拘束的认同，因而国际习惯法的形成具有持续性和法律性。然而，后来国际法院在"北海大陆架案"中指出，"不能

---

① 〔法〕雅克·盖斯旦、吉勒·古博:《法国民法总论》，陈鹏等译，法律出版社2004年版，第192~193页。
② 张礼洪、高富平主编《民法法典化、解法典化和反法典化》，中国政法大学出版社2008年版，第328页。
③ The American Law Institute, *Restatement of the Law Third*, *the Foreign Relations Law of the United States*, American Law Institute Publishers, 1987, §102 (2).
④ Ian Brownlie, *Principles of Public International Law*, Fourth Edition, Clearendon Press, 1989, p.4.
⑤ 〔英〕伊恩·布朗利:《国际公法原理》，曾令良等译，法律出版社2003年版，第6~7页。

因时间的短暂而不能形成新的国际习惯规则","即使时间短暂,但如果有关国家的习惯频繁且一致",就能形成习惯法。这指明了时间持续性并不代表时间的漫长性,在各种国际交往速度和效率极大提高的现代社会,这一论断反映了国际习惯法定义的现实性转向。

(二) 国际习惯法的特征

国际习惯法是无形化到有形化的辩证统一,国际习惯法和国际条约相互作用,在一定程度上可以相互转化。国际习惯法的非成文性使其查明存在难度。国际习惯法的主要来源是各国的外交实践、国际组织的实践,以及国际上得到公认的国内立法和司法实践等,主要体现于或记载于各国的外交信件、各国的对外正式宣言或声明、国家文件、政府出版物、国际组织出版物和新闻宣传媒介等材料或文件中。[①] 这意味着国际习惯法存在于浩如烟海的国内或国际文件中,难寻其踪却又真实存在于碎片化的国际法中,填补着国际条约所无法完全占据的空间。虽然在本来就由习惯法占据主导地位的英美法系国家中,国际习惯法是其一脉相承的法律习惯,但它在大陆法系国家会导致法律的不确定性。随着社会的发展,国际社会对此做出了许多努力,逐渐对国际习惯法规范进行了编纂,或是利用国际条约对国际习惯法进行了成文化演变。例如,1982年《联合国海洋法公约》就是对包括无害通过权、海盗罪、公海捕鱼自由等多项与海洋相关的国际习惯法的确认。与此同时,国际条约和国际习惯法有时会相互转化。依然以1982年《联合国海洋法公约》为例,它是海洋领域诸多国际习惯法规则的总结和系统化,但同时它所规定的一些制度又成为国际习惯法的内容,例如领海制度、专属经济区制度等已成为国际习惯法,即便美国不是该公约的成员国,也应遵守该公约中此类国际习惯法的相关规定。

国际习惯法的效力是普遍性与特殊性的统一。国际习惯法可分为两类,即一般习惯法和特殊习惯法,它们具有不同效力。一般习惯法应以整个国际社会或至少绝大多数国家的同意为条件。但是,只有在多数国家都反对或采取与之相异的行动的情况下,一般习惯法才无法成立;如果只有一个国家坚持反对或采取与大多数国家相异的行动,则不影响一般习惯法

[①] 郑治发:《法学文献检索与利用》,武汉大学出版社1989年版,第173页。

的成立,只是这种反对或行为不受该习惯法的约束而已。① 根据条约法的相关规定,一个国家如果没有加入某一条约,就免受该条约的限制,这一点与国际习惯法不同,因为国际习惯法中有一些国际强行法的规则是任何国家均需要遵守的。国际习惯法有时候建立在国际条约的基础上,国际条约的内容在一定条件下可以成为国际习惯法的内容。有些条约的内容经过世界上绝大多数国家的反复实践,包括一些未加入该条约的国家也趋于承认其法律效力,那么,该条约的内容实际上已经具有了国际习惯法的特征,而若此类国际习惯法进而具有了某些强行法要素的时候,则无论是否加入了该条约,国家都不能主张不受该条约此部分内容的制约。例如,《公民权利和政治权利国际公约》是并非每个国家都加入的国际条约,但是该条约中规定国家不可克减的国际基本人权渊源于国际人道法,而后者主要是国际习惯法,因此实际上也要求国际社会所有的国家必须遵守。② 在此情况下,可以认为《公民权利和政治权利国际公约》中的不可克减的义务部分构成了国际习惯法的内容,对所有国家都有约束力。

  国际习惯法两大要素的结构特征蕴含着国际法中的主权问题。这两大要素的发展其实是一个历史的过程,也反映了国际习惯法的两个特征,一个是古代意义上的,一个是现代意义上的。其中,通例被认为是古代意义上的特征,即有多少国家、何类国家在长期按某种方式行动。国家在长期的非暴力合作中,无意识地使得跨国社会习俗或习惯经过多次重复而获得了认可,并使其作为一项实证的国际习惯法规则被确定下来。这些国家实践赋予了国际习惯法以普遍适用的效力,而不论某些国家是否参与了这一形成过程。通例要素具有群体性和被动性的特征,体现出古代时期的国家通过无意识的反复实践而促成了某些习惯法规则的形成,因为这一时期的国家主权观念尚未成熟,对于捍卫主权的权利和义务边界尚不存在清晰概念。而法律确信被认为是一种现代但缺乏统一界定的特征,要求将所有符合国际习惯法的国家实践看作履行该法定义务的行为,但这一特征是以国家同意为关键,目的是确保主权国家在不接受某项国际习惯法规则的情况下不受该法限制,而反之若国家未明确表示不同意,即可推论其具有法律

---

① 周忠海主编《国际法》,中国政法大学出版社 2013 年版,第 62~63 页。
② 杨成铭编《人权法学》,中国方正出版社 2004 年版,第 124 页。

确信。① 法律确信要素具有独特性和主动性，彰显出国家主权的能动意识和可选择权，体现出主权在现代意义上的萌生和觉醒。

这两种特征的逐步发展，其实是以国际社会基础的变迁为背景的。所谓现代意义上的"法律确信"要素，其实是国际法中国家主权原则的体现，即国际法须为国家的合意，突出对国家意思自治的尊重。这其实又引出了国际公法层面是否需要保持国内法意义上的平等行为体间意思自治原则的正当性和合法性问题。国际法的诞生与发展常以国内法的发展为前提，国内法中个人意思自治的契约原则映照到国际法中就是国家意思自治，但其实这不利于国际法的有效发展。意思自治原则应该限于私法范围内，在公法领域，国际习惯法的遵守与否，如果可以以国家自身的意志为转移，那其实质上就失去了国际法的效力，因此对于国际习惯法的效力边界必须有一个清晰的划分。但"契约实质上是一种权利、义务的规范，是利益诉求的交换，其本身就包含着对于主权的一种自我限制"，② 加之现代国际法中逐渐认可了国际强行法的理念，如《维也纳条约法公约》《联合国宪章》中都可以看到国际强行法的身影，虽然此概念尚存争议，但已经证明了国际法的发展正在逐渐突破绝对主权的理念。因此，在考察一个国家是否受某种国际习惯法规则约束的时候，若该规则属于国际强行法，就应排除对该国是否对此项规则具备法律确信的考虑。

二　国际习惯法在英国的地位

国际习惯法被普通法系国家接纳为国内法的一部分，一方面是因为在以英国为最传统代表的普通法系国家，普通法（判例法）具有其法律史上的重要地位，因而它们更加易于接受同样以非成文方式存在的国际习惯法；另一方面，判例法与习惯法的相互作用也利于促进国际习惯法在普通法系国家的实践。美国继承了英国大量的法律制度，并以此为基础发展出了自身的国际习惯法国内适用规定，因此，考察国际习惯法在英国的地

---

① 〔美〕克劳斯·博塞尔曼：《可持续发展的法律和政治》，王曦、卢锟译，上海交通大学出版社 2017 年版，第 100~101 页。
② 钱芳：《世界秩序危机中的区域国际法缺位问题——基于国际法供给侧的思考》，《学术探索》2019 年第 2 期，第 58~66 页。

位，有利于从历时角度挖掘和理解美国关于国际习惯法实践的根源。

（一）英国早期的国际习惯法观念及实践

在英美法系国家，最高法院的判例构成先例，先例是其法律的正式渊源。而先例的本质仍然是习惯，只不过是一种被证明了的或有效的习惯，是将习惯显化和予以记载的方式。这种判例与习惯法相联系与转化的观点在欧洲大陆普遍流行，即认为司法的行为方式可以集中表现为一种习惯法规范，并因此而获得充分的法律强制力和效力，当然，这种司法行为方式必须是持续了一定时间并在法律界内外得到了相当充分的承认。[①] 由于习惯法与判例法的这种联系，英国自然更加倾向于对国际习惯法的接受，对其法律地位的认识与对其适用都处于较为领先的地位，这种历史特点奠定了美国对国际习惯法进行理论和法律实践的基础。

英国没有成文宪法，因而没有明文规定对国际法适用的规则。关于国际法和国内法的关系，英国理论界存在不同的观点，如二战后劳特派特就曾经主张二元论中的国际法优先说。但在实践中，国家采用的国际法适用方式并非总与理论上的观念一致，理论上的一元论或二元论只是学派的争鸣，并非"严格意义上的国际法术语"，[②] 实践中的适用与理论上的认识并无直接联系。英国早期便承认包括国际习惯法在内的国际法均是国内法的一部分，表面上看这是遵循了国际法－国内法一元论的观点，但不同的学说可产生具有"分歧的解说"，[③] 很多国家都是采取部分一元论和部分二元论相结合的态度。因此，考察英国在实践中的选择和发展才是更重要的。

关于国际习惯法在实践中是如何成为国内法一部分的，英国出现过并入说与转化说的国际法实践方式。在 18 世纪及 19 世纪初期，英国在实践上基本倾向于"并入说"。早在 200 多年前，国际法的名称尚为万国法时，英国法学权威布莱克斯通爵士在其所著《英国法释义》中就明确表述国际法是由自然法则演绎而来，得到了世界文明人类的普遍承认，成为一个规

---

① 曹士兵：《最高人民法院裁判、司法解释的法律地位》，《中国法学》2006 年第 3 期，第 175～181 页。
② 王铁崖：《国际法引论》，北京大学出版社 1998 年版，第 198 页。
③ 周鲠生：《国际法》（上），武汉大学出版社 2009 年版，第 17 页。

第四章　美国关于国际习惯法的法律规定与实践

则体系。① 他指出,"万国法被普通法全面吸收,是英国法的一部分",② 认可了万国法在普通法中的地位。当时,万国法主要包括商人法、海商法、冲突法以及调整国家间关系的法,③ 后来万国法中基于国家惯例或实践的部分规范成为"习惯性国际法"。因而,英国对万国法的吸收,主要就是对国际习惯法的吸收。这种观点被称为"布莱克斯通主义",并得到了很多权威学者的支持,后来也成为美国建国时形成对国际法认知的重要依据。狄更森（E. D. Dickinson）对此的解释为:"在英国法院看来,把国际法纳入国内法的并入主义是17～18世纪盛行的国内法或国际法的各种理论的一种非常自然的结果,那时检验国内法或国际法的标准,都是看它是否为一种合理的、普遍的、不变的制度。"④

在英国国内法院的判决历史上,最早宣称国际法为英国国内法一部分的1737年"巴布案"（*Buvot v. Babuit*）及27年后的"特鲁凯特诉巴斯案"（*Tfiquet v. Bath*）中,法官做出及重申了明确的宣示性判词,表示万国法全部构成英国法的一部分,之后的18～19世纪,英国的普通法院及衡平法院在判决中均一再确认"并入说"的原则。⑤ 另外,关于国际法-国内法一元论中两者位阶的问题,英国实际上将国内法置于更高位置。英国将国际法规则分为规定或禁止的规则,以及允许性的规则,而英国法律中并非绝对包含后者,这说明英国普通法对国际法与国内法进行了一定的区分,对国际法的吸收并不完整;制定法优于国际法,在二者产生抵触并有疑义时,"则推定国会并没有违反联合王国的国际义务而行事的意思",⑥ 这表明国际习惯法的地位低于英国议会制定的成文法。

---

① 吴嘉生:《国际法与国内法关系之研析》,台北五南图书出版社1998年版,第111页。
② 〔美〕马克·威斯顿·贾尼斯:《美国与国际法1776—1939》,李明倩译,上海三联书店2018年版,第2、9页。
③ Stewart Jay, "The Status of the Law of Nations in Early American Law", *Vanderbilt Law Review*, Vol. 42, 1989, pp. 821 - 823.
④ 金铮:《国际习惯法在英国的适用问题研究》,《河南省政法管理干部学院学报》2011年第3期,第188～192页。
⑤ 金铮:《国际习惯法在英国的适用问题研究》,《河南省政法管理干部学院学报》2011年第3期,第188～192页。
⑥ 〔英〕詹宁斯等修订《奥本海国际法》（第一卷第一分册）,王铁崖等译,中国大百科全书出版社1995年版,第35页。

（二）现代英国的国际习惯法观念及实践

与并入说相对的转化说则主张国际习惯法的规则只有经英国的议会法令或司法判决接受，才构成英国法的一部分。该理论认为，国际习惯法如果没有以适当的形式被转化为英国法律规则的一部分，如以司法判例、议会立法或现有惯例的形式，则不能在英国的法律系统中适用，即不承认国际习惯法的直接可适用性，倾向于国际法－国内法二元论。这在英国19世纪晚期以来的一些法律实践中可以得到体现。

19世纪末以来，一些权威机构在审理案件时，对国际习惯法的法律适用似乎以"转化说"取代了"并入说"。这种转变迹象开始于"女王诉凯恩"（*Regina v. Keyn*）一案，在该案的判决中，科伯恩法官做出了案件无法直接适用国际习惯法的解释。他认为，直接适用国际习惯法，实际上相当于适用一项新的法律，而法院的这种行为属于涉入了立法机关的职权范围，而这种涉入毫无根据，法院没有管辖权，议会的立法无论符合国际法与否，都将约束英国法院，但立法是否与国际法相抵触的问题应留给行政部门去解决。① 该案判决显示英国法院对于"并入说"的立场产生了动摇。而"西兰德中央金矿公司诉王室案"（*West Rand Central Gold Mining Co. v. R*）进一步对此问题提出了质疑，阿尔夫斯通勋爵在判决中重申了英国法院认可并适用国际习惯法，但适用的必须是真正被接受为国家间具有约束力的国际法，与其他任何法律一样，它必须有令人满意的证据来证明，必须能够表明所提出的特定主张已被国家承认并付诸行动或具有此种性质，且已被广泛和普遍接受。② 一些案例表明，转化是事实上英国决定国际习惯法在国内地位的方法，如在1906年"毛藤森诉比特斯案"（*Mortensen v. Peters*）、1925年"埃及商业和房产公司诉贸易局案"（*Commercial and Estates Co. of Egypt v. Board of Trade*）、1939年"陈实春诉国王案"（*ChungChi Cheug v. V. R*）、1974年"萨克拉案"（*Exp. Thakrar*）中，均采用转化的方法，而"并入"只是在司法程序实践中对"转化"是如何

---

① 金铮：《国际习惯法在英国的适用问题研究》，《河南省政法管理干部学院学报》2011年第3期，第188~192页。
② J. G. Collier, " Is International Law Really Part of the Law of England?", *International and Comparative Law Quarterly*, Vol. 38, No. 4, 1989, pp. 924 – 935.

第四章　美国关于国际习惯法的法律规定与实践

起作用的解释。由此，英国法院将已经"转化"成英国法律的国际习惯法规则"并入"它们的法律分析中。①

然而，1977年"川德贸易公司诉尼日利亚中央银行案"（*Trendex Trading Corporation v. Central Bank of Nigeria*）② 以来，英国法院强调不应遵循某些依照已过时的国际习惯法规则而形成的司法判例。丹宁勋爵在判词中指出，为了使国际习惯法成为联合王国普通法的一部分，这些习惯必须独立于正常的先例规则，这些习惯在国际层面上的任何变化也必须在英国法律体系内自动发生。③ 该判决不仅表明如果先前判决依据的是过时的国际习惯法规则，英国法院应放弃适用遵循先例原则，不再适用过时的国际习惯法规则，而且更为重要的是，该判决意味着在国际习惯法的适用问题上，英国法院对并入说的回归。因为根据并入说，国际法规则的改变即会引起英国法律的改变，但如果根据转化说，英国法律将并不随之改变，而是遵照旧有的国际法规则，结果是导致英国法律跟不上国际法的时代发展。另外，这种回归体现了英国虽然承认国际习惯法的地位，但是并不代表其对民主性和合法性问题的轻视，因为英国国内权利政治的意识体现在对国际习惯法的接受过程中，包括为此而进行国会立法。然而，这些所谓的体现英国国际习惯法适用历史转折的案例，并不总是一成不变的。其后又出现过很多推翻之前观点的判决，因此英国的国际习惯法实践和观点一直处于变化之中。总体而言，英国法院基本上坚持国际法-国内法二元论的观点，倾向于支持并入说的观点，且将本国的制定法置于优先于国际习惯法的地位。

国际习惯法在国内法中地位的变化，其实是伴随着国际法从以自然法为主的阶段向实证法为主的阶段过渡而发展的。英国在早期所奉行的并入说与当时人们对万国法来源于自然法的认识有着很大关系，而普通法也延续着自然法的传统，认为个人就是国际法中的主体，因此二者的融合实乃

---

① 金铮：《国际习惯法在英国的适用问题研究》，《河南省政法管理干部学院学报》2011年第3期，第188~192页。
② *Trendex Trading Corporation v. Central Bank of Nigeria*, England, Court of Appeal, Civil Division, 13 January 1977.
③ Richard M. Buxbaum, and David D. Caron, " Stefan A. Riesenfeld, International Law and the University of California", *Berkeley Journal of International Law*, Vol. 16, No. 1, 1998, pp. 1–9.

153

必然。在实证法占上风的阶段，国家才是国际法的主体，国内法和国际法的主体不同，因而无法成为同一个体系。至于国际法与国内法的位阶问题，由于英国关于国家主权的理论发展得比较早，又受到个人主义、自由主义的影响，国家主权对外的权利意识使得英国在一元论中具有国内法优先于国际法的倾向，强调主权国家的独立性，重视国际法对个人施加义务的情况下国家对个人权利的保护，英国法律并非"在一切情形下都承认国际法的最高性"。① 这符合英国权利政治传统的逻辑，表现出英国对代表人民利益的议会立法权的肯定，杜绝了法院在适用国际习惯法过程中的"造法"行为，奠定了国家主权的权利属性对美国国际习惯法观念的影响基础。

三 国际习惯法在美国的地位

美国是深受英国影响的普通法系国家，因而二者的国际习惯法实践在历史演进中存在相似的发展轨迹。美国宪法在制定时已经将违反万国法的行为纳入国会管辖的范围，这表明美国以根本法的形式确认了万国法在美国的存在。然而，由于国际习惯法在当时的历史阶段中尚未从万国法中独立分化出来，因而关于其在美国处于何种法律位阶自然不会明确，而作为立法机关的国会有权惩罚违反国际习惯法的行为，这是否意味着国会有权选择哪些国际习惯法可在美国适用？在不同的历史阶段，美国对国际习惯法在本国的地位有着不同的认识，这也决定了国际习惯法地位的不断变化。

（一）美国建国之初的国际习惯法观念

虽然相比英国而言，美国拥有成文宪法，但由于历史原因，美国宪法对国际习惯法的规定较为模糊。关于国际习惯法在国内法中的地位，美国宪法第1条中提及的"美国国会有权界定和惩罚违反万国法的罪行"仅包括对国会的授权，并未予以明确表述万国法是否属于美国的国内法。美国宪法对国际条约的地位则做出了相对明确的规定，即国会订立并批准的条

---

① 〔英〕詹宁斯等修订《奥本海国际法》（第一卷第一分册），王铁崖等译，中国大百科全书出版社1995年版，第35页。

第四章　美国关于国际习惯法的法律规定与实践

约的地位与国会通过的法律一样，对各州具有最高的法律效力，对各州及其人民均有法律约束力。其实，从宪法文本来分析，在美国起草和批准宪法时，国际习惯法其实就属于"万国法"的一部分。"万国法"包括国际公法（国家之间的权利和义务）和国际私法（国际规则涉及私人当事方的关系和纠纷），其中国际公法部分所规范的问题包括海上权利、战时行为和外交豁免权，国际私法部分规定的问题包括法律冲突原则、外国判决的执行规则，以及适用于跨境贸易的一般原则组成的商法。① 1780 年，英国法哲学家边沁在其《道德及立法原则》绪论中将"万国法"改为"国际法"，使得国际法的名称得以沿用至今。②

国际习惯法是国家之间依习惯而形成的法律规则，自然应该包括于万国法中。但是，美国宪法对万国法仅做出了有限的规定，给人们对其法律地位留出了各种猜测的空间。针对国际习惯法和国际条约在宪法中规定的区别对待，有学者推论认为，国际习惯法不像国际条约，不能在美国作为自动执行的联邦法律运作，为了适用国际习惯法，联邦政治部门需要通过法规或条约将其纳入法律。另外，从对宪法结构考虑的角度，横向上应确保美国的民主问责机构参与决定哪些国际习惯法规范在国内适用，以及如何定义这些规范；纵向上如果要使国际习惯法规范凌驾于美国各州的法律之上，则在将国际习惯法纳入法规或条约时，要使用一种确保各州发言权的程序。③ 这是从宪法结构和立宪用意的逻辑来进行的分析，它表明美国三权分立和联邦制的结构设计都不允许国际习惯法轻易进入美国的国内法体系。这种猜测其实也是延续和呼应了英国在此方面逐渐转向国际法并入说的趋势，体现了英美法系一脉相承的权利政治色彩，也为国际习惯法在美国地位的争执和变化提供了铺垫。

然而，尽管宪法在规定上存在不确定性，但美国建国早期的思想观念表现出一种自然的国际法－国内法一元论观点，几乎是没有争辩地就将国际习惯法纳入了美国的国内法。这与当时美国和英国的历史联系和法律继

---

① Curtis A. Bradley, *International Law in the U. S. Legal System*, Second Edition, Oxford University Press, 2015, p. 140.
② 曹建明等:《国际公法学》，法律出版社 1998 年版，第 2 页。
③ Curtis A. Bradley, *International Law in the U. S. Legal System*, Second Edition, Oxford University Press, 2015, p. 141.

承有着密不可分的关系。一般的认识是，美国对国际习惯法的观念来自对英国法的继受。18世纪，万国法作为普通法的一部分，成为英国国内法的一部分，而英国法律都适用于其殖民地。随着美国独立，包括万国法在内的英国法律也被美国的13个州接受为普通法。美国延续英国的普通法传统，承认国际习惯法规则在国内的法律效力，国际习惯法被自然地看作国内法的一部分。亚历山大·汉密尔顿对此有过肯定表述："毋庸置疑，欧洲国家的习惯法就是普通法的一部分，通过继受，也是美利坚合众国的一部分。"① 这表明在建国之初，美国政法界对布莱克斯通的理论十分认可，由于受英国的传统影响，美国也认为国际习惯法理所当然属于普通法，从而属于美国国内法的一部分。

关于国际习惯法如何成为美国国内法的一部分，还存在另一个不同的观点。该观点认为，国际法不是通过继承获得的，而是通过美国殖民地的独立、通过在国际上获得国家地位而进入美国法律的，即在国际体系中成为国家的实体，当然即应接受国际法的约束。而虽然国际法的义务是靠实体国家来承担，但国家通常认为有必要或为了更加方便地履行义务，而将国际法纳入其法院适用的国内法，因此，即便美国州宪法、联邦宪法、州或联邦立法都没有明确纳入国际法，但法院从一开始就按照英国的传统将国际法进行并入，并将其作为国内法加以应用。② 这两种推测分别以整体和局部的观点，即美国是一个完整国家或者13个州对外分别构成独立的行为主体，阐述了国际习惯法以习惯法的地位进入美国国内法的过程。其结果都是国际习惯法成为美国国内法的一部分，分歧在于这两种不同的方式可能会引发国际法是州法还是联邦法的争论。

制宪者在理论上对国际习惯法的认可体现在诸多方面。最重要的表现在于以宪法形式确认了国际习惯法在美国的存在，确立了后来美国进行国际习惯法实践的法律基础。美国宪法中唯一一次提及的关于国际习惯法的表述是第1条第10款，这是囿于当时国际法本身的发展局限，当时万国法

---

① 〔美〕马克·威斯顿·贾尼斯：《美国与国际法1776—1939》，李明倩译，上海三联书店2018年版，第33页。
② Louis Henkin, "International Law as Law in the United States", *Michigan Law Review*, Vol. 82, No. 5/6, 1984, pp. 1555 – 1569.

第四章　美国关于国际习惯法的法律规定与实践

的含义依然较为原始，囊括的法律非常广泛，现代意义上的国际法概念和范畴都尚未成熟，国际法与万国法还存在混用。但是，宪法规定了美国国会有权界定和惩罚违反万国法的罪行，仍然可以推测得出美国以宪法的形式承认了国际习惯法属于美国国内法一部分的结论。美国承认国际习惯法是美国法一部分的观念同样体现在其他方面。第一，美国建国就充分借用了国际习惯法中的相关理念。《威斯特伐利亚和约》确立了主权原则之后，主权平等逐渐发展为一项国际习惯法，美国独立者们为独立找到了国际法上的支持。杰斐逊起草的《独立宣言》中，一些关于人类的表述，如"出于对人类舆论的庄严尊重"，体现了美国依赖万国法中自然法的理念来寻求其在国际社会中的道德性和正义性。这为美国奠定了将万国法纳入其国内法一部分的基调。第二，《邦联条例》也是对万国法中主权平等原则的运用，13个州得以以平等关系结成邦联，并奠定了后来联邦国家形成的基础。第三，在之后的历史发展中，美国在一些司法案例中实践了国际习惯法在国内的运用，使得国际法－国内法一元论的原则逐渐被美国接受。弗朗西斯·沃顿在其编辑的《国际法汇纂》中，用一系列法庭引证证明了国际法在美国的重要地位："只要尚存任何其他可能的解释，国会的任何法案都不能采用违背万国法的解释。"[①]

(二) 近现代美国的国际习惯法观念

虽然美国建国初期基本上采纳了国际法－国内法一元论的原则，但国际习惯法在美国国内法中的位阶如何，以及与其他法律的关系如何，均缺乏确切的规定。由于国际习惯法从一开始就是作为习惯法的一部分被纳入美国国内法，美国对普通法及其与国际习惯法之间关系的观念变化，在一定程度上就成了左右国际习惯法在美国国内法地位变化的依据。国际习惯法基本上从一开始就被当作一般普通法，这在美国建国以来的司法实践中可以得到论证。总体来说，由于美国建国后至近代期间的国际交往尚不频繁，国际习惯法在美国的适用案例不算很多，这种观念的变化在很长一段时间内保持着稳定。

---

① 〔美〕马克·威斯顿·贾尼斯：《美国与国际法 1776—1939》，李明倩译，上海三联书店 2018 年版，第 124 页。

二战后，美国的国际法实践更为积极主动，理论界也出现了现实主义、建构主义、自由主义等新的国际法思潮，伴随而来的是国际习惯法在美国的地位发生了一些变化。美国宪法中未明确规定国际习惯法在美国国内法中的地位，导致该问题在美国学界一直存在争议，但由于二战之后跨国行为增多和国际人权法的发展，援引国际习惯法和国际条约的案例逐渐增多，二战之前案例很少且未被着重讨论的国际习惯法地位问题也逐渐掀起了讨论的热潮。1987年出版的《美国对外关系法重述（第三次）》中重新阐述了国际习惯法作为联邦普通法的地位，并且强调了联邦法院的裁决对州法院具有约束力。但这仍然引起了国际习惯法在美国国内法中地位的争论，主要观点分为世界主义、修正主义和折中主义三种。20世纪80年代后，被称作"现代主义"（modern position）的美国国际法学界主流观点认为，国际习惯法在美国具有联邦普通法的地位，可以自动执行，即由美国法院直接适用而无须国会的立法或实施。但进入21世纪以来，"修正主义"（revisionist position）提出批判观点，主张国际习惯法只有在宪法或政治机构做出相关授权的少数情况下，才能在美国国内具有联邦普通法的地位。① 这种观点的变迁实质上体现出美国的国际法观在国际主义和国家至上之间的摇摆，并且呈现愈发强烈的趋向于国内法优先的态度。

关于国际习惯法在美国国内法中地位的讨论至关重要，因为其结果将会产生不同的法律后果。如果国际习惯法在美国国内法中相当于联邦普通法的地位，则其可被纳入联邦普通法的范畴，享受联邦普通法的一切地位。第一，根据美国宪法第3条第2款的规定，它可以构成美国法院管辖权的基础，② 美国法院便可获得对国际习惯法案件的司法权。第二，根据美国宪法第6条"至上条款"，联邦法律为全国的最高法律，即使与任何一州的宪法或法律相抵触，各州的法官仍应遵守，据此，国际习惯法也将优于与之不一致的州法。第三，根据美国宪法第2条第3款的规定，总统应监督一切法律的切实执行，因此总统也具有监督和履行国际习惯法的义

---

① 陈卫东：《论国际习惯法在美国国内法中的地位》，《东方法学》2009年第1期，第95～111页。
② 美国宪法第3条第2款第1目规定，法院的司法权适用范围包括一切基于本宪法、合众国法律以及根据合众国权力所缔结的及将缔结的条约而产生的普通法的及衡平法的案件。其中，合众国法律指的是联邦法律。

务。另外，国际习惯法有时可以获得高于联邦法律的地位，即根据"后法优先原则"，形成时间在后的国际习惯法将优先于先前制定的联邦法律。总之，假如国际习惯法在美国国内法中拥有与联邦普通法相当的地位，它便可以成为仅低于宪法和联邦法律而高于州法的法律。而现实情况是，依附于联邦普通法的国际习惯法，其地位必然随着联邦普通法的地位变化而发生变动，而并非一直拥有高于州法的地位。这在第二节的美国关于国际习惯法的国内实践部分将得到进一步阐述。

当今，美国学界关于国际习惯法在其国内法律体系中的地位问题仍然存在重大的学术分歧。当然更重要的是，他们也达成了很多重要的共识。现在大多数学者同意，在"伊利诉汤普金斯案"之前，国际习惯法在美国具有一般普通法的地位，而不是等同于联邦法。大多数学者还同意，"伊利诉汤普金斯案"之后，法院在确立某些联邦普通法的规则时，在某些情况下可以考虑用国际习惯法为模棱两可的联邦法规解释提供信息。尽管一些学者继续支持《美国对外关系法重述（第三次）》中关于国际习惯法具有自动获得联邦法律地位的主张，但这一主张似乎在学界和法院都失去了效力，而正是由于将国际习惯法作为国际法来源存在如此多的不确定性，美国法院才在将其纳入国内法时倾向于谨慎行事。[①] 其实，美国法律界对国际习惯法的怀疑态度的发展，体现出美国法律实证主义的加强。因为国际习惯法是自然法的一种体现，而国际条约却是一种实证法的外化。

第二节　美国关于国际习惯法的国内实践

国际习惯法在美国宪法中的规定较为模糊，因而其在美国的国内实践中也面临不确定性。虽然美国宪法中没有将国际习惯法列为"国家的法律"，但是美国在司法中适用万国法的原则却是从建国之初就已经开始了。在历史发展过程中，国际习惯法在美国国内的地位不断变化，关于此问题的讨论一直存在争议，立法方面也一直没有对此进行明确规定。这种变化和争论伴随不同时期的国内外局势和学术思想动态的变化而改变，在不同

[①] Curtis A. Bradley, *International Law in the U. S. Legal System*, Second Edition, Oxford University Press, 2015, pp. 166–167.

阶段呈现不同的特点。以不同的标志性案例为转折点，美国关于国际习惯法的国内实践大致可以划分为三个阶段。在建国后的100多年里，由于可适用国际习惯法的案件较少，法院通常将国际习惯法作为一般普通法来适用；然而，20世纪初的"伊利铁路案"标志着一般普通法消失之后，与之相关联的国际习惯法的地位开始风雨飘摇，其作为州法或联邦法的地位变得难以确定；最终，随着二战之后国际人权法逐渐得到重视，《外国人侵权法》的复兴使国际习惯法在美国重获联邦普通法地位。美国在国内进行国际习惯法实践不仅是其国内法意义上的行为，而且也具有国际法上的意义，对世界产生了深刻的影响。对此三个阶段的梳理，是分析美国关于国际习惯法的国内实践的内在法理的过程，也是对其进行外在合法性分析的关键。

一 作为一般普通法的国际习惯法

尽管美国宪法中并未明确规定国际习惯法的地位，但由于英美普通法的传统一直将国际习惯法看作一般普通法的一部分，所以在实践中，从美国建国一直到20世纪早期，美国联邦法院即使在没有宪法或联邦法律授权的情况下，也参照一般普通法的地位将国际习惯法作为"吾国法"（our law）或"全国法律"（law of the land）的一部分对国际习惯法加以适用。[①] 因此，对普通法在美国的地位进行分析，是了解这一时期美国关于国际习惯法实践的前提和基础。

（一）普通法的国内法地位之争

美国的普通法源自英国，但普通法在美国法律体系中的地位在其历史实践过程中发生了一些变化。美国从英国法律传统所继受的普通法，主要是充分运用于私法领域的司法实践；而在普通法法律传统中，司法判决是一种法律渊源，因此法院在很大程度上需要受到其先前判决的拘束。两个世纪以前，英国法学家爱德华·柯克认为，无论如何，即使是议会也无法推翻普通法的原则，[②] 然而，美国的特殊政治和法律条件使美国法院比英

---

① 陈卫东：《论国际习惯法在美国国内法中的地位》，《东方法学》2009年第1期，第95~111页。
② Harlan F. Stone, "The Common Law in the United States", *Harvard Law Review*, Vol. 50, No. 1, 1936, pp. 4-26.

第四章　美国关于国际习惯法的法律规定与实践

国法院更愿意推翻自己先前的判决，从而做出司法实践中的创新，催生新的法律规则。美国普通法就是在不同判例的推动下不断革新。英美在这一观点上存在区别的原因，可以从不同的时代背景和独特的政治结构方面来进行解释。从历史上看，为了发展出适合新扩张中的经济与社会所需要的法律，美国法院在看待其先前决定的判决所具有的先例价值时，采取了一种比英国法院更为随意的观点，因为在社会变化极为迅速的时代，对遵循先例原则采取一种严格的概念限定并非一种妥当的方式。而从美国独特的政治结构来看，美国的普通法又存在联邦普通法和州普通法两个体系，美国的联邦体制将大多数私法事项的控制权留给了联邦各州，其结果就是对于同一问题有时会出现不同的解决方案。① 这种创新式的普通法特征为美国以判例来推动法律发展奠定了基础，也奠定了普通法在美国国内法中地位之争的基调。

美国在建国初期从英国继承了普通法，且将其用于司法实践中，但其发展并非一帆风顺。独立战争胜利以后，美国曾经出现过对普通法的怀疑和争论，"高涨的反英情绪严重威胁到确立不久的普通法传统"，并因此"在19世纪上半叶，美国产生了建立何种法律传统的争论，争论集中体现在纽约州的关于法典编纂的问题上"。② 但最终的讨论结果还是延续普通法的传统，使得美国的普通法地位得以最终确立。然而，1842年，由美国最高法院审理的"斯威弗特诉泰森案"（Swift v. Tyson）③ 成为改变普通法地位的一个重要案例。原告根据异籍管辖权（即公民来自不同的州）向位于纽约州的联邦法院起诉被告，辩称他有权获得付款，因为他是合法的持票人，而被告辩称没有有效的对价来偿还债务。关于预先存在的债务是否符合有效对价的条件这个问题，纽约州的宪法和法律没有说明，但纽约州的各个地方法院在实践中通常都做出了否定的裁决。初审法院适用纽约州普

---

① 〔美〕阿瑟·T.冯·梅伦：《美国法律体系——在普通法传统与民法传统之间》，蒋天伟译，《中西法律传统》8卷，北京大学出版社2018年版，第191~202页。
② 曹茂君编《法学导论》，华中科技大学出版社2012年版，第30页。
③ 此案基本案情为：被告泰森（George Tyson）用汇票从Nathanial Norton和Jairus Keith手中购买了缅因州的土地。Norton和Keith将汇票交给原告斯威弗特（John Swift）以偿还之前的债务。然而，被告拒绝向原告支付汇票，因为Norton和Keith从未真正拥有缅因州的土地，此次出售只是为了欺骗泰森。

通法，认为斯威弗特不是善意持票人，并做出了对泰森有利的判决。后联邦最高法院受理此案时，约瑟夫·斯托里大法官在判决中宣布，联邦法院审理"一般的商事法"（general commercial law）之类的普遍性质问题时，不应根据各州的判例法，而应以"商事法的一般原则及法理"等一般性原则进行裁判，进而可将各种案件区分为一般性质问题（matter of general nature）和局部性质问题（matter of local nature），对于前者，联邦法院可以从独立的立场出发，形成确认一般性原则的法律（即联邦普通法）。① 根据这一判决，联邦法院在很多问题上都可以发展出联邦普通法，从而促进了美国全国性法律尤其是商事法律的统一过程。

斯托里大法官在"斯威弗特诉泰森案"中阐明的联邦管辖原则并非没有宪法基础。美国宪法第3条做出了对司法权的规定，要求建立的联邦司法机构除了可以管辖适用宪法和法律的案件之外，也可以扩展到管辖"一切涉及大使、公使及领事的案件；一切有关海事裁判权和海上裁判权的案件；以合众国为当事方的诉讼；两个州或数个州之间的诉讼；一州与另一州的公民之间的诉讼；一州公民与另一州公民之间的诉讼；同州公民之间对他州让与土地的所有权的诉讼；一州或其公民与外国或外国公民或国民之间的诉讼"，而后面的这些种类恰好包含了赋予联邦法院对"斯威弗特诉泰森案"中所针对不同州籍公民之间的争议进行管辖的权力。在此，联邦管辖权的依据是当事人的公民身份，而非争议的性质，但联邦法院几乎拥有可以裁决不同州籍公民之间的任何争议的权力。除此之外，在授予联邦法院管辖权的基础上，在"必要和适当"条款的帮助下，最高法院裁定国会拥有制定和决定适用于全美国的海事法的至高无上的权力，州法律可能仅在非常狭窄的范围内影响联邦法院认可的一般海事法，这也说明联邦法院在这些特定领域享有权力，因此美国宪法第3条中授予的管辖权是国会为该管辖范围内的案件制定法律的最高权力基础，而且主要是排他性权力的基础，联邦法院有权宣布，或在没有联邦立法的情况下通过案例发展该法律，而不受州法律的严格限制。②

---

① 王莉君：《比较法学基础》，群众出版社2009年版，第137页。
② Harry Shulman，"The Demise of Swift v. Tyson"，*The Yale Law Journal*，Vol. 47，No. 8，1938，pp. 1336 – 1351.

第四章 美国关于国际习惯法的法律规定与实践

既然联邦法院必须根据法律进行裁决，那么应以什么法律为依据？1789年美国第一部《司法法》在第34条中规定，"各州的法律，除非美国宪法、条约或法规另有要求或规定，应被视为适用于美国法院普通法审判中的裁决规则"。[①] 这便为法院适用普通法提供了空间。"斯威弗特诉泰森案"和随后的一系列案件表明，除了宪法禁止的情况外，各州拥有制定实体法的全权，该实体法将管辖包括联邦法院在内的争议的裁决；第34条仅适用于"严格地方性的州法律，即国家的实在法、地方法庭通过的法律解释、对具有永久地方性事物（如不动产）的权利和所有权的规定，以及涉及其他不动产和在性质上具有地域性的事项"。[②] 在"斯威弗特诉泰森案"中，以斯托里大法官为代表的联邦最高法院将《司法法》第34条中"各州的法律"解释为仅指各州制定法，而关于在应适用的州制定法不存在的情形下，联邦法院应准据何种法律的问题，他认为《司法法》未对此做出任何规定。因此，对于一般性问题，联邦法院不受州法院裁决的约束，而是受普通法的约束。在这些问题上，联邦法院可以根据一般推理和法律类比来独立地确定和宣布适用何种普通法。

普通法是一个活生生的有机体的概念，它会随着需求的发展而变化，这种变革的塑造者便是法官，州法院法官可以控制州的判例，联邦法院法官也有同样的需要。"斯威弗特诉泰森案"的实践就是对这种需求的回应，体现了联邦制度下司法机关的权力分配和调整需求。"斯威弗特诉泰森案"理论的既定理由是全国统一法律的需要，但该案所确立的原则在多大程度上促进了法律的统一性仍然成谜。州法院和州法官在地方仍然具有很强的影响力，而且州法律和联邦法律之间的差异界限仍然较为模糊。州法律的多样性增加了不确定性的因素和在全国促进法律统一的难度。另外，这一判例将导致这样一种局面：联邦法院适用一般普通法，各州法院则适用本州普通法，这不仅会产生不同的判决结果，而且促使了公民更倾向于在联邦法院和州法院之间选择对自己更有利的法院，造成司法的混乱性和随意性。然而，在普

[①] "American Memory: A Century of Lawmaking for a New Nation: U. S. Congressional Documents and Debates, 1774-1875", https://memory.loc.gov/cgi-bin/ampage? collId = llsl&fileName = 001/llsl001. db&rec Num = 215, accessed: 2022-08-11.

[②] Harry Shulman and A. L. C., "The Demise of Swift v. Tyson", *The Yale Law Journal*, Vol. 47, No. 8, 1938, pp. 1336-1353.

通法作为一个不稳定的可适用法律的情况下，国际习惯法却一直被当作普通法的一部分，因而，普通法的地位也影响了国际习惯法在美国的实践。

（二）建国初期美国的国际习惯法实践

美国宪法生效之后，虽然关于国际习惯法在美国国内的地位尚存争论，但在法律实践中，法院和政府官员通常将万国法作为美国法律的一部分。1784年"共和国诉德·隆尚案"标志着美国开始对万国法是普通法组成部分的接受和认可。在此案中，美国宾夕法尼亚州法院认为万国法原则是宾夕法尼亚州法的组成部分，宾夕法尼亚州法院有权对此进行审判并加以惩处，德·隆尚最终向该州支付了罚款并受到关押。① 这个案例表明，美国的州法院承认国际习惯法是该州法律的一部分并独立对其予以适用。这种认可国际习惯法属于美国国内法的司法实践延续了一个多世纪。例如，在18世纪后期涉嫌违反国际中立法的案件中，在关于没收1812年战争期间被美国私掠船俘获的船只货物的决定中，在美国司法部长针对美国普通公民突袭西属佛罗里达州以找回逃跑奴隶而引发的外交抗议的早期意见中，均重申过美国普通法充分采纳了万国法并使其成为美国法一部分的意见。② 其中，最高法院将万国法作为美国法律一部分的最著名案件是1900年裁决的 The Paquete Habana 案。该案件涉及美国海军在美西战争期间在古巴海岸扣押了两艘渔船，船东辩称扣押渔船违反了国际习惯法，最高法院对此予以认同，并在回顾了广泛的历史实践后得出结论，认为国际习惯法规则已经规定禁止抓捕沿海渔船，而国际法是美国法律的一部分，必须由具有适当管辖权的法院确定和执行，在没有条约、没有控制性行政或立法行为及司法决定的情况下，应适用文明国家的习俗和惯例。③

因此，美国建国早期的一个多世纪可被划分为国际习惯法在美国实践的第一阶段。此阶段的普遍司法实践体现了国际习惯法是美国国内法一部分的观念。如上一节所述，关于国际习惯法是如何成为美国国内法一部分

---

① 〔美〕马克·威斯顿·贾尼斯：《美国与国际法1776—1939》，李明倩译，上海三联书店2018年版，第32页。
② Curtis A. Bradley, *International Law in the U. S. Legal System*, Second Edition, Oxford University Press, 2015, p. 144.
③ Curtis A. Bradley, *International Law in the U. S. Legal System*, Second Edition, Oxford University Press, 2015, pp. 144–145.

第四章　美国关于国际习惯法的法律规定与实践

的问题，在美国存在两种解释方法，它们可能会产生不同的法律后果：如果国际法是美国各州从英国获得普通法的一部分，其13个州曾经作为独立的国家受国际法的约束并自行决定纳入国际法，那么在1776～1789年美国宪法生效前，国际法在美国就是州法，而生效之后的宪法和国会立法可以将其转变为联邦法；如果13个州从美国独立建国起对外被视为一个国家，那么国际法就对美国而非各州具有约束力，由于美国在1776～1789年没有国家法，其国际法上的国家义务只能通过各州法律和机构来履行，而1789年后美国使国际法生效的义务就成为联邦政府的责任。① 在历史早期，关于国际法是州法还是联邦法的论辩并非严重的问题，因为当时不甚频繁的国际交往决定了国际习惯法在美国国内适用的频率并不高，它被简单地看作普通法的一部分，自然地融入了美国的国内法，在美国法院予以适用，只是关于国际习惯法在国内法中的位阶，却没有明确规定或司法判决可以支持。后来的历史发展表明，关于国际习惯法如何成为国内法一部分的争论为后来国际习惯法在美国地位的争论埋下了伏笔。

1842年由美国最高法院审理的"斯威弗特诉泰森案"不仅标志着普通法在美国发生转折，而且是一个涉及万国法的典型案例。此案例的重要性在于其引发了"一般普通法"原则的产生，从而导致国际习惯法随之被作为一般普通法来适用。如前所述，该案是美国最高法院以全体一致意见通过审理的一起案件，其判决为：在涉及不同州籍公民的案件中，联邦法院对涉及一般法律（general law）的事项有权行使独立审判权，该类"一般法律"的事项指完全不受地方制定法或地方惯例影响的事项。在此案中，联邦法院和州法院独立裁定普通法，独立制定和适用万国法，而在此期间没有也不需要将国际法定性为联邦法或州法，州立法机构并未声称有权取代国际习惯法作为该州内部法律的地位。② 但是，此案之后，对于非法定问题，在联邦法院管辖权取决于公民的不同州籍的情况下，"地方法律"与"一般商法"之间产生了区分，即在地方法律规定下，联邦法院必须遵循

---

① Louis Henkin, "International Law as Law in the United States", *Michigan Law Review*, Vol. 82, No. 5/6, 1984, pp. 1555–1569.
② Louis Henkin, "International Law as Law in the United States", *Michigan Law Review*, Vol. 82, No. 5/6, 1984, pp. 1555–1569.

165

案件发生地的最高法院的裁决,而按照一般商法的规定,联邦法院应形成独立的判断。对这一学说的主要反对意见认为,对于一个问题同一州可能会出现两条现行规则,而这取决于诉讼是在联邦法院还是州法院提起的。① 这个案例奠定了美国国内适用国际习惯法的基础。联邦法院和州法院独立裁定国际习惯法的行为在早期看似没有矛盾和冲突。国会有时通过纳入的方式将国际法发展为联邦立法,有时通过立法行为将国际法转化为国内法,但国会的此类法案并未宣布或暗示国际法是联邦法。

然而,由于国际习惯法通常被视为具有与一般普通法相当的地位,当国际习惯法与州法律冲突的时候,何者处于较高位阶成了新的问题。由于一般普通法在美国宪法中并非"全国最高法律",因此国际习惯法也未被视为全国最高法律。国际习惯法与州一级法律的冲突在于,除非州法与美国宪法或者国会立法相抵触,否则违反国际习惯法的州法仍然有效。同时,这也导致了涉及国际习惯法的案件的管辖权问题,继而引起了联邦法院与州法院的分歧。因为国际习惯法并不属于美国宪法或制定法规定的作为联邦法院管辖权基础的"合众国法律"的一部分,州法院和联邦法院就像对待普通法那样各自确定国际法,而国际法的问题可以被不同的州法院和联邦法院做出不同的决定。② 联邦与各州之间的权力纷争由来已久,这在发生相关案例之时体现得尤为突出。尤其是"斯威弗特诉泰森案"发生之后,联邦法院的权力有所增强,并通过确立了一般普通法的地位而使国际习惯法也获得了与之相同的地位。

该案对联邦主义的影响是以当时的历史特点和法律传统为背景的。自共和国成立之初起,当有美国公民群体成为州法律或政策的敌对目标时,联邦法院就开启了对这些群体的保护,而在履行这一职能时,联邦法院经常会涉及传统上留给各州处理的领域。在"斯威弗特诉泰森案"所确立的制度下,联邦法院制定了允许自身避免或忽视对某些阶级(通常是州外债权人)有害或敌对的州法律的原则,这种权力并非源于其在联邦政府机构

---

① "What Is 'General Law' within the Doctrine of Swift v. Tyson?", *The Yale Law Journal*, Vol. 38, No. 1, 1928, pp. 88 – 96.
② 陈卫东:《论国际习惯法在美国国内法中的地位》,《东方法学》2009 年第 1 期,第 95 ~ 111 页。

中的地位，而是出于其作为法院运作的必要条件：它们可以自由制定规则和补救措施，以纠正之前当事方所遭受的任何错误。[1] 可见，在"斯威弗特诉泰森案"之后，联邦法院获得了在一般法律事项中管辖发生在州内的案件的权力。

二 一般普通法消失后的国际习惯法

一般普通法在美国获得了法律地位之后，国际习惯法在美国也相应地作为一般普通法的一部分得到了广泛适用。然而，由于宪法规定的模糊性，国际习惯法作为一般普通法的地位并不稳定，而是随着一般普通法的变化而变化。一般普通法的概念本身就是司法实践的结果，因此，不同的案例将会推动其不断发生更迭。1938年"伊利铁路公司诉汤普金斯案"就是改变一般普通法地位的转折点，也因之而引起了美国适用国际习惯法的迷茫和争论时期。

（一）"伊利铁路案"与一般普通法的消失

在20世纪初以前，美国法院对一般普通法的适用较为普遍，但也逐渐引起了争议，其中"一个严重缺陷是允许当事人在联邦法院和州法院'挑选法院'，即当事人会选择对一般普通法的解释对其最有利的法院起诉"。[2] 长此以往，这便引起了一般普通法在美国国内法中的地位发生动摇。1938年"伊利铁路公司诉汤普金斯案"（*Erie Railroad v. Tompkins*，以下简称"伊利铁路案"）[3] 开启了美国国内法中不再包括一般普通法的阶段。联邦地区法院根据当时的一般司法实践，裁决其在无成文法时可以适用美国一般普通法，而对宾夕法尼亚州的州普通法不予考虑。然而，联邦最高法院受理上诉时否认了这一判决，将该案发交巡回上诉法院根据宾夕法尼亚州的普通法做出判决。法官布兰代斯（Louis D. Brandeis）代表多数法官的意

---

[1] Joseph A. Guzinski, "Federalism and Federal Questions: Protecting Civil Rights under the Regime of Swift v. Tyson", *Virginia Law Review*, Vol. 70, No. 2, 1984, pp. 267 – 296.

[2] 陈卫东：《论国际习惯法在美国国内法中的地位》，《东方法学》2009年第1期，第95~111页。

[3] 此案基本案情为：汤普金斯在宾夕法尼亚州铁路旁被货车撞伤，向该州联邦地区法院起诉，要求伊利铁路公司赔偿损害。伊利铁路公司认为根据宾夕法尼亚州的州普通法，汤普金斯因违法侵入而无权请求赔偿。

见，提出不存在普遍适用的联邦普通法的全新观点，指出除联邦宪法或国会立法之外，一切案件适用的都应该是州法。① 这份判决破坏了数百个甚至数千个适用"斯威弗特诉泰森案"原则的联邦案件的先例效果，且其附带声明称国会也无权为联邦法院的非联邦诉讼因由提供联邦实体法规则，虽然联邦法院连续 96 年来一直在如此实践，但这种做法现在违反了宪法。②

在一般普通法概念诞生将近一个世纪之后，"伊利铁路案"的判决是第一次对其提出挑战。最高法院对此案原则所做出的解释声称，在涉及异籍管辖权的时候，要求联邦法院在对基于州法提出的案件进行裁判时，得出的判决结果应该与州法院此前做出的判决结果基本一致，对于有可适用的州普通法和其他有效的州法律，联邦法院必须予以适用。如此一来，联邦法院就可能会受到其他法院所在地的实体法约束，而无权创制一种一般性的普通法。这种解释在当时的现实条件下具有一定的积极意义，其中最重要的，就是避免了"斯威弗特诉泰森案"之后出现的挑选法院的现象。③对于不同州籍公民间发生的同一个案件，如果在联邦法院或州法院审理会适用两套不同的法律，那么就会导致法律实施上的不确定性和不公平性，而"伊利铁路案"的判决有利于完善法治和促进公平，客观上更有利于促进联邦制度的有效性和稳定性。但是，这并不代表此案的判决没有带来其他的问题。一方面是联邦法律程序规则的适用性问题，即联邦法院在审理异籍公民案件时，联邦民事程序规则是否会失效。例如在联邦法院适用联邦程序规则产生的结果，与在州法院适用州程序规则产生的结果将会不同，对此"伊利铁路案"并未规定有效性审查方面的事宜；另一方面是州法若未提供相关法律规定的问题，即如果联邦法院在审理异籍公民的案件时，发现州法律对此并未有任何规定，应如何做出判决。④

---

① 陆昕、徐世红：《中外法律文化大典——中外法律比较编年》，中国政法大学出版社 1994 年版，第 905 页。
② Harry Shulman and A. L. C.，"The Demise of Swift v. Tyson"，*The Yale Law Journal*，Vol. 47，No. 8，1938，p. 1337.
③ 陈卫东：《论国际习惯法在美国国内法中的地位》，《东方法学》2009 年第 1 期，第 95~111 页。
④ 〔美〕P. S. 阿蒂亚、R. S. 萨默斯：《英美法中的形式与实质——法律推理、法律理论和法律制度的比较研究》，金敏、陈林林、王笑红译，中国政法大学出版社 2005 年版，第 51 页。

第四章　美国关于国际习惯法的法律规定与实践

然而，在该判决中，最高法院仅否认了"普遍性的联邦普通法"的存在，并未否认按个别案件的特性形成的联邦普通法，因此，一种全新的、只能在有关联邦利益的问题上成立的联邦普通法又出现了，例如，国会依据宪法可以授权联邦法院管辖，并授权其创制调整性法律规则等。这是对普通法的又一次分类，是对之前"一般普通法"概念的细化和重置。这种"特定的联邦普通法"（specified federal common law）属于联邦法律的组成部分，其内容至今仍在扩充。如联邦法院可以在海事管辖权领域对其进行适用，也可以在涉及对外关系的案件中予以适用。此外，在联邦法律调整重大利益时，如在联邦商业文件的管理、州际河流的水资源分配、合众国作为当事人的案件以及涉及行政合同的案件中，联邦法院也可适用联邦普通法。[①] 可以看出，联邦普通法针对的是需要美国以集体形式考虑的问题或跨州问题，与之前的一般普通法的区别主要在于法律内容的性质以及对确立管辖权的作用：第一，前者是美国宪法第6条"至上条款"意义上的"合众国法律"，高于州法律，对州具有约束力，而一般普通法不属于"至上条款"意义上的联邦法律，不能对州产生约束力，州的遵守不是强制性的，而是任择性的；第二，根据美国宪法第3条，联邦普通法可以作为联邦法院管辖权的基础，而一般普通法不能。[②] 以上便是这一阶段普通法的发展变化，其变化奠定了国际习惯法在美国实践变化的内在法理基础。

（二）"伊利铁路案"之后的国际习惯法

在美国建国后很长一段时间内，国际习惯法是以普通法的一部分存在于美国的司法体系中，因此普通法在美国的地位变化也影响了国际习惯法在美国的司法适用变化。以引起普通法地位变迁的案例为节点，国际习惯法在美国的第二个阶段的实践可以从1938年"伊利铁路案"开始，至20世纪80年代的"费拉蒂加案"为止。由于"伊利铁路案"宣布了一般普通法这一概念的消亡，那么，在上一阶段被视为一般普通法的国际习惯法将何去何从？关于这个问题，美国学界在"伊利铁路案"之后的很长一段时期并未予以广泛的关注。产生这一现象的原因主要与国际习惯法自身的

[①] 王莉君：《比较法学基础》，群众出版社2009年版，第138~139页。
[②] 陈卫东：《论国际习惯法在美国国内法中的地位》，《东方法学》2009年第1期，第95~111页。

发展规律有关。19世纪以来，曾经在美国法院适用的很多国际习惯法被编纂为条约或不再适用，而仍然由国际习惯法调整的问题在州法院中很少提起相关诉讼，也很少产生州法院和联邦法院的不同解释。加之这一时期的国际习惯法主要调整国家间关系，极少调整国家及其公民之间的关系，导致在相关传统领域国际习惯法很少与国内法发生冲突。因而，美国法院和学者在这一段时间内很少论及国际习惯法的国内法律地位的问题。[1]

这一阶段，法院在提及国际习惯法的适用问题时，仅有的一些观点也存在一些偏颇。路易斯·亨金曾在论及勒恩·汉德（Learned Hand）法官在"伊利铁路案"之后对国际习惯法适用的观点时指出，连这样伟大的法官都显然认为国际习惯法是州普通法的一部分，并且联邦法院在审理异籍案件时必须适用由其所在州法院确定的国际习惯法，而据此推测州法院对国际习惯法的适用是州法律问题而非联邦法律问题，因此不受最高法院的审查、修订，最高法院也不能独立和最终做出裁决；只有在他们根据公民身份多样性以外的理由拥有管辖权的情况下，联邦法院才能独立地和以不同于各州的方式适用国际习惯法。[2] 但这样的解释将使得国际习惯法四分五裂，曲解了国际习惯法的意义。从国际习惯法的本质来讲，国际习惯法不是州法，而是由国家实践发展并由国家合意确定的国家政治共同体的法律，国际习惯法问题涉及美国对其他国家的责任。路易斯·亨金对此的评价认为，将国际习惯法问题视为州法问题而非联邦法问题将会导致国际习惯法适用的混乱，50个州的法院独立确定国际习惯法，联邦法院也可以根据其自身目的来确定不同的国际习惯法；尽管对美国条约的解释是一个联邦问题，最终将由最高法院为所有法院做出裁决，但州法院对国际习惯法的裁决是最高法院无法审查的。[3] 菲利普·杰赛普是第一位认识到需要审查"伊利铁路案"对国际习惯法的国内效力影响的学者。在"伊利铁路案"发生一年之后，杰赛普在一篇文章中指出，如果"伊利铁路案"被广

---

[1] 陈卫东：《论国际习惯法在美国国内法中的地位》，《东方法学》2009年第1期，第95~111页。
[2] Louis Henkin, "International Law as Law in the United States", *Michigan Law Review*, Vol. 82, No. 5/6, 1984, pp. 1555–1569.
[3] Louis Henkin, "International Law as Law in the United States", *Michigan Law Review*, Vol. 82, No. 5/6, 1984, pp. 1555–1569.

第四章　美国关于国际习惯法的法律规定与实践

泛地适用，那么今后州法院对国际习惯法规则的决定将是有关该州的法律认定，且不会被美国最高法院审查。杰赛普认为不应对"伊利铁路案"采取这种理解，其理由是"伊利铁路案"的判决中并没有提及国际习惯法，而且使联邦法院受制于州法院对国际习惯法的解释是不明智的，因而是错误的。①

"伊利铁路案"剥夺了联邦法院以制定实质性规则来管辖州法律事务的权力，稳固了联邦制的界限，但是联邦法院或国会可以依赖商业条款下联邦权力的扩展概念，以及宪法第十四修正案的正当程序和平等保护条款，优先于州法并保护个人权利。② 这就使得联邦权力与州权力再一次展开了较量，并且这种较量是将纵向的联邦与州的制衡与横向立法机构与司法机构的分权问题进行了杂糅，因为关于此问题的讨论又产生了学者对国会与法院权力分配的观点分歧。虽然这一阶段关于国际习惯法在美国国内法中的地位问题，法院没有做出明确的认定，但是1964年由美国最高法院审理的"古巴国民银行诉萨巴蒂诺案"（*Banco Nacional de Cuba v. Sabbatino*）③ 给了这个问题一个即将发生扭转的暗示。在此案中，最高法院通过重新确立了国家行为原则，并宣布其为对各州具有约束力的联邦法律原则，从而有效地解决了这个问题。法院提出并驳回了潜在的"伊利铁路案"所确立的原则问题，指出尽管该诉讼是在异籍管辖基础上提起的，但联邦利益超过

---

① 陈卫东：《论国际习惯法在美国国内法中的地位》，《东方法学》2009年第1期，第95~111页。
② Joseph A. Guzinski, "Federalism and Federal Questions: Protecting Civil Rights under the Regime of Swift v. Tyson", *Virginia Law Review*, Vol. 70, No. 2, 1984, pp. 267–296.
③ 此案基本案情为：古巴政府通过征用美国公民在古巴持有的财产来报复美国对卡斯特罗政府采取的各种措施，包括扣押美国股东拥有的古巴公司 C. A. V. 所有的糖。美国商品经纪人 Farr Whitlock & Co. 曾与 C. A. V. 签订合同购买这种糖，但在糖被没收后其直接从古巴政府进行购买。然而，Farr Whitlock & Co. 在收到糖后没有向古巴政府付款，而是向 C. A. V. 在美国的法定代表人萨巴蒂诺（Sabbatino）支付了费用。原告古巴国家银行（代表古巴政府）向美国纽约南区地方法院提起诉讼，要求被告萨巴蒂诺返还已支付的糖款。地区法院和上诉法院做出有利于被告的裁决，后此案上诉至最高法院。最高法院提出的问题是能否适用国家行为原则，该原则将维护征用的合法性，因为它是另一个国家的官方行为，不受美国法院的质疑。法院根据法官约翰·马歇尔·哈兰二世的意见认为，国家行为原则确实适用于本案，因而拒绝认为征用违反了国际法。因为国际舆论没有明确一致地不赞成一国政府没收该国的土地或财产。参见 https://tile.loc.gov/storage-services/service/ll/usrep/usrep376/usrep376398/usrep376398.pdf，最后访问时间：2022年8月15日。

了州的利益，因此必须适用联邦普通法，而不是提起诉讼的州的法律。国家行为原则不是国际习惯法原则，而是法官制定的国内"外交关系法"原则，服务于美国对外关系的需要，但法院在裁定国家行为原则是联邦法律且对各州具有约束力时，援引了杰赛普拒绝将"伊利铁路案"原则适用于国际习惯法的观点。① 虽然这一时期已经有一些学者提出国际习惯法应该属于联邦普通法，但《美国对外关系法重述（第二次）》中表示此问题尚不明确，国际习惯法作为州法或联邦法的地位仍然并不确定。②

三 重获联邦普通法地位的国际习惯法

国际习惯法在美国实践的第三个阶段，是从20世纪80年代至今。随着二战结束后国际人权法的发展，以及美国国内人权诉讼案件在许多人权律师和组织的推动下逐渐增多，尤其是1980年"费拉蒂加案"一举将《外国人侵权法》从沉睡中唤醒，美国联邦法院依据《外国人侵权法》受理违反国际人权法的涉外人权诉讼逐渐开始增多。国际习惯法在美国的法律地位问题随着《外国人侵权法》的广泛适用而再度引起关注。

（一）《外国人侵权法》的复苏

《外国人侵权法》，也称《外国人侵权求偿法》，是1789年美国《司法法》中的一款，规定了地区法院仅对外国人因违反外国法或美国条约的侵权行为而提起的任何民事诉讼具有初审管辖权。作为美国最古老的联邦法律之一，该法却在颁布后近两个世纪以来很少得到引用，一直处于休眠状态，其具体目的和范围仍然存在争议。学者们推测，其存在的初衷是向外国政府做出一种保证，表明美国将寻求防止和补救违反国际习惯法的行为，尤其是针对涉及外交官和商人的行为。该法的制定有其特殊的历史背景。有猜测认为，美国建国初期，终止独立战争而签署的和平条约规定了需偿还对英国债权人的债务，但一些州拒绝强制偿还此类债务，从而引发了英国的报复威胁。为了应对由在美国的外国公民无法获得救济措施而引

---

① Louis Henkin, "International Law as Law in the United States", *Michigan Law Review*, Vol. 82, No. 5/6, 1984, pp. 1555 – 1569.
② The American Law Institute, *Restatement of the Law Second, the Foreign Relations Law of the United States*, American Law Institute Publishers, 1964, reporters note 2.

起的一些国际事件（如1784年法国外交官弗朗索瓦·巴贝-马布瓦在费城遭到袭击而无任何法律救济措施可供使用），减少在国际上产生的不良影响，美国国会起草了一项决议，要求各州允许以违反国际法为由提起侵权诉讼，但各州很少颁布这样的规定，因此国会随后将《外国人侵权法》纳入1789年的《司法法》。① 就其历史背景而言，这些猜想在一定程度上阐述了《外国人侵权法》产生的内在法理。

这项法案在很长一段时间内并没有发挥作用，直至1980年"费拉蒂加案"之后才开始得到广泛适用。在"费拉蒂加案"中，美国联邦第二巡回上诉法院受理了由巴拉圭人对另一个巴拉圭人提起的诉讼，因被告对原告的儿子实施酷刑并致其死亡。该诉讼便是根据《外国人侵权法》提出的。上诉法院认为，实施酷刑违反了国际习惯法，因此具备可诉性。据此，尽管事实上当事双方都不是美国人，而且所有有效行为都发生在美国之外，法院还是确立了管辖权，并判决被告败诉。此案的判决引起了一系列根据《外国人侵权法》提起的诉讼，尤其是在二战之后，人权问题逐渐引起世人的重视，涉及人权的案件成为美国法院审查的重点。"费拉蒂加案"吸引了很多不同的观点：其支持者认为，"费拉蒂加案"预示着国际人权执法的曙光，意义重大；而其批评者认为，它代表了法院非法行使司法立法权和扩大司法管辖权，而这种管辖本应更适合于行政部门来行使。② 随着21世纪的到来，国际交流日渐广泛，私人跨国联系越来越频繁，《外国人侵权法》的适用场景越来越广阔，其复苏体现了20世纪80年代以后美国在国际习惯法实践中拓展其管辖权的积极性。

（二）"费拉蒂加案"之后国际习惯法的地位

在"费拉蒂加案"后，司法界和学界都倾向于认可国际习惯法的联邦国家法地位，尤其是在1987年《美国对外关系法重述（第三次）》发布之后，其确定性的表述对国际习惯法在美国国内法中地位的确立起到了非常

---

① Stephen P. Mulligan, "The Rise and Decline of the Alien Tort Statute", Congressional Research Service, June 6, 2018, https://web.archive.org/web/20201119162604/ https://fas.org/sgp/crs/misc/LSB10147.pdf, accessed: 2022-08-15.

② François Larocque, "Alien Tort Statute Survives the Supreme Court", The Cambridge Law Journal, Vol. 63, No. 3, 2004, pp. 532-534.

关键的作用。《美国对外关系法重述（第三次）》中总结道，虽然未能在宪法最高条款中明确提及国际习惯法的地位，但它也是联邦法律，且与联邦法律一样高于州法；在美国，国际习惯法在性质上被视同于普通法，但其属于联邦法，而由于任何国际习惯法规则都是联邦法律，它将取代与其不一致的州法或政策，而不论此州法或政策通过的时间早晚。① 这一理论转向表明了美国开始将国际习惯法置于高于州法的地位，也证明了美国学界更倾向于以一种"现代主义观点"来看待国际习惯法。根据美国在国际法之国内地位问题上一贯存在的"国际主义观点"和"国家主义观点"的界分，在国际习惯法的国内法地位问题上，理论也相应地分为"现代主义观点"和"修正主义观点"。持"现代主义观点"的学者认为，即使1938年"伊利铁路案"后美国废止了一般普通法，但由于国际习惯法是联邦法律，其地位不因"伊利铁路案"而有所改变；② 持"修正主义观点"的学者认为，国际习惯法在"伊利铁路案"之后就不应该被视为联邦普通法了，因为"伊利铁路案"终止了联邦法院创造一般普通法的权力，国际习惯法也不符合"伊利铁路案"之后巩固联邦普通法的原则。因此在未经国会授权的情况下，基于国际习惯法索赔的案件不会被视为依联邦法律提起的，因此无法确立联邦法院的管辖权，联邦法院对国际习惯法的解释将对各州无拘束力，如果州法律体系选择承认某些国际习惯法规则，则联邦法院应受州法院解释的约束。③

2004年，美国联邦最高法院对"索萨案"④ 的终审判决进一步推动了

---

① The American Law Institute, *Restatement of the Law Third, the Foreign Relations Law of the United States*, American Law Intitute Publishers, 1987, §111。
② 陈卫东：《论国际习惯法在美国国内法中的地位》，《东方法学》2009年第1期，第95～111页。
③ T. A. Aleinikoff, "International Law, Sovereignty, and American Constitutionalism: Reflections on the Customary International Law Debate", *The American Journal of International Law*, Vol. 98, No. 1, 2004, pp. 91–108.
④ 此案基本案情为：美国缉毒局（DEA）的一名特工于1985年被墨西哥贩毒集团绑架并谋杀。经调查，DEA得出结论认为 Humberto Álvarez-Machaín 参与了谋杀，联邦地区法院便签发了对他的逮捕令。然而，DEA 无法说服墨西哥引渡 Álvarez-Machaín，因此 DEA 雇用了几名墨西哥国民来抓捕他并将他带回美国。随后关于 Álvarez-Machaín 的审判被一直上诉到最高法院，最高法院认为政府可以审判被强行绑架的人，但绑架本身可能违反国际法，这就为提起民事诉讼提供了理由。当案件返回地方法院审理时，因缺乏证据，Álvarez-Machaín 被判无罪。

美国依据《外国人侵权法》进行诉讼。Álvarez-Machaín 根据《联邦侵权索赔法》[①] 在联邦法院对逮捕他的美国和墨西哥国民提起了一系列民事诉讼。该法律支持联邦政府因侵权索赔而受到起诉,而《外国人侵权法》允许在美国法院对外国公民提起诉讼。政府辩称,《联邦侵权索赔法》仅适用于发生在美国的诉讼所引起的索赔,原告的逮捕发生在墨西哥,因此不包括在此范围之内。此外,政府和墨西哥国民辩称,《外国人侵权法》赋予联邦法院审理针对外国公民的侵权索赔的管辖权,但不允许私人提起这些诉讼。联邦地方法院不同意政府关于联邦侵权索赔不适用的论点,认为绑架原告的计划是在美国土地上制定的,因此符合范围要求。然而,法院随后裁定缉毒局在逮捕原告时的行为是合法的,因此不承担责任。而关于《外国人侵权法》索赔,法院驳回了个人不能根据该法案提起诉讼的论点,认定绑架原告的墨西哥国民之一何塞·弗朗西斯科·索萨违反了国际法,因此应根据《外国人侵权法》承担责任。[②] 2010~2011 年,美国联邦第二巡回法院对"基奥波尔诉荷兰皇家石油公司案"(*Kiobel v. Royal Dutch Petroleum Co.*)的最新判决[③]再次引发了美国国内对国际习惯法适用问题的激烈讨论。尤其是在关于适用国际习惯法认定《外国人侵权法》诉讼标的管辖权问题上,应如何识别和认定一项具体的国际习惯法规范,以及何种行为违反国际习惯法从而根据《外国人侵权法》可诉,都成为国际习惯法之美国实践的核心问题。[④]

[①] 《联邦侵权索赔法》(Federal Tort Claims Act)是美国关于联邦政府侵权赔偿责任的专门法律,于 1946 年美国第 79 届国会通过,1948 年废除时将其改订编入《联邦司法法》。参见江平、王家福总主编《民商法学大辞书》,南京大学出版社 1998 年版,第 471 页。

[②] "United States Supreme Court: Sosa V. Alvarez-Machain", *International Legal Materials*, Vol. 43, No. 6, 2004, pp. 1390 – 1420.

[③] 此案基本案情为:基奥波尔的原告是尼日利亚公民,他们声称荷兰、英国和尼日利亚石油勘探公司在 20 世纪 90 年代协助和教唆尼日利亚政府在奥戈尼 - 尼日尔河三角洲残酷镇压抵制侵略性石油开发的抗议活动,这违反了国际习惯法,并根据《外国人侵权法》要求赔偿。美国联邦最高法院做出的终审判决,认定美国法院对与本国没有联系的外国当事人所依《外国人侵权法》提起的诉讼没有管辖权。"Kiobel v. Royal Dutch Petroleum Co., 621 F. 3d 111-Court of Appeals, 2nd Circuit 2010", https://scholar.google.com/scholar_case?q = kiobel&hl = en&as_sdt = 2006&case = 17590512216294512273&scilh = 0, accessed: 2022 – 11 – 18.

[④] 任媛媛:《美国〈外国人侵权法〉诉讼中的标的管辖权问题研究——探讨习惯国际法在美国联邦法院的适用》,《武大国际法评论》2012 年第 1 期,第 95~112 页。

然而，透过这些历史上关于国际习惯法在美国国内法中地位的理论争论可以得出这样一个判断，即争论的本质其实还是在横向三权分立的机关之间的权力争夺，以及纵向的联邦与州之间的权力争夺。一切争夺均以规定模糊不清的宪法为起点，立法机关和行政机关也希望在国际习惯法的美国国内适用中发挥作用，于是产生了国际习惯法在美国的国内法适用是否需要宪法或国会立法的授权问题，以及对外交事务案件的管辖权是否应该属于行政部门的争论；州法院和联邦法院都希望适用国际习惯法的案件属于自己的管辖范围，于是产生了国际习惯法属于一般普通法还是联邦普通法的问题。这些问题与条约实践中关于自动执行条约和非自动执行条约的区分非常相似，其实也一以贯之地反映了美国国际法实践内在的、历史的一致性，即深受霸权主义思想的影响，因为美国对国际习惯法的适用是有选择性的。"美国国会仅仅将少数的、经过精选的国际习惯法原则合并入联邦立法。在'现代主义观点'援用最多的人权领域，美国政治机构在批准相关人权条约时，则多做出了保留或限制，这表明立法机构不想使国际人权规范作为国内诉讼的一个基础。"[①] 作为超级大国，美国对于国际习惯法的态度和实践不仅内在地影响其自身的国际法实践，也外在地影响着国际法的发展。《美国对外关系法重述（第三次）》中强调：在国际习惯法形成的过程中，对其表示不同意的国家，在其形成之后，对该国也不具有约束力。但是，国际习惯法的形成本身就是依赖于大多数国家一致且持续的实践，尤其是重要国家的参与不能缺位，作为超级强国，美国若对某一种国际习惯法予以否定，必将影响此国际习惯法的形成。

四 美国关于国际习惯法实践的国际影响

国家对国际法的实践和参与影响着国际习惯法的形成。虽然现代社会的主权国家均有权平等地参与国际法的实践，但无论是从历史还是现实来看，相对于小国，大国对国际习惯法形成的作用显然更加重要。近代国际法起源于欧洲，形成于大多数国家实践的国际习惯法在当时很大程度上就是欧洲大国集体实践的结果，如国家主权原则和不干涉内政原则、领海制

[①] 陈卫东：《论国际习惯法在美国国内法中的地位》，《东方法学》2009年第1期，第95~111页。

第四章　美国关于国际习惯法的法律规定与实践

度、公海自由原则、外交关系方面的法律、国家豁免、战争法规等,基本上都离不开当时的大国或重要国家的实践;而在美国崛起之后,以美国为主导的欧美国际法实践便开始受到来自美国的深刻影响,欧美国家同根同源的文化促进了国家之间对共同实践形成法律上的统一确信,从而逐渐使之形成符合美国意图的国际习惯法。

美国正是通过不断地在思想上引导和影响国际习惯法的形成和确信,以及在行动中主导创设符合其利益的国际秩序,以达到其自身的霸权目的。美国采取的步骤是从区域性逐渐向全球性发展。1823年,门罗总统在向国会递交的咨文中明确提出了"门罗主义",以维护美洲大陆的独立和自由为借口,宣称欧洲大陆把任何政治制度拓展到西半球其他部分的企图均是对美国的安全威胁,在事实上"向全世界宣布自己对新世纪国家领土完整与政治独立的关心,以及美国不欢迎欧洲的干涉"。[①] 这便是表面上利用国际法的主权平等原则来遏制欧洲国家对美洲大陆事务的干预,实则将美洲各国揽入囊中,确立了自身在美洲的霸权地位。美洲各国在美国思想、美国制度的熏陶和构建之下,在经济手段和军事压力的胁迫之下,与美国签订了贸易协定等各种国际条约,接受并认同了美国所创设的美洲区域国际法律制度。1861~1865年的美国内战结束之后,扩张主义势力重新抬头,融合了种族优越论、社会达尔文主义、边疆学说等多种内容的"新天定命运论"卷土重来,美国开始了新一轮的势力扩张,除加紧对拉美地区的控制之外,对亚太地区实行"门户开放"政策,以"中立权利""海上自由""最惠国待遇原则""商业与关税互惠原则"等国际法话语为旗号,对自己的全球扩张进行合法化包装。[②] 这实质上是在隐性地创制符合本国利益的国际习惯法规则。

一战是世界格局重新洗牌、美国利用国际法参与国际秩序构建的重要转折点。欧洲老牌强国被战争削弱,俄国发生了十月革命,而大发战争财的美国为对抗布尔什维克政权,于1918年提出"十四点计划",倡导所有

[①] 〔美〕尼古拉斯·斯皮克曼:《世界政治中的美国战略——美国与权力平衡》,王珊、郭鑫雨译,上海人民出版社2018年版,第69页。

[②] 彭何利:《权力政治与国际法论——大国成长逻辑中的美国国际法观》,湖南人民出版社2018年版,第89~90页。

民族国家都享有民族自决权，拥护公海自由、贸易自由、以开放公约代替秘密条约、裁减军备等国际行为基本原则，提出建立国际联盟以解决国际争端。① 美国此举虽然是企图以本国的自由资本主义政治观念为范本，建立一种符合自身利益的世界秩序，但仍在一定程度上代表了国际秩序的新发展方向，具备发展国际习惯法的意义。1919年一战结束后，战胜国瓜分世界，建立了凡尔赛体系，但不符合美国利益；美国为打击日本独霸中国的局面，削弱英国的海上霸权，于1921年举行华盛顿会议，签订了《四国条约》、《五国海军条约》和《九国公约》，②建立了华盛顿体系，确立了美国的海上霸权和打开中国大门的"国际法基础"。华盛顿会议之后，美国又基于国内的和平主义思潮提出与各国签订《非战公约》，"以'正义'与'和平'为由迫使其他欧洲大国承认其'领导世界'的地位，并促使几百年来欧洲主导的国际法律秩序逐渐向其认同的模式转变，从而为其最终登上世界霸权地位奠定了法律基础"。③

在历史发展的过程中，国家的实践不可能自始至终保持一致，而是随着时代的变化不断革新，国际习惯法也需要更新换代。在这一过程中，国家实践又是影响国际习惯法发展的重要因素。因为"习惯法的变化需要有新的一般实践，变化的过程就是新法的形成过程，两个过程是统一的"。④这个变化过程的开端，总是表现为出现了第一个尝试打破旧国际习惯法规则的国家，而这种打破规则的行为在新国际习惯法形成的初始阶段，其实会被认为是违反国际法的行为。但是，如果主权国家在表面上以创

---

① 〔美〕约翰·马克·法拉格等：《合众存异：美国人的历史》（第7版），王晨等译，上海社会科学院出版社2018年版，第601页。
② 参见李杰、杨妮妮主编《社会科学基础知识》，西北工业大学出版社2017年版，第126页。《四国条约》是美英法日四国缔结的关于太平洋地区岛屿属地和岛屿领地权利的条约，其中规定英日协定终止，这是美国积极推动缔结此条约的主要目的；《五国海军条约》是规定美英日法意五大国关于战列舰总吨位限额的条约，其中美、英两国各为52.5万吨，日本为31.5万吨，法、意两国各为17.5万吨。此条约使美国在国际法上拥有了和英国同等的制海权；《九国公约》是华盛顿会议九国签订的关于远东问题的公约，它肯定了美国提出的在华实行"门户开放""机会均等"的原则，确立了美国加入瓜分中国的基础。
③ 彭何利：《权力政治与国际法论——大国成长逻辑中的美国国际法观》，湖南人民出版社2018年版，第125页。
④ 周忠海主编《国际法》，中国政法大学出版社2013年版，第62页。

第四章 美国关于国际习惯法的法律规定与实践

造新的国际习惯法为名而行破坏国际习惯法之实，便是挑衅国际法律秩序的违法者。美国的武力使用就常常以维护国际和平和正义为理由，破坏"禁止使用武力"和"不干涉别国内政"的国际习惯法。美国国内的部分学者对美国行政部门（总统）违反国际习惯法是持支持态度的，认为其有权违反国际习惯法，以对不成熟的国际习惯法进行变革，因为总统有豁免权，而且美国宪法赋予了总统处理外交事务的权力，因此总统可以在一定限度内违反国际习惯法。① 这种观点较为片面，仅从美国政府的角度出发，仿佛只要符合美国国内法的规定，就可以为其违反国际习惯法的行为确立合法性，而罔顾国际习惯法的基本特征，即国际习惯法应该是各国合意形成的。

---

① Jonathan I. Charney, "The Power of the Executive Branch of the United States Government to Violate Customary International Law", *The American Journal of International Law*, Vol. 80, No. 4, 1986, pp. 913–922.

第五章　国际争端解决与美国的外交实践

　　由于国际社会中缺少世界政府，主动的强制性立法和执法难以成为国际法实践的主流，被动的国际争端解决便构成了各国实践国际法的主要维度。在战争被视为国家天赋权利的时代，国际法被划分为战时国际法与平时国际法，国家通过战争或和平的方式解决国际争端。因此，国际争端解决成为国际法实践的核心内容。尽管人类文明的进步，特别是国际人道法的发展，使国家的战争权逐渐受到国际法的规制，但是，美国的政治霸权主义嬗变为国际法遵守的例外论，干涉主义和霸权主义使武力使用或战争行为成为美国"实施"国际法的主要方式。冷战结束之后，人类进入经济全球化时代，各国的国际贸易效益在很大程度上决定了国家的综合实力，因此，国际贸易的激烈竞争使得国际贸易摩擦和争端频起。作为国际贸易的超级大国，美国有关国际贸易的争端解决也成为其国际法实践的重要体现。美国擅长利用国际法解决国际争端，从建国之初它便以国际仲裁方式和平解决了与多国的领土纠纷，到了现代则动辄以国际法为借口行霸权主义之实，其国际争端解决机制和外交实践均是值得重点探讨的国际法实践问题。在国际法的效力渊源上，美国事实上奉行的是政策定向说，其国际法实践是外交政策的体现。因此，在现有的国际争端解决机制的基础上，沿着社科法学的路径，美国在其政治哲学、法律传统、外交政策及其实践互动中形成了独有的国际争端解决的法哲学基础，它所包含的基本原理深刻影响了美国的战争法和国际贸易法实践。

第一节　美国关于国际争端解决的理论基础

　　随着国家间交往的常态化和广泛化，国际争端的发生日益频繁。虽然国际争端是国际关系中难以避免的社会现象，但其和平解决却是国际法追求的价值目标和维护的基本原则。国际争端的内涵、外延及基本特征是国际争端解决的重要理论基础，而与之相关的国际争端解决方法的历史发展和主要分类，则是理解国际争端解决发展趋势和现实状况的重要内容。探究这些争端解决方法背后所隐藏的国际法理论问题，是辨析美国国际争端解决实践和分析美国运用国际法解决国际争端的理论基础。在国际争端解决的一般性原理之上，美国的国际争端解决具有其特殊性，这从其关于国际争端解决的观念和实践中可见一斑。从建国初期出于孤立主义而对国际仲裁的广泛应用，到崛起时期以和平主义推动国际争端解决组织的建立，再到霸权时期以现实主义对符合国家利益的最优争端解决方式做出选择，美国的国际争端解决符合其国际法实践整体的特性，反映出其国际争端解决的理论基础和历史传统。

一　国际争端的界定和分类

研究国际争端解决，首先需要界定国际争端的概念，归纳国际争端的特征，划清其与国际冲突之间的关系和界限，这是国际争端解决研究的理论前提。而任何概念都有其内涵和外延，其中内涵是对事物特有属性的反映，决定了事物的基本特征；外延则指向具有事物本质属性的一切对象，决定了事物的主要分类。因此，国际争端的概念界定和分类存在内在关联性。此外，回顾国际争端解决在历史上的发展过程可以把握人类文明前进的方向，而在此基础上，国际争端的分类也十分重要，因为它影响了国际争端解决的方法体系及其优先适用逻辑性。

（一）国际争端的概念

对于国际争端的概念，国际上没有普遍一致的定义，但可以在概念的范畴内对其进行归纳和总结。哲学上的概念范畴包括主体论、本体论、客体论等。国际争端的本体最为清晰明了，即其本质上为一种争端，而争端是"发生矛盾的原因"、"争辩的依据"和"双方争执的原因"。[①] 但是，关于国际争端的主体和客体，各国学者均存在争议。就国际争端的主体而

[①] 李伟民主编《法学辞海》（第2卷），蓝天出版社1998年版，第1251页。

言，争论焦点在于其仅为两个主权国家，还是其中一方亦可为国际组织，抑或是两个以上但至少其中一方为主权国家。随着国际法主体的日益多元化，从国际法律实践来看，国际争端的主体也逐渐呈现多元化趋势，但始终难以与主权国家摆脱干系。① 就国际争端的客体，即国际争端的对象和范围而言，有学者认为该类争议是关于法律权利方面的，也有观点认为是关于政治利益或某个事实方面的，但也有学者认为它是由国际裁判来确定的法律关系。② 这些观点都未免过于片面或狭隘，尤其是最后一种观点预先将争端在可裁决性上加以区分，不利于将各种争端囊括在内，限缩了国际法调整的范围。实际上，常设国际法院在"马弗洛马提斯巴勒斯坦特许权（管辖权）案"［Mavrommatis Palestine Concessions (Jurisdiction) case］中曾对"争端"一词有过权威表述，即"争端"是指双方之间关于法律观点或事实的分歧、关于法律观点或利益的冲突。③ 由此可以推论，国际争端就是国际法主体（以主权国家为主）之间关于法律观点、利益问题或事实问题所产生的法律或政治分歧、冲突。

国际争端的特征暗含于其概念之中，特征是对概念的进一步阐明和挖掘。第一，国际争端的主体是国际法的主体。主权国家是国际法最基本、最重要的主体，是国际利益的主要竞争者和国际行为的根本驱动者，因此从国际争端产生的可能性和必要性来看，其主要参与者必定是主权国家，而现阶段主要的国际争端也大多是国家之间的争端。这一点使其与国内法中的争端区别开来，后者的主体主要是个人。第二，国际法主体的特性决定了国际争端的客体具有复杂性和危险性。个人之间的矛盾通常对社会产生的影响较小，但是国家之间或国家与其他国际法主体之间的争端通常关乎国家利益，甚至会影响国际和平与稳定，因此处理国际争端必须高度审慎，且无法适用人际争端的解决方法。随着全球化的发展和国际往来的增加，国际争端产生的事由更加多样，范围更加广泛，国际社会对此范围的认定也存在争议，以上情况均加深了国际争端的复杂性。第三，国际争端

---

① 叶兴平：《和平解决国际争端》（修订本），法律出版社2008年版，第5页。
② 日本国际法学会编《国际法辞典》，世界知识出版社1985年版，第313页。转引自叶兴平《和平解决国际争端》（修订本），法律出版社2008年版，第6页。
③ 〔英〕马尔科姆·N. 肖：《国际法》（第六版上），白桂梅等译，北京大学出版社2011年版，第797页。

第五章　国际争端解决与美国的外交实践

主客体的特性决定了国际争端解决的本体具有不确定性。根据社会契约理论，个人让渡权利形成国家权力，国家强制力保证了人与人之间争端的判决和执行。但国际社会由平等的主权国家组成，国家的主权让渡是谨慎的。国家是主权者，国家之上没有也不能有凌驾于国际社会之上的最高权力，可以像国家对私人间关系一样管制国家间的关系。[1] 因此，国际争端解决的方法虽然具有法律性，但通常不具有强制性。各国就国际争端的认定和国际法院的管辖权存在各种异议，甚至连国家是否自愿接受国际司法机关的管辖都存在不确定性。综上，国际争端具有国际性、复杂性和不确定性。

进一步明确国际争端的概念边界，需将其与相关联的概念进行区分。对于国际争端而言，国际关系学科中的国际冲突是一个与其最为接近的概念，二者存在一定的关联和区别。关于国际冲突的概念，中西方学者从不同的角度进行了定义，但基本可以总结为由国际行为体（主要是国家）之间不同的政策目标、国家利益而产生的压制、伤害或消灭对方的冲突行为或状态，一般以危机、冲突和战争为主要形态和发展的主要阶段。对国际争端和国际冲突的定义进行比较，可以发现二者的联系首先在于主体的共同性，即均是以国家为主的国际行为体；其次，二者的起因具有相似性，即均是由于双方的对立而产生，而不论该种对立来源于政治、经济或法律方面的原因。但是，二者之间更多的是区别。第一，目标主观性不同。国际争端的主观目的性并不强烈，更多的是体现一种客观状态，而国际冲突的目的性较为明确，即为压制、伤害或消灭对方，具有主动性。第二，过程危险性不同。国际争端通常只是一种对立和争执的状态，有进一步导向国际冲突的可能；国际冲突通常包括危机、冲突和战争三个阶段或三种状态。作为开端的危机已经具有了相当的危险性，"国际危机是国际冲突的对抗阶段，是指两个以上的国际行为体，特别是国家之间在政治、外交、经济等关系方面发生的严重的失衡、失序、失常"。[2] 如果危机处理不当，便会进一步引发武装冲突甚至战争。第三，结果危害性不同，国际争端可以通过国际争端解决方式予以化解或阻止进展，以达到双方妥协或

---

[1] 周鲠生：《国际法》（下），武汉大学出版社2009年版，第648页。
[2] 方长平：《国际冲突的理论与实践》，社会科学文献出版社2015年版，第6页。

和解的结果。但国际冲突的结果往往是一方压制另一方的不对等状态，危及国际和平与安全。因此，狭义的国际争端可被看作国际冲突的初始阶段，尚处于易受国际法调整和国际司法解决的状态。①

（二）国际争端的分类

与国际法的双重法理和主权国家的双重属性相对应，国际争端的种类从性质上也呈现双重面向，因而传统上将国际争端主要分为法律争端和政治争端两种。至于第三种争端，即事实争端②，因其影响较小，在此处不做重点讨论。法律争端对应国家间在法律上的权利问题，政治争端对应国家间在政治上的利益问题。法律争端涉及当事国的权利与义务，当事国以国际法承认的理由为依据而提出要求，并且此类争端可以按照仲裁或司法方法解决。③ 这种概念归纳主要是根据争端所涉事项的性质，即以争端的起因为出发点，与实证国际法的规定基本一致。例如，1946年《国际法院规约》第36条第2款就列举了法律争端的四种类型，即国际条约的解释问题、国际法上的任何问题、经确定属于违反国际义务的任何事实问题，以及因违反国际义务而属于应给予赔偿的性质和范围的问题。这四类争端实际上都是围绕国际法展开的，国际条约是国际法的主要渊源，国际义务是国际法调整的国际关系的一部分，而国际法上的任何问题都囊括了国际法的本体。这表明法律争端必须是与国际法有关的争端，而据此也可以确定国际裁判的合法性和正当性。也有日本学者从争端解决的结果出发，逆向推出了法律争端的概念，认为法律争端是适于交付给国际裁判并对此有可能规定国际裁判义务的争端。④ 在此视角下，如果一项争端是适用现行法律规范进行解决的，那就是法律争端；若是适用了诸如公平、正义原则等其他非法律规范来解决的争端，那就是政治争端。

政治争端以政治利益为争端目标，双方都不诉诸法律，而将其限为一

---

① 在国际法语境中，广义的国际争端包括国际冲突，例如国际法基本原则和联合国基本原则中的和平解决国际争端，应理解为和平解决各种国际冲突。
② 事实争端是当事国之间关于某项实事问题、某种情况或某项事变的争执。参见周鲠生《国际法》（下），武汉大学出版社2009年版，第649页。一切争端的客体和对象都必然是某种事实，因此在此处进行分析的意义不大。
③ 余先予：《国际法律大辞典》，湖南出版社1995年版，第269页。
④ 〔日〕我妻荣：《新法律学辞典》，董璠舆校译，中国政法大学出版社1991年版，第882页。

种纯政治利益关系的问题。① 这种定义突出了政治争端的主观性，即国际行为主体人为地将某种争端排除于法律的解决方式之外。也有学者从客观性角度出发对其做出定义，认为政治争端是当事国之间因利益冲突引起的且无法按照法律程序解决的争端。② 这种观点强调了政治争端在客观上无法适用法律方法解决的特性，突出了政治争端所涉及利益的重大程度。在传统国际法上，政治争端也被称为"不可裁判的争端"，意指此类争端对国家的独立和主权等问题影响重大而不适合运用法律方法来解决。现实主义学派先驱爱德华·卡尔认为，对于政治争端而言，第一步就是走出仲裁和司法程序的死胡同，因为法律上根本无法找到解决问题的办法，只有迈出了这一步，才有可能发现比较切实可行的途径。③ 现实主义"教父"汉斯·摩根索更是指出，政治争端，特别是那些较为敏感的、涉及双方之间整体权力分配的政治争端，是不可能通过司法途径解决的，因为重大问题是不可以用此方式交由任何其他国家来仲裁的。④ 还有定义直接采用排除法的方式，指出除法律性质之外的一切争端都是政治争端。对此，我国学者古祖雪给出的定义较为全面，认为政治争端是不能通过法律手段或争端当事方不愿通过法律手段加以解决的争端，但有时也不排除利用法律手段解决政治争端。⑤ 这种定义反映出主观上不愿或客观上不能的不同方面，较为全面地总结了政治争端的定义。

  国际争端在理论上的两种分类看似明晰，但实际上关于区分二者的依据以及二者关系的讨论仍在持续，在实践中难以明确区分。关于二者的关系，有日本学者提出了不同的看法，指出法律争端的一般概念并不正确，而是认为法律争端是与法律规则尤其是国际法上的某一规则有关的争端，因而政治争端就是不涉及法律规则特别是国际法规则的争端，即政治争端为非法律争端。然而，法律争端为非政治争端才更为恰当，之所以将国际争端区分为法律争端和政治争端，主要是因为法律争端适于交付给国际裁

---

① 周鲠生：《国际法》（下），武汉大学出版社2009年版，第649页。
② 余先予：《国际法律大辞典》，湖南出版社1995年版，第269页。
③ 〔英〕爱德华·卡尔：《20年危机（1919—1939）：国际关系研究导论》，秦亚青译，世界知识出版社2005年版，第187页。
④ 聂圣平：《摩根索》，陕西师范大学出版社2017年版，第138页。
⑤ 古祖雪：《国际法学》，厦门大学出版社2007年版，第395页。

判，对此有可能规定国际裁判的义务，而政治争端并非如此。① 法律产生于政治，国际法产生于国际政治，国际法应该是包含于又独立于国际政治，因此法律争端理应也是包含于却又独立于政治争端，前者的范围小于后者，赋予特殊性的对象以独立的地位，将普遍性的对象作为背景，因而法律争端是非政治争端的说法较为合理。然而，国际争端往往是政治争端和法律争端的结合体，它们通常是既有法律冲突又掺杂了政治矛盾的混合争端。在现实的国际关系中，尤其是在全球化时代国家间复合型相互依赖加强的背景下，和平与发展的时代主题促进了各国的经济竞争，经济问题被政治化的风险提高，许多国际争端都既有法律性也有政治性。"争执利益的冲突往往蔽以法律争端的形式，有时国家以微小的权利被侵犯为借口企图实现争执的目的。"②

国际争端性质的界定，影响着国际争端的解决方式。根据争端所涉事项的性质，区分国际争端的政治性和法律性，有利于推动其进入可适用的法律解决程序。不区分国际争端的性质而直接将缔约国的一切争端都提交司法解决的国际条约只占少数，大部分国际条约对各类不同争端进行了区分，如《洛迦诺公约》《和平解决国际争端的日内瓦总议定书》《国际法院规约》等公约或国际组织文件中，均提及各类国际法律争端应提交国际法院进行司法解决，而非法律争端，即政治争端应交由特别和解委员会或常设和解委员会进行裁决等规定。③ 然而，在现实中，这种区分不一定会使争端各方达成共识。根据国家主权原则，主权国家具有选择是否接受国际法院管辖的权利，即便争端一方确认了争端的法律性质，如果另一方持反对意见，则也无法使其进入司法解决程序。当事方可以出于不愿将争端诉诸国际司法的原因而选择将争端政治化，这从政治争端的定义中可见一斑："国家同意原则构成保证'政治性争端'非裁判性的基石。"④ 但是，国际法上关于国际争端性质的区分规定仍然具有重要的意义，毕竟将之进行界定即开启了国际争端解决的第一步，也为利用国际法规范国际争端解

---

① 〔日〕我妻荣：《新法律学辞典》，董璠舆校译，中国政法大学出版社1991年版，第882页。
② 周鲠生：《国际法》（下），武汉大学出版社2009年版，第649页。
③ 叶兴平：《和平解决国际争端》（修订本），法律出版社2008年版，第10页。
④ 徐崇利：《国际争端的政治性与法律解决方法》，《国际政治研究》2018年第2期，第11~37+3页。

决提供了可能性。

　　因而，对国际争端的性质进行界定，在国际法上也有着重要意义。这是由国际争端主体的多元化、客体多样性和本体复杂性决定的。国际争端的主体是以主权国家为主的国际行为体，这就决定了国际争端性质界定是主权国家主观性的体现。主权国家的行为出发点和目标均是国家利益，因此对于国际争端性质的判定也是在各国国家利益的驱动下进行的。如果缺乏一个权威而统一的区分，主权国家则可任意选择更有利于自身利益的方式来界定和解决争端，这将对国际秩序产生不良影响。强权的大国将倾向于将争端界定为政治争端，从而选择利用自身政治优势迫使另一当事国接受自己的要求；而弱势的小国倾向于将争端法律化，诉诸国际裁判机构以在法律上维护自己的利益。根据传统现实主义理论的解释，这是因为司法程序强调当事双方在法律面前地位平等，从而排除了权力因素，但大国恰恰是在国际权力结构中处于优势地位的国家。[①] 随着国际交流与合作愈发频繁，国家间发生的摩擦和碰撞日渐增多，国际争端的客体呈现多样化的发展态势。在多元化主体的主导下，多样化的国际争端客体加深了国际争端本体的复杂性。在此情况下，纷繁复杂的国际争端将难以解决，并有进一步导向国际危机和冲突的可能。法律的最基本价值在于维护社会秩序，国际法存在的意义和价值也在于用国际法来规范国际关系和国际秩序。因此，将国际争端诉诸法律裁判和解决，推动国际争端解决的司法化，将充分发挥国际法的规制作用，有利于争端的和平解决和国际关系的正常化。

　　事实上，国际争端的两种性质相互融合、相互贯通，并在一定情形下可以相互转化。一方面，从争端所涉事项的性质来判断争端的性质有时较为片面。传统现实主义认为，存在政治争端及其非裁判性并非意在表明此类争端与法律无关。事实上，对于政治争端，各国也能将其以法律诉求的形式表现出来，只不过此类争端关涉国家的根本利益，属于高政治领域事项，因此不宜也不该通过法律性方法交由第三方即国际裁判加以解决；与此相对，法律争端也并非与政治毫无联系，而是任何争端的解决在一定程度上都会涉及国家在国际社会上的政治利益，产生政治影响，只不过因法

[①] 徐崇利：《国际争端的政治性与法律解决方法》，《国际政治研究》2018年第2期，第11~37+3页。

律争端与国家根本利益无涉，属于低政治领域事项，可交由作为第三方的国际裁判机构解决而已。① 另一方面，在某些情况下，仅从争端所适用的解决手段来判断争端的性质也并非不可行。同一性质的争端，既可以通过外交途径来处理，也可以通过司法途径来解决，例如1969年"北海大陆架案"就兼采了两种方法。② 因而，在区分争端性质的标准上，应当尝试将划分国际争端两种属性的出发点结合起来，即认为一项争端的法律性和政治性不仅决定于争端所涉事项本身，也决定于争端当事方所期实现的目标和在适用各类规范问题上所采取的立场，这是由国际社会上日益复杂化的争端所要求的。③ 但是，每一种争端总会有一种主要性质占主导地位，因此，在对各种影响国际争端性质的因素进行综合考量的基础上，对主要性质做出正确的判断，便可以大体确定有效的争端解决方法。

二　国际争端解决的方法

在明确了国际争端大致分类的基础上，对国际争端解决方式的探讨将更具针对性和现实性。传统上，国际争端解决的方法分为单边强制解决方法与和平解决方法。随着国际关系的演变和人类文明的进步，强制的武力解决方法特别是战争手段已经逐渐成为国际法排斥和摒弃的对象，但是在所谓文明的和平解决方法的面具遮盖下，经常还会出现通过战争或武力手段解决国际争端的现象。对单边强制解决方法、和平的政治解决方法和法律解决方法沿着历时的发展逻辑予以阐述，可描绘出国际争端解决逐渐走向司法化的方向，而了解此发展过程中各自存在的背景和特征，有利于分析个别国家基于所谓的和平主义滥用武力解决争端。

（一）国际争端的单边强制解决方法

国际争端的单边强制解决方法，又称为强迫的方法（compulsive means），是指一个当事国为了使另一当事国同意其所要求的对争端的解决和处理方式，从而实施的具有强制性的解决手段，包括反报、报复、平时封锁、干

---

① 徐崇利：《国际争端的政治性与法律解决方法》，《国际政治研究》2018年第2期，第11~37+3页。
② 曾令良：《国际法》（第3版），武汉大学出版社2011年版，第391页。
③ 叶兴平：《和平解决国际争端》（修订本），法律出版社2008年版，第11页。

涉和战争等。① 反报、报复、平时封锁三种方式在一定限度内是符合国际法规定的，但在本国遭遇他国不法行为侵犯时，在未事先要求过错国进行补偿的情况下即发起报复，或报复超过了损失的部分，或超出本国领土，均会构成国际不法行为。干涉（intervention）指第三国对其他两国之间的争端进行专断性的干预，并迫使争端当事国按照其要求解决争端，是对尊重他国主权和内政原则的一种违背。战争在传统国际法上曾经被认为是国家强制解决争端的一种惯常方法。近现代以前，原始"自然状态"之下的国家任意选择武力或战争的方式，迫使其他国家接受自己的争端处理要求。虽然古罗马时期神学家奥古斯丁曾将战争区分为正义战争和非正义战争，②但到了18~19世纪，战争却被视为解决国际争端的合法手段、国家的天赋权利，是国际争端解决方式中首要的、本能的选择，也是获取国家生存和经济资源的主要手段。③ 然而，20世纪以来，随着国际法的发展，战争以及其他涉及武力威胁或武力使用的手段，逐渐遭到排斥和淘汰。

思想启蒙和法律实践的发展促进了国际社会对战争作为争端解决方法的摒弃。在学术思想方面，17世纪，格劳秀斯在其著作《战争与和平法》中强调了战争应该受到法律控制和约束的思想，随后，卢梭又从法理上初步阐述了交战双方互损的权力并非无限，暗含了超出必要限度的杀戮和破坏行为属于罪行的思想。④ 在国际法实践中，20世纪的国际法在主权国家和国际组织等主体的推动下，出现了一系列规制战争的法律法规。首先，国际公约方面，以1899年第一次海牙和平会议上缔结的《和平解决国际争端公约》为里程碑，国际法对国际争端解决方法的规定开始了由强制方法向和平方法转变的历程。该公约第一次对以战争解决国际争端的国家权

---

① 许崇德等主编《中华人民共和国法律大百科全书：国际法卷》，河北人民出版社1999年版，第125页。反报（retortion）指的是一国对另一国不礼貌、不友好、不公平的行为予以同样或相似的手段来进行还击，主要适用的领域是国家之间的贸易、关税、航运、移民等方面，主要采取的手段包括断交、实施禁运、撤销援助等；报复（reprisals）是指一国对另一国的国际不法行为进行回应所采取的包括强制手段在内的行为，晚近，它仅限于指代国际武装冲突中交战国之间进行的报复；平时封锁指的是在和平时期以武力封锁他国港口或海岸为手段，迫使被封锁国家遵从封锁国要求的手段和行为。参见古祖雪《国际法学》，厦门大学出版社2007年版，第396页。
② 李金荣等：《国际法》，法律出版社1989年版，第268页。
③ 江河：《国际法的基本范畴与中国的实践传统》，中国政法大学出版社2014年版，第308页。
④ 王玫黎主编《国际法学》，厦门大学出版社2015年版，第247页。

利进行了限制，规定国家应尽力避免使用武力，采用和平方式解决国际纷争。① 1907年，第二次海牙和平会议召开，缔结了一系列关于和平解决国际争端以及战争法规方面的公约。其次，国际组织方面，一战后在和平主义思潮推动下成立的国际联盟是人类首次尝试建立的普遍性国际组织，而其通过推动《国际联盟盟约》《巴黎非战公约》《和平解决国际争端的日内瓦总议定书》等国际公约或文件的制定，促进了和平解决国际争端机制的逐步建立。二战之后人类再次尝试建立的普遍性国际组织——联合国及依其建立的法律制度，已经成为现代国际法的根基。在《联合国宪章》中，第一条联合国的宗旨为维持国际和平及安全，消除对和平的威胁，制止侵略行为或其他对和平的破坏行径，并强调以和平方法且依正义及国际法原则来解决国际争端。根据《联合国宪章》，联合国六个主要机构之一的安全理事会负有维护国际和平与安全的首要责任，在面临威胁和平的投诉时，可以以建议、调查、和解、派遣访问团、任命特使、请秘书长进行斡旋等方式，促使当事方尝试以和平手段达成协议。在联合国的努力之下，禁止以武力相威胁或使用武力、和平解决国际争端逐渐成为现代国际法的基本原则和国际习惯法规则。"解决争端的一项基本要求是有可能涉入争端的主体，即每一个主体，须承诺只是用和平的方法解决争端。"②

然而，国际法上还保留着一些使用强制方法解决国际争端的例外规则。首先，《联合国宪章》赋予了会员国一定的武力自卫权。《联合国宪章》第51条规定，单独或集体的自卫是主权国家的固有权利，联合国任何会员国在受到武力攻击时，在安全理事会采取必要办法以维持国际和平与安全以前，会员国可以行使单独或集体自卫的自然权利。当然，这种自卫权的使用也有其限度，如会员国行使此项自卫权时，所采取的办法应立即向安全理事会报告，且安全理事会仍可按照宪章的规定，随时采取其所认为必要的维持或恢复国际和平及安全的行动。这种规定是对传统战争权的部分保留，也是对国际社会无政府状态的一种无奈回应。其积极作用是推动国际社会逐渐摒弃武力和战争，向和平与文明的国际关系迈进；消极

---

① 何群：《国际法学》，厦门大学出版社2012年版，第253页。
② 〔英〕J. G. 梅里尔斯：《国际争端解决》（第五版），韩秀丽等译，法律出版社2013年版，第1页。

第五章　国际争端解决与美国的外交实践

作用是为一些国家使用武力留下了一定的法律空隙，因其武力行为可以以自卫为借口，或可煽动其他国家进行集体自卫而发起战争。其次，联合国安理会可采取一定的强制措施，包括一定程度的武力使用。《联合国宪章》第41条规定，在面临威胁和平、破坏和平及侵略的行为时，安全理事会可以决定采取武力以外的包括局部或全部停止经济关系、铁路、海运、航空、邮、电、无线电及其他交通工具以及断绝外交关系的办法，以实施其决议；第42条规定，安全理事会如认为上条规定的办法不足或已经证明不足时，可采取必要的空海陆军行动，包括联合国会员国的空海陆军示威、封锁及其他军事举动，以维持或恢复国际和平及安全。除联合国外，美洲国家组织、非洲联盟、东南亚联盟组织等区域性国际组织也在解决区域性国际争端中发挥了重要作用。另外，根据国际法上的民族自决权原则，争取民族独立可以诉诸武力。在联合国安理会常任理事国成为争端当事方而使安理会决策机制无法维护国际和平与安全的情形下，历史上的联合国大会曾通过"联合一致共策和平"决议授权采取武力行动。[1]

（二）国际争端的政治解决方法

国际争端的政治解决方法又称为外交的方法。传统国际法上，此类方法包括谈判与协商、斡旋与调停、调查与和解，[2] 适用于非法律性的争端。

---

[1] 1956年7月，埃及宣布将苏伊士运河国有化，控制运河的英、法勾结以色列策划发动了第二次中东战争。10月29日，以色列出兵占领了西奈半岛，英、法也派出战机轰炸埃及港口。随后联合国安理会先后举行了4次会议讨论这一问题，但由于英、法行使否决权而未能通过任何决议。根据联合国大会第377（V）决议，"联合一致共策和平"程序的启用有三个前提条件：（1）存在对和平可能的威胁、破坏和平的行为以及侵略行为；（2）安理会常任理事国缺乏共识；（3）由于这个原因，安理会不能履行其维护国际和平与安全的责任。据此南斯拉夫代表建议召开紧急特别会议，该议案以7票赞成、2票弃权，英、法抗议（程序问题不能否决）通过。11月1～10日，联合国大会第一次紧急特别会议召开，先后通过了五个决议案。主要内容是要求各方立即停火并撤退到停火线；组建联合国紧急部队以确保并监督敌对行动的停止；设立以联合国秘书长为主席的咨询委员会，就联合国军策划及勤务各方面发表意见，并向联合国大会报告其认为的紧急事项等。英、法被迫在11月7日宣布停火，11月22日撤出全部军队。苏伊士运河问题的解决是"联合一致共策和平"决议的第一次应用，也是最为成功的个案，从而开启了联合国维持和平部队之先河。许光建：《联合国宪章诠释》，山西教育出版社1999年版，第120页。

[2] 李显冬：《法学概论》，首都经济贸易大学出版社2017年版，第466页。

谈判与协商是两个当事国之间直接进行的交涉，包括澄清事情、阐述观点、消除误会等方式，以期寻求双方都能接受的办法解决相关冲突、矛盾或争端，是最基本的政治解决方法。①《和平解决国际争端公约》《国际联盟盟约》《和平解决国际争端的日内瓦总议定书》《联合国宪章》等诸多重要国际条约，都是将谈判作为解决国际争端的首要方法。传统国际法将协商作为谈判的一部分，认为协商是谈判的一种特殊形式，但随着协商的实践发展，现代国际法中已接受和肯定其在国际实践中的地位，并得到了许多重要国际条约的确认。② 斡旋与调停是指第三国出于善意、主动促成无法直接谈判或协商的当事国之间进行谈判或协商，协助争端当事国解决争端，此种方法中的第三国不承担责任或义务，其意见也不对当事国产生强制力。调查是第三方针对当事国之间因事实问题而产生的国际争端进行事实调查，以查明争端所涉情势的真实情况，最终寻求解决方案。和解是在经过由若干人组成的委员会对争端事实进行调查和澄清之后，在听取当事国意见并做出使其达成协议的努力后，提出的包括解决争端建议在内的解决办法。③

政治解决方法是人类由武力强制向社会文明迈进的一个重要手段，体现了国际法对各国主权平等原则的尊重。政治方法具有自助性和主动性，主权国家可以在平等的法律地位上，以非强制的手段平等协商，和平解决国际争端。政治方法还具有普遍适用性，适用于各种不同类型的争端，无论争端是政治性的还是法律性的，是事实性的还是混合性的，都可以通过政治方法解决，且不影响其他争端解决方法的使用，具有灵活性和柔韧性。政治解决方法的各种方式都在国际争端和平解决史上起到过积极有益的作用，谈判和协商已经成为在现代国际争端解决方法体系中占据重要地位的手段。与其他程序相比，谈判程序最大的优势在于突出了当事国各方的主观意愿，排除了第三方因素的介入，能够进入谈判环节说明双方还存在着可以谈判的共同或互补利益，并且有通过谈判解决问题的真诚愿望；

---

① 许崇德等主编《中华人民共和国法律大百科全书：国际法卷》，河北人民出版社 1999 年版，第 127 页。
② 高智华、于泓主编《国际法学》，工商出版社 2002 年版，第 439 页。
③ 许崇德等主编《中华人民共和国法律大百科全书：国际法卷》，河北人民出版社 1999 年版，第 127 页。

第五章　国际争端解决与美国的外交实践

协商虽然是新近发展起来的程序，与谈判有着诸多共同之处，但也有其独特的优势，即协商的氛围较谈判而言更为轻松和友好，在这种情况下更容易体现双方平等、公平的地位，并且协商的形式灵活多样，包括口头协商、书面协商等各种方式，这些因素都有利于国际争端的和平解决。[1] 除了这些主权国家主导的政治解决方法外，联合国和其他区域性组织对国际争端政治解决方法的推进也发挥着重要作用。它们的参与促进了国际争端解决的主体多元化，丰富和发展了国际争端政治解决方法的内容和方式，增加了政治解决方法的实践经验，推动了国际争端的和平解决。

政治解决方法也存在许多内在的不足。在经济全球化的背景下，国际争端的政治解决方法虽然实现了自然法上的国家平等，使得大国不能再任意对小国使用武力，然而从法律的基本价值层面来讲，"政治方法在现实的国际关系中将体现为权力对于权利以及专制对于民主的实践"。[2] 和平的政治解决方法使国际争端具有国家间政治的内在特性，由于国际法和国际政治博弈，和平解决国际争端原则往往在具体的外交实践中陷入困境，国家主权原则的双重属性导致了国际争端解决机制的内在悖论。政治解决方法的适用主要取决于以国家实力为基础的外交谈判。在具体争端中，从各自的实力出发，大国倾向于以政治方法来解决双边争端，因为大国的实力强大，具有政治上的威慑力，更有利于大国对小国的操纵；小国则倾向于通过强制性法律机制来解决争端，因为只有在独立的司法机制中，大国和小国才能真正平等，这也是国家主权原则的内在体现。尽管国际法的"基础规范"，即条约必须遵守以及善意履行国际义务原则，在一定程度上可以克服这种法理上的悖论，但是主权国家对核心利益的保留、条约的解释问题以及国际义务履行之"善意"的抽象性，都使争端解决机制的政治方法在现实的外交博弈中对大国的牵制较为有限，体现出其内在的局限性。[3]

（三）国际争端的法律解决方法

国际争端的法律解决方法是指争端当事国采用法律手段来解决国际争

---

[1]　叶兴平：《和平解决国际争端》（修订本），法律出版社 2008 年版，289～290 页。
[2]　江河：《国际法的基本范畴与中国的实践传统》，中国政法大学出版社 2014 年版，第 310 页。
[3]　江河：《南海争端的和平解决：大国政治和小国政治的互动》，《海南大学学报》（人文社会科学版）2019 年第 2 期，第 1～9 页。

193

端的方法，包括国际仲裁和国际司法解决。国际仲裁是指争端当事国本着自愿的原则将争端交付给其自行委任的仲裁者进行裁决，并约定服从其裁决的一种国际争端解决的法律方法；[1] 国际司法解决是指当国家间发生争端时，当事国将争端提交给区域性或国际性国际法院，并由其按照国际法程序审理争端以及做出对当事国双方具有法律约束力判决的国际争端解决方法。[2] 与政治解决方法相比，国际争端的法律解决方法具有适用范围限制性、适用程序明确性和裁决结果终局性的特点。第一，不同于政治方法，法律方法不能适用于所有性质的争端，而仅能适用于当事国之间的法律争端，这在争端性质的辨析部分已经有所阐述。第二，不同于政治方法的手段灵活多变，法律手段通常需要依据一定的程序和规则来建立或依靠某个临时或常设的仲裁或司法机构，从而展开法律方法的解决程序。第三，不同于政治方法解决结果对争端当事国的无拘束性，法律方法的仲裁结果或司法判决对当事国具有拘束力且具有终局性，虽然其在具体执行层面可能仍存在一定的困境，但从道义层面，当事国仍然应该积极履行。

仲裁是一种介于政治方法和法律方法之间的过渡的准司法手段。一方面，相对于政治方法而言，仲裁兼具调停、斡旋、和解、调查等政治方法之所长，都是较为和平而灵活的手段，但不同于政治方法的效果非确定性，仲裁裁决对当事国具有约束力，因为当事国将争端交付国际仲裁这一举动，即是对服从其裁决的认可。另一方面，相对国际司法解决而言，仲裁又具有较大的自主性，争端当事国双方都可以灵活控制整个过程。这是因为仲裁是一种自愿的管辖，管辖权由当事国选任的人员行使，仲裁所适用的法律也由当事国在仲裁协定中事先约定，不会超过此限。[3] 因而，仲裁是解决国家间争端的"一种较为合理而有效的法律的解决方法；依这方法处理争端，当事国可以保障自己的权利而又不损伤任何一方的体面或尊严"。[4] 正如法律是最后一道防线，国际争端的司法解决也是国际法的最后一道防线。国际上常设的法庭组织是执行司法解决任务的主要机构，主要

---

[1] 高智华、于泓主编《国际法学》，工商出版社2002年版，第444页。
[2] 王玫黎主编《国际法学》，厦门大学出版社2015年版，第256页。
[3] 王玫黎主编《国际法学》，厦门大学出版社2015年版，第254页。
[4] 周鲠生：《国际法》（下），武汉大学出版社2009年版，第660页。

包括1922~1946年的常设国际法院和1946年至今的作为联合国主要机关的国际法院,因此,现今国际法上主要的法律解决方法就是通过国际法院对国际争端进行判决。[①] 国际司法解决是国际争端的法律解决方法的制度化发展,尤其是在二战后得到了长足的进步。随着国际司法机构不断涌现,以及国际司法机构案件不断增多,时代发展指明了国际争端解决司法化的趋势。

国际争端法律解决方法的发展代表着国际法的进步,表明国际社会采用国际法捍卫权利的主动性,提高了国际法的地位,也切实解决了部分国际争端,化解了国际和平危机。另外,国际争端的司法解决在某种意义上是对各种法律价值的追求,代表了国际法实践未来发展的方向。然而,法律解决方法也有其内在的困境。在世界文化多元化以及无政府状态的背景下,国际争端解决的司法机制总是存在着一种悖论:"如果过多地追求形式之正义,法律的正义就被现实的权力政治所吞噬;如果过多地追求理想之正义,法律的程序普遍性就会被主权国家所分解。如果说前者导致了国际争端政治解决方法的弱点,那么后者则导致国际争端法律解决机制的困境。"[②] 这种困境是国际司法机构多元化导致的,各种司法机构之间缺乏统一的等级体系,从而引起管辖权冲突和相同法律渊源的不同适用。而国际司法机构的多元化是由于经济全球化的不平衡"外溢"和国际法本身的碎片化。但是,人类社会各种争端解决方法的历史发展规律表明,以实力为基础的自助性外交谈判和协商具有内在的弱点,而国际争端政治解决方法的体系本身所具有的开放性会推动国际争端解决方法向司法化的形态发展,国际争端解决机制内部的法律方法将不断超越政治方法。[③]

三 美国关于国际争端解决的传统、观念和实践

通常而言,实践受到历史传统、理论发展和观念变迁的指引,外交实践的现实情况也影响着理论和观念不断发生调整。美国有关国际争端解决方法的历史实践逐渐形成了其特殊的国际争端解决传统和观念。美国在国

---

① 周鲠生:《国际法》(下),武汉大学出版社2009年版,第669页。
② 江河:《国际法的基本范畴与中国的实践传统》,中国政法大学出版社2014年版,第312页。
③ 江河:《国际法的基本范畴与中国的实践传统》,中国政法大学出版社2014年版,第318页。

际争端解决的一般性演变规律中形成了其自身的观念和实践互动,进而发展出其国际争端解决传统的特殊性。总体言之,美国一向重视国际法在国际争端解决中的应用,并以此获得了诸多利益,因而美国从建国伊始便对国际法充满热忱。国际仲裁的普遍应用更是掀起了近代国际争端解决方法的发展高潮,在和平主义思潮的影响下,美国的国际法乐观主义者甚至主导了各种国际仲裁庭和国际法庭的设立。然而,难以遏制的世界大战浇熄了美国的热情,美国思想界和政策层均逐渐转向信奉现实主义观念,国际法庭也逐渐沦为美国维护自身利益的工具。

(一) 国际争端解决方法的演变与美国的实践

主权国家作为国际社会的原始行为主体,在历史早期具有天赋的战争权利,战争是国家原始本能的争端解决方法。随着人类文明的进步,特别是国际人道法和经济全球化的发展,战争日益为国际法所禁止,和平解决国际争端制度逐步得以确立。因此,国际争端解决方法的历史发展在某种程度上揭示了国际法的演进脉络。在不同的历史阶段,往往同时存在多种争端解决方法,但总体而言,国际争端解决方法的历史演进呈现出一条由单方的暴力压制—当事方之间的谈判与协商—非强制性的第三方介入到强制性的公共组织争端解决机制的发展脉络,同时也深刻揭示了国际秩序由战争到和平、由权力到规则的发展规律。正如路易斯·亨金所言,"在各国的关系中,文明的进展可以认为是从武力到外交、从外交到法律的运动"。[①] 与此同时,各种争端解决方法也逐渐多样化和体系化。国际法的规则、原则和制度便在这一过程中逐渐得以发展和完善。随着越来越多的国家间政治承诺转化为"法律共识",国际争端解决的法律化、制度化和规则化就成为一种必然趋势。

国际争端解决的历史源远流长,从古代社会开始就已经出现了国际争端解决的方法和实践。从公元前4000年到公元5世纪,在几个主要文明区域,如古代苏美尔国家、埃及、中国以及希腊、罗马等,都曾有列国体制生存的历史轨迹,从而为国际争端解决的原始实践奠定了社会基础。在这一时期,正如柏拉图所言,战争是国家间的常态,战争权被视为国家的固

[①] Louis Henkin, *How Nations Behave*, Columbia University Press, 1979, p. 1.

第五章　国际争端解决与美国的外交实践

有权利之一，源于侵占领土、掠夺资源及掳取奴隶等问题的争端主要以战争的形式解决。虽然此时谈判、调停、斡旋等外交方法以及仲裁和诉讼等法律方法也在争端解决实践中开始应用，但是在古代社会，由于经济发展水平以及人类交往水平的限制，特别是由于缺乏公认的国际关系行为准则，这些方法相对于原始的战争方法具有从属性，战争依然是解决国际争端的主要方式。

进入中世纪之后，基于基督教正统观念对正义战争的讨论，宗教干涉成为当时欧洲关于国际争端解决的合法手段。奥古斯丁认为，判断正义战争的标准存在于每个人的认知中，受上帝这一终极裁判者的意愿影响，而和平是解决冲突纠纷的最佳方式，有助于发展人类的社会性和协作性。除武力或武力威胁以外，受罗马传统的影响，复杂国际争端的解决也适用于谈判、协商、调停、和解，① 以及仲裁等和平解决争端的方法。随着欧洲大陆建立起以教皇和神圣罗马帝国为中心的宗教政治关系，宗教最高权力者教皇成为处理君主间争端的权威裁定者，经常根据一定的规则居中调停和仲裁其下辖的世俗国家间的争端。值得注意的是，随着中世纪欧洲地中海地区商人习惯法的形成和发展，商事仲裁成为解决国际商事争端的重要方法，这与中世纪后期仲裁制度在国际政治领域的消隐形成了对照。总之，中世纪的仲裁、调停与和解方法之间的界限并不是非常清晰。君主对其他君主之间的争端进行仲裁，特别是防止或解决君主间战争，在事实上具有调停或和解（调解）的特征。

1648 年威斯特伐利亚和会开创了以国际会议方式解决争端和结束战争的先例，其后形成的威斯特伐利亚体系为近代国际争端解决方法的体系化奠定了社会基础。基于均势原则，国家的诉诸战争权在国际争端解决中发挥了重要作用，与之相联系的是具有强制性的干涉、单边封锁等方法的广泛适用。但随着人本主义和人权观念的发展，单边的强制方法在国际争端解决中的适用逐渐减少，外交方法越来越多地被用于解决国际争端，争端解决方法逐渐趋向多边化和多样化。19 世纪国际仲裁的兴起以及 20 世纪 20 年代常设国际法院的建立，都极大地促进了国际争端的法律解决方法的

---

① 〔苏〕В. П. 波将金等编《外交史》（第一卷上），吴纪先、郭吴新等译，生活·读书·新知三联书店 1982 年版，第 118 页。

发展，由常设仲裁法院到常设国际法院的历史实践则进一步说明了国际争端解决的司法化趋势，战争的合法性受到质疑。除谈判外，斡旋、调停、调查、和解等第三方介入的争端解决方法也使国际争端和平解决方法更为多样化和体系化，其互动性也日益增强。第二次世界大战结束后，为进一步完善国际争端解决机制，联合国取代了国际联盟，并以维护国际和平与安全为其首要宗旨，最终确立了和平解决国际争端的国际法基本原则地位，更为全面地直接禁止了武力使用，包括武力威胁，国际争端解决实践获得了进一步的发展。

美国的国际争端解决实践是国际社会争端解决历史的重要部分，并在一定程度上推动着国际争端解决方法的演进。美国在建国之后，其国际争端解决思想和实践为国际争端和平解决的复兴做出了重要贡献，美国对国际仲裁的广泛实践代表着近代国际仲裁的开端。新生的美国奉行孤立主义，为远离战争，倾向于使用仲裁等和平的争端解决方法。具体而言，1777~1804年，英美签订《杰伊条约》，双方同意成立联合委员会，以确定美国同当时的英属加拿大之间的边界；1794年，美国和英国订立的《友好通商航海条约》规定了国家间发生争端采用仲裁方法解决；1814年，英美签订的《根特条约》中也有类似的仲裁规定。之后，这些条约催生了诸多涉及美国的仲裁案件，同时，美国又与一些南美国家建立了多个国际仲裁法庭，使得近代国家间仲裁开始发展起来。直到20世纪初，美国一直热衷于采用仲裁方式解决国际争端。1872年，美国与英国之间的"阿拉巴马号仲裁案"是近代仲裁历史上影响和意义较大的一个案例，其最终的成功证明了强国之间也可以就重要争端进行仲裁而非诉诸武力，从而避免战争，而且使得仲裁条款成为许多国际条约中的常见内容。受到"阿拉巴马号仲裁案"判决鼓舞的和平主义者开始重新推动建立国际和平大会，制定通用的国际法典，以及创建致力于促进国际争端和平解决的国际组织。

因此，美国在国内和平主义思潮的推动下，积极引导各国召开国际会议，并成为国际仲裁法庭和国际法庭的积极倡建者。国际仲裁成为1899年和1907年两次海牙和会的首要议题之一。1899年第一次海牙和平会议通过了《和平解决国际争端公约》（1899）讨论了是否将接受仲裁作为国家一般性义务，并最终创设了常设仲裁法院。在第二次海牙和平会议上，主要议题是来自美国提出的关于成立当事国同意向其提交争端的真正的常设国际法庭。在漫长而激烈的辩论后，由于各方在常设国际法庭指派法官的问题上存在分歧，最终该议题仅作为建议案被通过。从实质内容来看，这些讨论都为后来《常设国际法院规约》的草拟提供了铺垫和准备。[①] 二战后，美国积极推动国际法院的建立，正是基于其多年来对国际仲裁的信任和得心应手的经验。二战结束前夕，美国、英国、苏联和中国在美国敦巴顿橡树园举行会议，讨论筹建战后的国际组织问题，决定在建立联合国的同时成立国际法院，以代替常设国际法院。1945 年，《国际法院规约》作为构成部分的《联合国宪章》经旧金山会议通过，国际法院于翌年正式成立。在国际法院建立的过程中，美国的重要推动作用显而易见。

然而，在积极推动国际法院的国际争端解决功能的同时，美国的国际地位变化也使其国际争端解决的实践出现了新的变化。美国在二战后已经成为世界头号经济强国，通过布雷顿森林体系控制了世界的金融命脉，冷战结束后又成为唯一的单极霸权国家，经济强权映射到国际关系上是单边主义和干涉主义的盛行，反映到国际争端解决上便是倾向于使用政治解决方法而非法律解决方法。随着第三世界国家的国际地位不断提高，国际关系民主化不断发展，国际争端解决与美国国内法之间逐渐变得矛盾重重，美国国内有关国际法院的管辖权问题引起了很多争论。"尼加拉瓜案"成为美国国内反对接受国际法院管辖的一个重要原因。1946 年，作为国际法院创始国之一，美国发表了有条件接受国际法院任意强制管辖的宣言，[②] 以多项保留来尽量维护自由行动的权利。然而，在 1984～1985 年国际法院对美国在尼加拉瓜港口采矿违反国际法一案做出裁决之后，美国否认了国际法院在该事项上的管辖权，拒绝服从裁决，并终

[①] 〔德〕巴多·法斯本德、安妮·彼得斯主编《牛津国际法史手册》（上册），李明倩、刘俊等译，生活·读书·新知三联书店 2020 年版，第 164 页。

[②] 根据《国际法院规约》第 36 条第 2 款规定，所谓"任意强制管辖"是指各国通过事先声明，承认国际法院根据强制管辖权可以管辖一切法律性争端案件。凡自愿发表上述声明的国家，一方起诉，另一方必须应诉，且必须服从于国际法院的强制管辖。1946 年，美国发表了此声明，但做出了两项保留：一是关于美国所规定在本质上属于美国国内管辖事项的争端除外，二是在多边条约下发生的争端除外，除非所有受判决影响的缔约国在法院中也都是该案件的当事国，或美国对管辖权特别同意。参见周忠海编《国际法讲义试用本》，法律出版社 1983 年版，第 198 页。

止了1946年的管辖权声明。这体现了美国对于国际组织解决国际争端的退缩和抗拒。在国际争端解决层面，美国越来越倾向于以现实主义的大国政治来支配国际关系，以经济外交等软实力来控制其他国家，从而逃避国际义务。

(二) 美国关于国际争端解决的理论观念

建国初期，美国的国际争端解决理念是以国际争端解决在当时的发展为背景而形成的。17世纪，欧洲的统治者倾向于将争议提交"至上仲裁者"教皇，这一时期通常被视为仲裁退潮期；到了18世纪，仲裁的观念虽然较为流行，仲裁在外交实践中尚未完全退出，但由于欧洲议会外交的逐渐普及，其实际运用却在衰落，在条约实践中有记录可查的实际仲裁案例数量很少。[①] 然而，此时刚刚诞生的美国却对国际仲裁充满了信心。从与英国签订《杰伊条约》开始，美国开始了对国际仲裁一系列得心应手的实践，并以此避免了许多战争，使得国际法理想主义思想在美国逐渐占据了主导地位。虽然建国伊始美国与英国之间不可避免地爆发了两次战争：美国独立战争和1812年美英战争，但1872年"阿拉巴马号仲裁案"使美英之间成功地避免了第三次战争，美国的国际法理想主义由此达到高潮。此时，美国热衷于运用仲裁方法解决国际争端主要出于两种考虑。一是在美国从独立到第一次世界大战前100多年间，欧洲列强长期沉湎于竞争欧洲和世界霸权、抢夺全球殖民地的斗争，因而纠纷不断，战争连绵。[②] 而美国的军事实力和经济实力与欧洲国家悬殊，因此美国面临的首要任务是远离错综复杂的欧洲纷争，以便集中精力发展，从而巩固和壮大自身。而仲裁方法在某种程度上有利于避免将矛盾激化为战争。因此，出于保存国家实力的需要，美国选择尽量避免战争，以减少对国家的耗损。二是美国独立战争期间，出于在北美殖民地建构自己的国族认同的需要，欧洲尤其是英国成为重要的"他者"，[③] 这种负面的欧洲形象被概括为：宗教和道

---

① 参见〔德〕巴多·法斯本德、〔德〕安妮·彼得斯主编《牛津国际法史手册》(上)，李明倩、刘俊等译，生活·读书·新知三联书店2020年版，第157页。
② 马振岗:《孤立主义与美国的政策取向》，《人民论坛·学术前沿》2017年第16期，第32~38页。
③ 王立新:《在龙的映衬下:对中国的想象与美国国家身份的建构》，《中国社会科学》2008年第3期，第156~173页。

德的堕落、世俗政治的暴政和解决争端的野蛮方式。① 因此，在美国人看来，"旧世界"欧洲是衰亡和腐朽的代名词，而北美大陆则是上帝的恩赐，拥有纯洁与美德。对欧洲的普遍印象深刻影响着美国人对自身的认知以及对美国国际角色的思考，进而又影响了美国对欧洲的政策和处理双方关系的原则，推动了"孤立主义"外交策略的形成，以避免与其他国家产生纠纷。这些原因促使美国在与其他国家产生争端时，倾向于首先采用和平的解决方法。

美国在对利用国际仲裁解决自身国际争端信心高涨的同时，也注重推动国际争端和平解决思想的国际化，美国和平主义运动就是其中一股重要的推动力量。以"纽约和平协会"为开端，美国出现了许多反对战争、追求和平的和平主义团体。随着和平主义的内涵不断丰富，和平主义运动的群众基础越来越广泛，他们加强了与其他国家和平主义团体的联合，召开国际和平主义会议，发展国际联合行动。虽然第一次世界大战的爆发沉重打击了和平主义运动，但美国和平主义者继续创立了各种类型的和平主义团体，并在一战结束后的20世纪20年代，将和平主义思潮渗透成为美国民众的普遍愿望，出现了和平主义的高潮时期。各和平主义团体纷纷提出通过建立联盟体系、召开裁军会议、缔结和平条约、进行和平教育等途径来防止战争的和平计划。在和平主义思潮的推动下，美国还成立了美国国际法协会，使国际法在解决国际争端方面发挥作用，促进了国际法的发展。美国总统威尔逊也是一位和平主义的拥护者，其"十四点计划"充分体现了他主张以和平方式解决国际争端的态度，以及建立一个国际联盟来协调国际关系的愿望。倡导通过国际仲裁方式以及法律方式和平解决争端既是对世界和平主义大潮的迎合，也是当时美国追求政治强国地位和建立其国际话语体系的重要途径。

然而，和平主义理念的发展遭受挫折，美国国内反对加入国际联盟的声音此起彼伏。很多人把美国未能加入国联看作其对18~19世纪孤立主义的回归，意在摆脱同欧洲的政治纠葛；但实际上，在贯彻和平主义外交政策的同时，伴随着美国综合国力的飞速发展，在追求经济利益、扩张殖民地势力范围以及履行"上帝选民"之使命等多方面因素的推动下，当时的

---

① 姚念达：《远离"旧世界"：美国精英对欧洲的"他者"想象与孤立主义外交的起源》，《史学集刊》2019年第4期，第119~128页。

美国并无意图沿袭之前的孤立主义，《华盛顿条约》的签订已使美国参与国际秩序构建的野心昭然若揭，美国已然走向国际舞台。其实，美国不加入国联，与其战前政策具备连续性有关，美国一贯坚持传统的行动自由，而不应受其缔结任何条约的限制。20 世纪 20 年代的孤立主义简单地说就是民族主义、行动主义，也有点理想主义。① 这才是美国不加入国联的本质原因，也与美国后来对待国际法院的态度一脉相承。在孤立主义和民族主义的作用下，美国不断强调国家主权而逐渐远离国际法院的法律解决方法。在"尼加拉瓜案"之后，很多美国人对国际法院已经出现失望情绪，认为它已经开始失去作用，国际法院更加忙于处理小国的诉讼，成为小国争取国家权利的场所。然而，美国也从未放弃利用软实力对国际法院施加影响，尽管美国因"尼加拉瓜案"放弃了国际法院对其强制管辖权，但不久之后，美国根据一项条约规定将其与意大利的争端提交国际法院，② 这被普遍认为是美国故意用来证明它并未完全脱离国际法院的做法。总体而言，美国的国际争端解决理念有两种：一种是和平主义理念，另一种是激进的民族主义和帝国主义理念。在前者的影响下，美国表现为使用仲裁及法律方法和平解决国际争端，而后者则主要表现为干涉主义，在干涉的同时，美国奉行孤立主义、主权主义与和平主义相结合的政策，即美国在保持美洲纯洁性，避免遭受外来威胁和影响的同时，仍然追求其主导的国际规范、国际准则和国际体系。③

第二节 美国外交解决国际争端的武力问题

美国的国际争端解决实践在不同阶段呈现不同的特点，却又有着一以贯之的连续性和独特性。在政治和外交领域，美国关于国际争端解决最突出的方面就是对武力问题的理念和实践。在国际社会，武力的使用曾经在历史上具有合法性，但随着文明的演进和法律的进步，各国强调国家主权平等以

---

① 〔美〕卡尔·戴格勒：《一个民族的足迹》，王尚胜等译，辽宁大学出版社 1991 年版，第 537 页。
② See Elettronica Sicula S. P. A. （ELSI），Judgment，I. C. J. Reeorts 1989.
③ 〔法〕夏尔-菲利普·戴维、路易·巴尔塔扎、于斯丹·瓦伊斯：《美国对外政策：基础、主体与形成》，钟震宇译，社会科学文献出版社 2011 年版，第 37～38 页。

及和平解决国际争端，武力已经逐渐被关进了国际法的"牢笼"，国际社会对其使用都是慎之又慎。在此情况下，美国却依然能够利用国际法的漏洞和原始性，包装和伪饰其武力行为，以满足自身的价值和利益追求。美国的武力使用理论和实践需引起国际社会的警惕，值得从国际法实践的角度予以研究。

一　武力使用的国际合法性

关于武力的定义，国际社会没有统一的认识。《奥本海国际法》认为，武力攻击既包括一国正规部队跨越国际边界的直接攻击，也包括一国派遣或代表该国派遣武装团队或雇佣兵到另一国的间接攻击，但是不包括对反对派提供武器或后勤、财政或其他支持的援助行为。[①] 与武力最相近的概念是战争，但它和武力既有联系又有区别。[②] 在原始自然法占主导地位的古代和近代社会，使用武力被认为是国家的天然权利，因而人类的历史在一定程度上就是一部战争史。在经历了两次世界大战之后，人类终于觉醒并决定对武力的使用做出限制。现代国际社会中最重要的关于武力使用的国际法规定就是《联合国宪章》。《联合国宪章》在第2条的原则中阐明："各会员国在其国际关系上不得使用武力或进行武力威胁，或以与联合国宗旨不符之任何其他方法，侵害任何会员国或国家之领土完整或政治独立。"这就将国际法对战争或武力的规定上升为"一般性禁止武力使用"，[③] 甚至包括武力威胁之禁止，后来这一原则在各

---

① 〔英〕詹宁斯等修订《奥本海国际法》（第一卷第一分册），王铁崖等译，中国大百科全书出版社1995年版，第308页。
② 关于战争的定义尚无定论，格劳秀斯最早在《战争与和平法》中提出了战争的定义，即"战争是人与人用武力解决他们纷争的情状"；奥本海对战争的定义是两个或两个以上国家以军队之斗争相互征服，以成为战胜者而提出令其满意之和平条件的对立状态；后世的国际法学家普遍认同战争是一种状态，而非一种行为，美国法学家摩尔氏（John Bassett Moore）指明战争并非指单纯的武力使用，而是一种法律情形的存在，参加者可以用武力争取权利。两国宣战即战争存在，虽然可能并未使用武力；反之，一国对他国使用武力，但也可能不构成战争状态。因而，战争分为事实上的战争和法律上的战争，其中事实上的战争包括武力使用的各种情形，如复仇、武力干涉、平时封锁等。因此，战争的概念涵盖武力。参见何勤华、李秀清《民国法学论文精萃》（第6卷）（国际法律篇），法律出版社2004年版，第328~329页。
③ 〔德〕沃尔夫刚·格拉夫·魏智通：《国际法》，吴越、毛晓飞译，法律出版社2002年版，第793~795页。

国实践中发展成为国际法最重要的原则之一。诚然，现阶段尚不成熟的国际法不可能完全制止所有的武力使用，因此《联合国宪章》对几种可以使用武力的例外情况也做出了规定，赋予了此部分领域武力使用的相对合法性。① 这表明联合国安理会拥有在特定情形下使用武力来维护世界和平的权力。

　　武力使用合法性的理论观点由来已久，其最初来源是正义战争思想。正义战争思想始于基督教世界，虽然基督教教义禁止杀戮，但奥古斯丁认为，在"地上之城"的人类先天就是罪孽深重的，因此在世俗世界中允许以杀戮来惩罚侵略者的罪孽，以实现"正义的和平"，因此防御性的战争都是正义的。② 后来，中世纪经院哲学家阿奎那对此进行了继承，提出正义和最高境界的善就是维护基督教国家的统一、和平、安全与福利，正义可分为"自然正义"和"实在正义"，因而正义战争有三大特征：非私人争斗，是由主权权威发动和执行的战争；具有惩罚性，有充分而正当的理由来惩罚敌方的过错；具有正当意图，如出于惩恶扬善的和平愿望。正义战争思想后来经过其他法学家的发展，初步具备了基本的理论框架：战争造成的伤亡和罪恶不应超过必要的限度，必须首先穷尽其他和平手段，且正义战争有成功的可能性。③ 随后，人文主义时期的格劳秀斯对此进行了进一步的发展，提出正义战争以不伤害无辜的非战斗人员为限，而且其目的只能是对所造成的伤害进行自卫或惩罚。现代正义战争学说由此理论演化而来，并经过了两次世界大战的实践发展。现代正义战争理论在继承了正义理由、合法当局、将战争作为最后手段、人道主义目标实现后须立即撤离武装力量等原则之外，还强调战争中的行为问题，将战斗人员和非战斗人员进行区分，确立了需尽可能使非战斗人员免遭伤害等原则。在实践中，现代正义战争思想被纳入 1949 年日内瓦四公约和

---

① 根据《联合国宪章》第 51 条的规定，国家在受到武力攻击且尚未受到联合国安理会的行动帮助之前，是可以行使单独或集体自卫权从而使用武力的；第 42 条规定，安理会在面对和平之威胁所采取的强制措施效果不足时，可采取必要的空海陆军行动；此外，依据国际法上的民族自决权原则，争取民族独立可以诉诸武力。
② 〔美〕查尔斯·W. 凯格利：《世界政治：走向新秩序?》，夏维勇、阮淑俊译，世界图书出版公司 2010 年版，第 420 页。
③ 刘波：《秩序与正义之间：国际社会人道主义干预问题研究》，中国社会出版社 2011 版，第 119 页。

1977 年的两个附加议定书。① 由此可见，因为战争往往涉及武力的使用，其运用的伦理道德和法律原理从中世纪便已引起了人们的注意，并在无数次战争的实践中不断演进成具有较完整理论体系的国际争端解决方式。在此过程中，人类主体性觉醒和对人道主义的关怀是推动武力使用理论发展的动力。

现代正义战争思想在一般意义上获得了国际社会的普遍认可，但随着新战争技术的进步和新国际形势的发展，越来越多新形式的武力使用对人类社会提出了更多的合法性挑战，尤其是人道主义干涉的合法性问题。干涉分为合法干涉和非法干涉，前者是指经过联合国安理会授权或组织的、在国际法框架范围内的干预行为，后者是指未经联合国批准或授权的、违反国际法的干预行为，但本质上它们都是一种妨碍、破坏、反对和取消国家行使主权的行为。② 因而，干涉是与威斯特伐利亚体系所建构的国家主权原则相冲突的一种行为，即便具备合法性，也在法理上与相关历史原则产生冲突和矛盾。中西方学者对人道主义干涉的看法存在很大分歧。中方学者认为，人道主义干涉是指出于人道主义理由对他国事务进行的干预，特指国际机构或国际力量通过军事行动强制性在某一地区或国家内部建立秩序，或强迫国内冲突中的一方接受国际性安排，但与一般干涉不同的是，它强调对人的尊严和价值的保护。③ 西方学者往往在其中渗透现实主义国际关系思想，将其看作实现国家政治利益的一种方式。马丁·怀特认为干涉是维持国际社会正常秩序的一种重要途径。他指出，由于国际关系存在着不确定和不稳定，国际社会成员在道德水平上的发展长期存在不平衡，因此适当的干涉是必要的，可以维持均势、保护人权、维护国际社会的稳定和统一，其中维持均势是比维护文明或道德标准、保持现有不良统治更好的干涉理由；国际干涉往往反映出"强国修正弱国"的事实，大国往往出于自身利益需要去干涉别国，因此干涉只能是作为有条件的例外而

---

① 〔美〕卡伦·明斯特、伊万·阿雷奎恩－托夫特：《国际关系精要》（第5版），潘忠岐译，上海人民出版社2012年版，第271~272页。
② 贺鉴：《霸权、人权与主权：国际人权保护与国际干预研究》，湘潭大学出版社2010年版，第211页。
③ 刘长敏：《多重视角下的当代国际关系经典案例分析》，中国政法大学出版社2013年版，第210页。

不是通则。① 怀特的现实主义理论中显示出干涉的强权政治本色，在国际秩序和国际正义之间，现实主义优先考虑的是秩序，其次是道德标准，而最后才是出于人道而推翻某种不良统治，实则颠倒了人道主义干涉的本来目的。

二 美国宪法中的战争权及其外交实践

虽然武力和战争的使用在国际法中已经逐渐形成了明确的适用规则和有限的例外情形，但关于武力和战争的规定在美国国内法中自成体系，并在其霸权主义的发展过程中逐渐扩散到国际社会，使得美国的武力和战争实践成为影响目前国际关系发展的不稳定因素。根据其历史发展特点，美国的武力使用实践可以分为两个阶段：在美国获得全球霸权之前，其武力使用以扩张和干涉为主；在全球霸主的地位稳固之后，其武力使用以维持世界秩序和推行美国民主为主，包括人道主义干涉和武力反恐等方面。

（一）美国宪法中的战争权

依照贯穿美国宪法始终的权力制衡和权力分立理念，美国的战争权被同时赋予国会和总统。美国宪法第 1 条第 8 款规定了国会的战争权，包括宣战，募集和维持陆军，配备和保持海军，制定召集民兵的条例以镇压叛乱和击退侵略，规定民兵的组织、装备和训练的管理办法等。同时，美国宪法第 2 条第 2 款也规定了总统的战争权，即"总统为合众国陆海军的总司令，并在各州民团奉召为合众国执行任务时担任统帅"。从宪法的原始意图来看，制宪者们的权力安排没有逻辑冲突，因为国会和总统在行使战争权时具有时间上的先后次序性，即国会宣布战争开始，而总统负责统领军队实施战争，亦即国会拥有战争的决策权，而行政部门仅拥有战争的执行权。这种制度设计的基本原理在于两个方面。一方面在于国会是代表选民利益的联邦政府部门，其议员直接由选民选举所产生，是最体现民主的机构。因战争问题对内是涉及一国国民生死利益的重要事项，制宪者们认为国会的民主制度将有利于其做出更加谨慎的决议和选择。另一方面，行

---

① 周桂银、党新凯：《权力政治、国家体系和国际关系思想传统——马丁·怀特的国际关系思想》，《欧洲研究》2005 年第 1 期，第 76~88 + 7 页。

政部门是一个在本质上更加对外、更倾向于通过战争来显示国际地位的部门，因而早期的联邦党人认为，行政部门乐于在战争期间组建军事力量，开启公共财政金库，以及增加各部门的荣耀和薪金。① 然而，上述法律原理并未在法条中予以明确规定，在现实中，只要没有明确规定的法律，在实施中总是难免会引起不同部门的解释偏差和权力争夺。关于总统是否有权指挥军队前往那些他认为即将受到攻击的地方，以及总统在何种条件下才能率领部队投入战斗等问题，都成了二者争执的内容。此外，宪法中还有一项规定从侧面纵容了行政部门的战争权：制宪者们在设法防止总统随意发动战争的同时，又不想剥夺总统对突然袭击做出反应的权力，因而最后将宪法草案赋予国会的"发动"（make）战争的权力改为"宣布"（declare）战争的权力。②

在战争权分配失衡的情况下，国会与总统之间出现了一些相互掣肘的现象。国会拥有批准战争的权力，而总统享有处理外交关系和战争的权力，并且具有对突然袭击做出反应的天然正当性，总统可凭借自己的外交权造成既成事实，将国会架空，使国会的战争批准权形同虚设；而国会则可凭借自己的战争批准权，阻挠总统行使外交权。③ 因为自身权力的膨胀和外部好战势力的推动，行政部门越过国会的宣战权发动了多次战争。在美国建国以来发生的数百次海外军事或战争行动中，国会只正式行使过5次宣战权，这表明国会的战争权受到了总统的严重挤压。面对此种形势，国会不愿善罢甘休，终于不堪战争所累，在时任总统尼克松行使了否决权的情况下仍于1973年通过了《战争权力法》，以对总统的战争权力进行制约。《战争权力法》规定，总统决定向外国派遣军队前必须得到国会授权，并在出兵前48小时内通知国会；限制了在国会未宣战情况下发起战争的条件，即必须是当美国受到攻击或者受到严重威胁时才能投入战争；规定了未经国会授权的战争行动最长期限为60日，除非国会特别授权总统继续承

---

① 刘永涛：《美国国会、奥巴马总统和"战争权"之争——以美国军事干预利比亚为例》，《美国问题研究》2012年第1期，第16~28页。
② 杨健：《从越南战争看美国国会与总统间的战争权之争》，《美国研究》1992年第4期，第7~29+3页。
③ 杨健：《从越南战争看美国国会与总统间的战争权之争》，《美国研究》1992年第4期，第7~29+3页。

担义务，否则须在 60 日之内停止军事行动、90 日之内撤军；另外，国会有权结束总统所承诺的行动，且无须总统签字批准。国会还有一项重要的权力，即其掌握着国家的财政大权，国会可以利用其预算审议权来控制对战争的拨款，以达到制止总统武力行动的目标。从法理上分析，《战争权力法》在一定程度上保留了总统的自主权，因其规定了总统在国会未宣战情况下仍有权发动战争的条件，故而未能彻底抑制美国总统使用武力的权力。但是，该法案的作用主要在于两个方面：其一，它促进了国会与总统之间就发动战争或使用武力的时机和必要性进行充分审议，以及对武力使用采取更加谨慎的态度，对内可获得国民对武力使用的支持率，减少国内在军事冲突问题上的阻力；其二，通过国会和行政部门对使用武力问题的审慎研判，对外可使美国更好地担负起国际义务，在引起国际冲突时更好地承担国际责任。

然而，美国历届总统都对《战争权力法》提出了指责，并采取了各种手段以规避其限制。虽然《战争权力法》中规定了在未经国会授权的情况下，总统须在 60 日内停止军事行动，并在随后的 30 日内撤军，但随着高科技在军事装备领域的发展，美国行政部门越来越拥有了在 60 日内结束战争的能力，这便有效地绕过了《战争权力法》中向国会报告或征得国会授权的规定。美国利用新自由主义所塑造的经济全球化使其拥有了堪比光速的资本流动系统，而为了与之相匹配，美国行政部门对军事力量的发展不断提出新要求，以至于建立了一种能够在 28 分钟内打遍全球的"全球快速打击系统"。[1]在该法出台之后的历史实践中，总统肆无忌惮的武力使用也印证了法案的低效。1975 年福特总统派兵袭击柬埔寨以营救被扣留的美国船只、1980 年卡特总统派兵突袭伊朗以解救被扣押的美国人质、1983 年里根总统下令入侵格林纳达、1989 年老布什总统派兵攻打巴拿马、1992 年克林顿总统出兵索马里、2011 年奥巴马总统派兵入侵利比亚等武力使用，均未事先告知或征得国会批准。[2]

实际上，国会和总统并非利益完全对立的双方，美国武力使用的国内因素往往使两者最终站在同一条战线上。在这些因素中，除了行政部门本质上的对外性使其倾向于采取武力，战争经济学角度的分析也十分具有现

---

[1] 文义明：《贪婪的华尔街》，中国铁道出版社 2013 年版，第 57 页。
[2] 张进德等：《现代公法的变革》（上卷），商务印书馆 2017 年版，第 147~148 页。

实意义。"美国是世界上国民经济军事化最为彻底的国家,以至于西方有学者将美国经济称为'永远的战争经济',将美国式的资本主义称为'五角大楼资本主义'。"① 因此,并非战争需要美国,而是美国需要战争,其国内的军工需求不断创造发动战争的条件和寻找战争的借口,为此,国会中代表军工集团利益的议员将推动国会和行政部门在使用武力方面形成默契。

(二) 美国的武力干涉

美国外交的干涉主义传统由来已久。从1823年的门罗主义起,美国就开始了独霸美洲和干涉美洲事务的历程,随着扩张主义、殖民主义和新自由主义的发展,美国的干涉主义行径逐渐遍布全球。美国干涉主义的行为方式通常是一套逐渐升级的"组合拳",包括在语言上发表干涉言论,在舆论上进行煽动,在政治上干涉别国通过决议和法案,在经济上实行制裁,在军事上派遣顾问或支持反对派甚至直接军事入侵等。② 例如,以美国为首的北大西洋公约组织在未经联合国安理会授权的情况下,以"制止大规模种族灭绝"为理由对科索沃进行了军事干涉。③ 在此过程中,为推动南联盟民族分离主义运动,以美国为首的西方国家进行了一系列干涉活动,从舆论媒体的宣扬辩护,到各种政治支持、经济援助,再到派遣军事顾问和教官,乃至公然提供北约库存武器,几乎无所不用其极。④ 美国的武力干涉在不同时期的侧重点不同,一般以冷战为界:冷战之前,美国的武力干涉以获取实际利益为目标;冷战之后,由于其头号敌人消失,美国的武力干涉更多是以在文化上征服世界为主,以价值观的普及作为最主要目标,以软实力控制国际关系,这便是冷战后新干涉主义出

---

① 王宏伟:《经济全球化视角下的公共危机与战争》,中国戏剧出版社2006年版,第245页。
② 贺鉴:《霸权、人权与主权:国际人权保护与国际干预研究》,湘潭大学出版社2010年版,第212页。
③ 科索沃原属南斯拉夫,但在20世纪80年代以后,科索沃当地民族矛盾日趋尖锐,并最终于1999年爆发了科索沃战争。1999年3月,以美国为首的北约打着人道主义的旗号,绕过联合国安理会对南斯拉夫联盟进行了连续78天的轰炸。1999年6月科索沃战争结束后,联合国安理会才通过第1244号决议。决议重申南联盟对科索沃地区拥有主权,但给予科索沃"实质性自治"。联合国特派团对科索沃进行管理,北约领导的国际维和部队提供安全保障。
④ 余建华、姚勤华:《科索沃危机与美国及北约的新干涉主义》,《社会科学》1999年第8期,第15~19页。

现的原因。在美国推行其价值观的道路上，人道主义干涉是其最惯用的理由。

对美国的武力干涉进行评析，可以1999年美国主导北约对科索沃的军事干涉为例，在国际法的基本范畴内进行解读。第一，从主体来看，可评判武力干涉的主体是否具有合法性。根据国际法的规定，只有联合国授权或直接组织之下的国家或国家集体才能够拥有武力干涉的权利，只有这种情况才符合国家所承担的保护责任。但是，美国主导北约对科索沃进行军事干涉并没有获得联合国的授权，而是直接诉诸区域组织，这便是干涉主体不具有合法性的表现。第二，从客体来看，武力干涉的客体，即所干涉的行为是否属于合法干涉的范围。只有当一国的人权正在经历严重践踏，且已经穷尽了国内渠道无法解决时，其干预才具有合法性。科索沃问题在本质上属于涉及民族矛盾和自治地方分裂政权的国家内政，是塞尔维亚共和国政府对其内部分裂活动进行打击的军事活动，并不存在本国难以解决的严重践踏人权而应由以美国为首的北约进行干预的情形。第三，从本体来看，武力干涉的行为本身是否符合合法干涉的允许限度。武力干涉必须在制止对人权的侵害之后立即停止，且不得对非战斗人员造成伤害。在北约对南联盟军事干涉之前，其对外宣称的理由是为了消除人道主义灾难，然而在长达78天的空袭中，北约不加区分地袭击了政府部门、工厂企业、交通设施乃至商店医院、学校等场所的非战斗人员，丧生的无辜平民超出1000人，80多万难民背井离乡，造成战后欧洲一股最大规模的难民潮，[①]这明显属于违反了人道主义的武力攻击行动。综上，1999年美国策划并组织的科索沃军事干涉行动不属于合法干涉的范围，而美国进行的其他武力干涉往往与此类似。

值得注意的是，在二战之后尤其是冷战后，美国在实际上动用武力的频率有所下降，原因主要包括冷战结束后美国成为唯一的超级国家，其软性威慑力已经代替了武力使用的必要性，世界多极化发展尤其是核武器的出现，使美国也清楚地意识到了自己的能力边界，降低了武力使用的冲动性。此外，是以中央情报局为首的秘密行动部门成为美国重要的国家安全

[①] 余建华、姚勤华：《科索沃危机与美国及北约的新干涉主义》，《社会科学》1999年第8期，第15~19页。

支柱，美国的武力行为已由之前公开的军事行动变成了更加隐蔽的代理人战争、秘密行动等。[①] 因此，由于美国的干涉行为已经具有了复合性和迷惑性，解读美国的干涉行为需要更加深入和谨慎的分析。

（三）美国的武力反恐

恐怖主义行动是人类社会由来已久的现象，早在古罗马和古希腊时期，历史学家就有过相关记载。"恐怖主义"术语最早出现在 18 世纪法国大革命时期，而国际恐怖主义开始产生影响是在第二次世界大战之后。[②] 随着单向度全球化的发展，国际经济、政治、文化等要素的不平衡性急剧增长，从 20 世纪 70 年代初开始，国际恐怖主义开始成为国际社会新的不稳定因素。

联合国号召各国致力于国家间的合作以打击国际恐怖主义，也通过了一些打击空中劫持、防止恐怖主义爆炸等的国际公约，但在半个世纪后的今天，国际恐怖主义事件仍不断出现，并且国际上迄今并未对国际恐怖主义的定义达成共识。[③] 在联合国框架内，已通过了 13 项针对具体领域或特定恐怖主义犯罪的专门性公约，但 2000 年提出的《关于国际恐怖主义的全面公约草案》这一综合性反恐公约至今仍未获通过，谈判的最大障碍除了关于民族解放运动的分歧，[④] 其本质原因是国际恐怖主义的政治性导致国际社会难以对其达成一个普遍同意的定义。发展中国家与以美国为首的发达国家之间存在严重分歧，美国认为恐怖主义不能只限于非政府的集团，有些国家也在支持、资助或纵容恐怖主义，因此从事此类行为的国家也应该承担国际责任；而诸多发展中国家则强调，在界定恐怖主义时应将其与在殖民和外国统治、占领下的人民为民族自决进行的合法斗争区别开来。这便提高了分析美国武力反恐合法性的难度。然而，关于国际恐怖主义定义不统一的问题并不影响国际反恐的实践，因为关于国际恐怖主义的要素基本达成了共识，即其包含跨国性、暴力性、政治性、恐怖工具性和受害者无辜性，这五种要素是鉴别国际恐怖主义行为与其他行为所必需

---

① 王玮:《美国对外使用武力的历史考察》,《世界经济与政治》2016 年第 6 期,第 65 页。
② 方柏华等:《当代世界政治与经济》,杭州出版社 2007 年版,第 316 页。
③ 白桂梅:《从国际法角度看国际恐怖主义的界定问题》,《现代国际关系》2002 年第 10 期,第 28～34 页。
④ 黄瑶:《国际反恐法中的民族解放运动问题——以〈关于国际恐怖主义的全面公约草案〉为视角》,《中山大学学报》（社会科学版）2008 年第 5 期,第 172～181 + 215～216 页。

的，其中后三种要素是关键性的。①

美军的武力反恐是美国冷战后期基于第 138 号国家安全指引而形成的概念，其国防政策中先发制人的战略也是基于此政策形成的。② "9·11"事件③发生之后，美国做出一系列应对措施。第一，在法制体系建设方面，美国对内出台了《国土安全法》，以保障国内军事武装对恐怖主义的打击力量；对外在国际反恐领域，同 90 多个国家签订了《驻军地位协定》，以一种国际条约的形式就一国部队及其有关人员的范围、司法管辖权等事项做出了规定，是保障国际反恐军事合作的重要法律基础，也为美军执行海外反恐军事任务奠定了法律基础。④ 第二，在国防战略方面，美国逐渐形成了"先发制人"的军事战略，美国的防务政策由预防向进攻转变。这种战略的运用不仅提高了军事行动的冲动性，存在武力滥用的风险，而且扩大了武力使用的可能性，因其将打击国际恐怖主义势力与打击对美国"不友好的国家"、"无赖国家"、"流氓国家"和"邪恶轴心"国家混为一谈，⑤ 将法律与政治混为一谈。第三，在国际法实践方面，"9·11"事件发生之后，全美各地军队均进入最高戒备状态，作为对本次恐怖主义袭击的报复，美国于 2001 年 10 月 7 日发动了反恐战争，对阿富汗发动军事进攻，以消灭藏匿"基地"组织恐怖分子的塔利班政权，拉开了美国全球反恐战争的序幕。2003 年，美英联军同样以反恐和寻找大规模杀伤性武器为名入侵伊拉克，但与战争初期饱受国际同情和支持的阿富汗战争不同，这场战争从初始就引起了国际社会的不满，因其在更大程度上是一场以先发制人理念为指导的武力使用。在此之后，美国以反恐名义顺理成章地进军了中东、中亚和非洲地区，在武力反恐的同时顺势推翻不符合自身利益的

---

① 白桂梅：《从国际法角度看国际恐怖主义的界定问题》，《现代国际关系》2002 年第 10 期，第 28~34 页。
② 北京市法学会国际法学研究会编《国际法学论丛》，知识产权出版社 2017 年版，第 134 页。
③ 2001 年 9 月 11 日，四架美国民航客机遭到恐怖分子劫持，其中两架撞塌纽约世贸中心"双子大厦"，一架撞毁华盛顿五角大楼一角，一架在宾夕法尼亚州坠毁，袭击导致了约 3000 名平民死亡，是美国历史上本土受到的最为严重的恐怖袭击行动，对美国的发展产生了深远影响。
④ 张鹏：《美国反恐战争中的法律运用及启示》，《西安政治学院学报》2016 年第 6 期，第 91~95 页。
⑤ 法苑精萃编辑委员会编《中国国际法学精萃》，高等教育出版社 2004 年版，第 135 页。

第五章　国际争端解决与美国的外交实践

反美政权，加强对全球的政治控制。① 美国掀起的反恐战争取得了一定的成果，但更大程度上对当地民众造成了生命健康威胁，对当地经济、政治等带来了巨大影响，并且极大地改变了地缘政治格局，加强了美国作为"国际警察"控制全球的权力。

由于对国际恐怖主义和武力定义存在争议，美国武力反恐实践难以界定。国际法上合法的武力使用主要存在两种情况，即自卫和联合国安理会授权。美国武力反恐的主要依据是自卫权的运用。考察美国在面对恐怖主义袭击之时如何使用武力维护自卫权的情况，即可对美国武力反恐的合法性做出大致判断。《联合国宪章》规定的武力自卫行动必须符合四个前提条件：一是应确认武力攻击的存在；二是应在安理会采取措施之前；三是自卫必须符合时机必要性和程度相称性；② 四是实施自卫的国家或集团必须立即向安理会报告。③ 此处以美国发动的最大的两次反恐战争，即阿富汗战争和伊拉克战争为主要分析对象。首先，关于确认武力攻击的存在。美国发动阿富汗战争是针对"9·11"事件的反击，因此确实存在恐怖主义对美国的武力攻击事实。但是，美国攻击的对象是否在法理上具备关联性尚未可知，"9·11"恐怖袭击的实施者已确认为"基地"组织，但美国将责任归咎于支持与窝藏"基地"组织的阿富汗塔利班政权，此则缺乏明确证据。而美国发动的伊拉克战争更是完全发生于武力攻击存在之前，美国仅以伊拉克可能存在大规模杀伤性武器为由发起先发制人的战争，不符合本项条件的要求。其次，自卫应该在安理会采取措施之前，安理会采取

---

① 2011年，美国及其盟友武装干涉利比亚内战，消灭了反美的卡扎菲政权；支持叙利亚反对派进行内战，削弱了反美的阿拉伯复兴社会党政权；还采取武力威胁迫使伊朗放弃核能力发展和核武器开发；2007年，美军设立了非洲司令部，并以打击向撒哈拉以南渗透的"基地"恐怖主义组织为由，向非洲大范围派遣武装部队。

② 1986年"尼加拉瓜军事和准军事行动案"的判决中，国际法院指出自卫措施必须符合相称性（proportionality）和必要性的条件。其中相称性的含义为：首先，除为防止侵略国用其他方法继续侵略行为之外，受害国不能占领侵略国领土；其次，安理会采取措施后，自卫行动则必须立即停止；最后，自卫行动在达到目的，即制止武力攻击后，应尽快停止。必要性是指消除武力攻击的和平手段已经穷尽，或缺乏此种和平手段，或此种和平手段经证明是无效的，受害国使用武力自卫才是合法的。参见余敏友等《武力打击国际恐怖主义的合法性问题》，《法学研究》2003年第6期，第129～147页。

③ 《联合国宪章》第51条规定："联合国任何会员国受武力攻击时，在安全理事会采取必要办法，以维持国际和平及安全以前，本宪章不得认为禁止行使单独或集体自卫之自然权利。会员国因行使此项自卫权而采取之办法，应立向安全理事会报告。"

了维护和平的措施之后，自卫应该停止。在"9·11"事件发生之后，安理会分别于2001年9月12日和9月29日通过了第1368号决议和第1373号决议，强调要采取一切必要措施打击恐怖主义，这种模糊表达似乎授予了美国及其盟国采用武力自卫的权利，但也有观点认为，既然安理会已经采取了措施，美国就不应再对阿富汗发动反恐战争。在伊拉克战争中，美国更是在安理会未通过决议的情况下，擅自联合自己的盟国发动了武力入侵。再次，自卫必须符合时机必要性和程度相称性。在国际习惯上，尽管针对迫在眉睫的武力袭击进行预防性的自卫是被允许的，但预防性的自卫必须具备必要性和相称性。在伊拉克战争发生之前，美国并未穷尽其他和平手段，明显不符合必要性条件；在反恐的同时，美国干涉他国内政问题，也显然不符合相称性原则。综合来看，美国武力反恐的合法性在第一项和第二项条件上存在的争议最大，其武力反恐在程序法和实体法方面均存在一定的不合法性。

面对武力反恐的各种质疑，国际法相关法律原则面临着时代变革的需要。关于自卫权的一些原理在各方的争论中不断发展。对于《联合国宪章》第51条中对国家自卫权的规定，理论界存在限制性解释和扩充性解释两种观点。其中后者认为自卫权不排除在严格限制之内的预先防卫的权利。预先防卫的概念在美英"卡洛林号"事件中由美国首次提出，之后在诸多战争中得以援引，从国际社会的反应来看，虽然诉诸战争解决国际争端的方式依然遭到反对，但各国、国际组织和国际司法机构对预先自卫的辩解却基本保持暧昧态度。[1] 这在很大程度上是因为随着科学技术的发展，21世纪的国际恐怖主义呈现不断升级的趋势，相比传统的恐怖主义而言，恐怖主义的手段具有更强的破坏性，恐怖主义袭击造成的损害在一定程度上相当于一场战争或武装冲突，因而，它已经成为造成国际社会安全威胁的主要力量，对每个国家均构成潜在的安全威胁。虽然现有的国际法理论和规则并不支持使用武力反对恐怖主义，但也并不完全排除一国使用武力措施反击恐怖主义的合理性，毕竟恐怖主义活动以平民、非战斗人员和设施为目标，并以极端的暴力行为为手段，这种行为首先就侵犯了现代社会

---

[1] 陈金钊、谢晖：《法律方法》（第10卷），山东人民出版社2010年版，第220页。

最珍视的人权。其次,大规模杀伤性武器的使用又使这种对人权的侵害有可能演变成一种大规模的伤害,构成对相关国家的安全和人类和平的巨大威胁,因而在"9·11"事件发生之后,国际社会允许在特定条件下使用武力应对恐怖主义的意愿有所提升。① 但是,美国的先发制人自卫行动与预先自卫也存在区别。预先自卫指的是在敌方攻击濒于发生的边缘做出回应,或敌方攻击已经发生而受害方知道还有筹划中的更大攻击;而先发制人自卫是指一方用武力消灭对方未来可能发生的攻击,甚至在缺乏理由和事先攻击并未发生的情况下。因此,即便是未来国际法中自卫权存在扩大化发展趋势,辨明美国武力反恐的自卫到底是以先发制人为由发起的还是出于预先自卫发起的,仍是判断其武力反恐合法性的法律基础。

第三节 美国外交解决国际争端的贸易问题

在经济领域,美国有关国际争端解决的国际法实践主要集中于国际贸易方面。从国际贸易问题的相关国际法入手,梳理国际贸易法的概念特点、发展历史和法律渊源,可以概括包括美国在内的各国国际贸易法实践的法律背景。由于发展的局限,国际贸易法的渊源表现出双重性,除了国际法渊源之外,还有很大一部分国内法渊源。这便为美国以其国内贸易法调整国际贸易争端提供了法律基础。因此,重点分析美国国际贸易争端解决的国内法律规定,可以理解美国独特的国际贸易法实践的法理基础。结合美国国际贸易法相关的实践案例,归纳和总结其实践特点,并对其合法性进行评判,有利于理解美国解决国际争端的历史传统和外交政策。

一 国际贸易法的基本原理

国际贸易法的历史与国际贸易的历史一样悠久,其发展经历了一个漫长的演变过程。国际贸易法的概念,包括其特点和分类,是理解国际贸易法的理论起点,而了解其发展过程,是预测其未来趋势的有效参考。以此为背景,分析国际贸易法的渊源,是掌握其实体法内容的重要途径。由此

---

① 余敏友等:《武力打击国际恐怖主义的合法性问题》,《法学研究》2003 年第 6 期,第 129~147 页。

描绘出的国际贸易法的基本原理,是认识美国国际贸易争端解决的合法性基础。

(一) 国际贸易法的概念与历史

国际贸易法是调整跨国界商品和服务交易关系以及附属于此交易关系的其他关系,即国际商品货物运输、保险、支付与结算、调解与仲裁等关系的法律规范的总和,属国际民事关系范畴。[①] 按照国际法的基本范畴,理解国际贸易法的概念可以从主体、客体、本体等方面来着手。第一,国际贸易法的主体既包括国家和国际组织等公共关系主体,也包括不同国家的企业和个人等私人关系主体。这是由国际贸易在漫长历史发展过程中所延续的以私人关系为主、公共关系多元化主体并行发展的特点所决定的,在商品经济发达和经济全球化的今天,跨越国界的贸易主体多元化更加具有其历史必然性。第二,国际贸易法的客体,即其所调整的贸易关系,也由于主体的多元化既包括对外贸易活动中国家和企业或个人之间的纵向管理关系,也包括不同国家和国际组织之间、营业地处于不同国家的企业或个人之间的横向交易关系。[②] 这两种关系揭示了国际贸易法所调整的两种不同关系,前者是国际贸易规制关系,指一方或多方为政府或国际组织主体的国际贸易关系,包括政府与私人的关系、政府与国际组织的关系、政府与政府之间的关系;后者是国际贸易交易关系,指国际贸易交易平等主体间的国际贸易关系,根据交易内容不同,可以分为国际货物买卖关系、国际货物运输关系、国际货物运输保险关系以及国际贸易支付关系。[③] 第三,国际贸易法主体和客体的公私双重性,导致了国际贸易法的本体部分既包含公法部分,也包含私法部分,亦呈现双重特性。公法部分主要指存在于国家之间的法律,调整的是国与国之间的贸易管理关系,旨在消除国家间贸易障碍、处理国家间贸易纠纷,与国际贸易私法相比,更具有硬法性质,动态性更强、普遍性更大。[④] 而私法部分是指调整不同国家的企业

---

① 黄运武主编《经贸大辞典》,中国对外经济贸易出版社1992年版,第164页。
② 现代企业制度全书编委会编《现代企业制度全书》,企业管理出版社1994年版,第317页。
③ 龚柏华等:《"一带一路"投资的国际法》,复旦大学出版社2018年版,第84~85页。
④ 王勇民、朱鹏飞主编《现代国际贸易公法:以WTO为视角》,东南大学出版社2007年版,第5~8页。

或个人之间的贸易法律，主要以国际贸易合同形式存在。

根据不同的维度，国际贸易法的分类也存在不同的方法。以涉及国际贸易主体的性质来分，国际贸易法主要可以分为国际贸易公法和国际贸易私法。国际贸易公法主要是调整各国关于国际贸易规则的法律总和，主要包括世界贸易组织法和各国政府关于国际贸易规则的法律规则。[①] 因此，国际贸易私法属于国际贸易的交易法，关注的是交易本身和过程的法律规范，而国际贸易公法属于国际贸易的管制法，是从政府层面对交易进行管理和制约的法律规范。正是国际贸易法既包含公法成分，又包括私法成分，才使得不同性质的主体可能产生跨越权力边界的涉入，尤其是在出现国际贸易争端时，一些霸权主义国家利用政府权力和国内法律，对其他国家的私法性质贸易进行报复和制裁，影响国际贸易秩序。各领域的法律均需要遵循一定的原则，而由于国际贸易中具有平等主体地位的私人当事人之间的交易活动与以国家为主体进行的管理活动在本质上存在不同，国际贸易法也在国际贸易公法和国际贸易私法的两大领域遵循不同的法律原则。

国际贸易私法的基本原则主要衍生于各国普遍认可的民商法中关于贸易部分的基本原则，主要包括意思自治和契约自由原则、约定必须信守的诚实信用原则、公平交易原则，以及强制性规则优先和公共秩序保留原则。同样，以国际公法原则为根基，国际贸易公法的基本原则主要体现了国家间交往的主要原则，包括国家主权原则、非歧视待遇原则、贸易自由化原则、公平贸易原则，以及给予发展中国家特殊待遇原则等。这些原则是国际公法原则在国际贸易领域的演绎，体现了以尊重国家主权原则为核心和出发点的各项国际贸易原则。国际贸易私法原则和国际贸易公法原则的关系是，公法原则奠基于私法原则，公法原则的强制性高于私法原则。这是由于国际贸易私法的发展远远早于国际贸易公法，而且国际贸易公法的主体，即国家，是比照私法中个人规制之原则进行的拓展，如私法中的人人平等原则体现于国际公法即是国家主权平等原则。但公法是根据社会契约从私人权利中让渡的用以维护社会秩序运转的部分，因此其在效力和

---

① 龚柏华等：《"一带一路"投资的国际法》，复旦大学出版社2018年版，第86页。

强制力上应该高于私法。

　　国际贸易法起源于古罗马时期的商人法，在中世纪扩大为整个欧洲的国际商事法，而在资本主义时期，国家主权至上原则的大行其道令国际贸易法反而限缩为国内法。随着经济全球化的发展，各国多样化的民商事私法显然不利于国际贸易的发展，国际贸易的相关法律逐渐出现了统一趋势。国际贸易法的发展过程主要分为三个阶段。第一个阶段即早期商人法阶段，国际贸易法以商人之间的习惯法为主要表现形式，属于纯私法阶段。商人习惯法，主要是指从古罗马时期开始兴起的在各大港口和市集之间货物贸易关系中适用的万民法和中世纪的国际商人习惯法。万民法在初始阶段是罗马人制定的可以适用于外邦和其他被征服民族的、主要用于调整经济关系的法律规范。商人习惯法是扁平化、国际化、自治性的法律，其所具有的这些优点使其在中世纪时期迅速发展，奠定了早期国际贸易法的基础。第二个阶段是资本主义国内商法与国际贸易习惯法统一并存时期。18世纪末到19世纪初，完成了第二次工业革命的欧洲国家推动国际贸易取得巨大发展，已经进入市场经济的社会经济基础促进了欧洲各国民商法的诞生。然而，在民族主义的驱动下，欧洲各国对本国资产阶级的这种保护使得中世纪的商人习惯法逐渐演化为各国民商法的一部分。自此，国际贸易法便表现为国内民商法与国际私法的结合体，各国以不同的形式对此进行了整合。第三个阶段为第二次世界大战之后的国际贸易新发展阶段。经历两次世界大战之后，和平与发展成为时代的主流，重新激发的社会生产力使国际贸易的发展复苏。相较于政治、军事等领域难以达成共识而言，属于低政治领域的国际贸易合作较容易实现。为促进国际贸易以发展战后经济，这一阶段的国际贸易法呈现明显的统一化趋势。

　　在这一时期，国际社会的组织化改变了世界各国合作的方式，联合国、世界贸易组织等国际组织为国际贸易法发挥了重要的黏合作用。尤其是1966年联合国成立的国际贸易法律委员会，为逐步协调和统一国际贸易法律做出了突出贡献，以通过推动公约制定、贸易惯例及商业条款成文化的方式，推动国际贸易法在统一与协调之路上不断发展。该委员会自成立以来，已经通过了许多重要的国际贸易公约和示范法，例如《联合国海上货物贸易运输公约》（1978年）、《联合国国际货物买卖公约》（1980年）

等。国际统一私法协会、海牙国际私法会议等国际组织也通过了多项国际贸易公约。除此之外，此阶段最重要的国际贸易法推手当属《关贸总协定》（GATT）和世界贸易组织（WTO）。《关贸总协定》自 1947 年签署以来，旨在通过削减关税及消除其他贸易壁垒的方式，促进国际贸易自由化，扩大商品的生产与流通。该协定从 1948 年 1 月 1 日开始生效之后，这种全球多边贸易协定事实上发挥了国际性贸易组织的规制作用，[①]并成为世界贸易组织的前身。随着这些国际贸易组织的成立和新成员的不断加入，许多国家都按照各种国际条约的要求，修改了国内的现行贸易法或者颁布了与之适应的新贸易法，以应对国际贸易往来的统一法律需求。在经济全球化的进程中，虽然国家主权原则仍然是当今国际法的基石性原则，国际贸易法很难迅速得以统一，但部分行业的国际贸易法的统一已经势不可挡。

（二）世界贸易组织法及其争端解决机制

在国际贸易法的发展过程中，国际组织是推动国际贸易条约签署的重要主体。世界贸易组织是当今国际贸易领域最大、最权威的国际组织，因而世界贸易组织法也可以被认为是最重要的国际贸易法渊源之一。世界贸易组织法是世界贸易组织管辖下的国际条约合集，是针对各成员贸易措施的条约集合体。因其成员包括了世界上绝大部分主权国家，地域覆盖面广；又是集合了绝大部分多边条约和多边贸易协议的一揽子安排，拘束力广泛；还是以《建立世界贸易组织协定》为主体和以诸多协定（包括货物贸易协定、服务贸易总协定、贸易相关知识产权协定和争端解决谅解协议等）为附件的协定集合，体系结构明确，因而世界贸易组织法可被视为一套独立的法律体系。[②] 从世界贸易组织的结构体系可以得知，世界贸易组织法的主要内容包括货物贸易、服务贸易、知识产权保护以及争端解决机制四部分内容。以世界贸易组织法的运行过程进行划分，其可分为立法、执法和司法三部分。立法就是全体成员通过谈判制定新的国际贸易规则，执法是监督和确保所有成员对所通过规则的执行和实施，司法是对执行过

[①] 韩德培：《关贸总协定及其基本原则与规则》，《法学评论》1993 年第 3 期，第 5～11 页。
[②] 孔庆江：《国际经济法律规范的可移植性与国家经济安全的相关性研究：以 WTO 法为例》，武汉大学出版社 2016 年版，第 35～36 页。

程中出现的争端或纠纷做出裁决和提供法律救济。①

争端解决机制是世界贸易组织法律体系的重要组成部分。这一机制是由世界贸易组织解决贸易纠纷所遵循的法律文件组成的。它奠基于关贸总协定时期的相关规定,早在1947年签订的《关贸总协定》中,其第22条与第23条便做出了规定,各缔约方之间产生的任何争议由缔约方共同解决。最初,受理争端的裁决权属于理事会主席;后来,由利益相关的缔约方派代表组成的工作组同争端各方一起协商解决;之后,工作组被由3~5名独立专家所组成的小组取代,专家组经独立研讨后,将讨论结果撰写成报告,呈交关贸总协定理事会,而争端当事方不再参与小组讨论;理事会批准后,报告结论将对争端各方具有法律效力。② 在此基础上,在乌拉圭回合谈判中达成的《关于争端解决规则与程序的谅解》(Understanding on Rules and Procedures Governing the Settlement of Disputes,DSU)发展为目前国际贸易争端解决领域最重要的法律机制,它包括27个条款、4个附件。DSU因其有利于提高国际贸易中的贸易安全性、稳定性和可预见性,实现争端解决规则的导向化,从而为维护多边自由贸易体制的稳定与发展做出了突出贡献。③ 世界贸易组织争端解决机制可以适用于一切成员根据世界贸易组织协定提起的争端,遵循附件中所列的特别规则优先和多国协定或协议冲突时进行协调的原则,采用磋商、专家组审理、上诉机构审理、裁决执行与监督等基本程序,兼采斡旋、调停、仲裁等争端解决方式,具备灵活性和高效性等特点,并且兼顾对发展中国家进行倾斜等公平性原则,使得世界贸易组织争端解决机制成为具有准司法功能的国际组织中最活跃的法律机制。④

美国是推动世界贸易组织争端解决机制司法化的中坚力量,但在其发展过程中美国表现出前后矛盾的态度。世界贸易组织建立初期,美国支持建立一个具有强制执行力的争端解决机制,以确保符合美国利益的规则能

---

① 傅星国:《WTO决策机制的法律与实践》,上海人民出版社2009年版,第29页。
② 黄河、汪晓风主编《中国与世贸组织改革》,上海人民出版社2020年版,第102页。
③ 何佳馨、李明倩:《法律文明史:法的国际化与本土化》,商务印书馆2018年版,第227页。
④ 薛荣久:《世界贸易组织(WTO)教程》,对外经济贸易大学出版社2018年版,第68~75页。

够得以推行。尽管争端解决机制在以法定程序限制了所有成员的同时，也使美国自身的权力运用空间受到了限缩，但美国在初期依然积极推动了该机制的司法化。然而，随着时间的推移，美国开始阻挠《关于争端解决规则与程序的谅解》的正常运行，通过利用世界贸易组织协商一致原则本身的特点，阻碍上诉机构法官的选任，从而使上诉机构陷入瘫痪。美国此举是由于《关于争端解决规则与程序的谅解》的缺陷逐渐明显，《关于争端解决规则与程序的谅解》改革成为美国推动世界贸易组织进行改革的重点。普遍性的问题主要有三个方面，一是争端解决机制的磋商程序复杂且漫长，二是专家组的独立性与公正性容易受到行政部门的干预，三是上诉机构不堪重负，能够审理的案件数量较为有限，被迫延后与搁置的案件数量却在不断增加。[①] 美国逐渐放弃《关于争端解决规则与程序的谅解》的原因包括两个方面：从国际形势来看，以中国为首的新兴经济体的崛起改变了美国单极霸权的地位，以规则为导向的国际争端解决机制对美国权力的运用产生了越来越多的约束，使得美国对《关于争端解决规则与程序的谅解》的掌控力越来越弱，挫败感越来越强；从国内局势来看，美国国内出现了激烈的逆全球化声音，民粹主义抬头，为缓解国内危机，美国试图对《关于争端解决规则与程序的谅解》的多边贸易自由化机制进行调整。

二 美国的国际贸易争端解决规定及实践

通过对国际贸易法的概念、渊源和发展的分析，可知目前的国际贸易法仍然处于国内私法与国际私法统一的混合阶段，各国的涉外贸易相关法律以及冲突法规则仍然是其重要的法律渊源。因此，美国的国际贸易法实践在很大程度上也以其在国内法中的相关规定和解释为依据。美国在国际贸易争端解决中的实践，是其国际法实践中较为强势和显著的方面。美国在国际经济领域的实践体现出霸权主义特色，因此，了解美国国内外贸易法规则是理解其国际贸易争端解决政策的基础。

（一）美国国内法中的国际贸易争端解决规则

美国国内法中关于贸易的规定，是从美国宪法中对贸易管理进行规

[①] 黄河、汪晓风主编《中国与世贸组织改革》，上海人民出版社2020年版，第102~103页。

定开始的。伴随美国在不同历史时期发展对外贸易的需要及能力的不断调整和变化，美国贸易法也经历了一个不断发展的过程。以1934年《互惠贸易协定法》为转折点，美国贸易法的发展可以分为贸易保护主义时期和自由贸易时期两个阶段。其中，第一个阶段的美国贸易法主要包括1787年《美国宪法》、《1789年关税法》（Tariff Act of 1789）、《1816年关税法》（Tariff Act of 1816）、《1930年关税法》（Tariff Act of 1930），其主要目的是划分政府贸易管理的权力、提高财政收入、保护国内工业、增收进口关税等，这一系列法案的颁布体现出早期美国保护国内经济产业发展的贸易保护主义色彩；第二个阶段的美国贸易法主要包括《1934年互惠贸易协定法》（Reciprocal Tariff Act of 1934）、《1974年贸易法》（Trade Act of 1974）、《1979年贸易协定法》（Trade Agreement Act of 1979）、《1988年综合贸易与竞争法》（Omnibus Trade and Competitiveness Act of 1988）、1993年《北美自由贸易协定实施法》（North American Free Trade Agreement Implementation Act）、1994年《乌拉圭回合协定法》（Uruguay Round Agreements Act）。之所以以《1934年互惠贸易协定法》为转折点，是因为此法授权总统可与其他国家就关税削减等贸易事宜进行谈判，开启了美国的自由贸易阶段，而《1974年贸易法》之所以是美国对外贸易法中较为重要的一部法律，是因为它引入了"301条款"，该条款允许美国对外国不公平贸易行为实施单边报复，这也成为日后美国屡屡向其他国家挥舞贸易"大棒"的原始依据。《1988年综合贸易与竞争法》修改了"301条款"，并增加了"超级301条款"和"特殊301条款"，进一步完善了美国对本国贸易保护的法律机制。总之，美国通过国会不断立法和授予美国总统签署贸易协议的方式，确立了一整套对外贸易法律及政策，并且在国家实力和霸权主义的助推之下，迫使世界贸易组织等国际组织和其他国家接受自己的倾向性政策，以维护自身的国家利益。

美国对外贸易权的安排也体现了三权分立的特色。在权力的法律渊源上，根据美国宪法的制度安排，贸易管理的权力属于国会。美国宪法第1条第8款规定，国会有权"管理与外国的、州与州间的，以及对印第安部落的贸易"，该规定明确了征收关税和其他赋税的权力属于国会，与此同

第五章　国际争端解决与美国的外交实践

时，国会中参议院对条约的咨询和批准权还可以在总统缔结贸易条约时发挥限制作用。因此，国会主要通过立法、征收关税和批准贸易条约来管理对外贸易。然而，由于总统的职位在对外关系中的内在优势以及出于参与国际贸易的客观要求，总统逐渐获得了更大的对外贸易权。1934年国会制定的《互惠贸易协定法》第一次将关税制定权授予总统，开启了政府掌握部分管理和控制外贸权的历史；《1974年贸易法》首次采用了"快车道"模式，国会不仅进一步让出部分对外贸易的管理权，对国会做出表决设了时间期限，还放弃了修订权，以提高总统进行外贸协定谈判的效率，扩大了总统的贸易权。这些政策调整在很大程度上决定了美国贸易法的基调。但是，作为一个执行部门，总统的对外贸易权完全来自国会的授权，虽然总统权力在总体上不断膨胀，但是在贸易政策领域的权力却始终受到国会限制。总统必须严格遵守国会贸易立法，同时需要定期获得国会的重新授权或新授权，其签订的许多贸易条约也是非自动执行条约，必须通过国会的立法转化才能实施。[1]

在外贸权的分配基础上，美国国际贸易争端解决的规定也同样建立在各权力部门分工协作的基础上。"主体协调机制是各国解决国际贸易摩擦的重中之重。"[2] 美国在贸易摩擦争端解决机制中的相关主体主要包括总统、国际贸易委员会、商务部、贸易代表办公室等联邦政府行政部门，也包括各种行业协会。按照争端解决程序的先后，美国的贸易争端解决主要步骤如下。首先，启动争端调查。美国商务部在其职权范围内或在国内"受损害产业"的申请下启动争端调查程序。其次，核实损害程度。美国国际贸易委员会审定国内产业所遭受的事实损害或威胁是否属实，商务部的国际贸易署对补贴、倾销等情况予以核实，并确定抵消此种损害的额外关税率。最后，开启行业调查。各相关主体在各领域内配合调查，分享信息，相互协调。[3] 这些分工和程序都在美国的成文法中予以明确规定，使

---

[1] 张继民：《美国对华贸易政策的决定：政治经济视角下的均衡》，复旦大学出版社2009年版，第101页。

[2] 邓晓馨：《国际贸易摩擦多主体协调机制理论与实践研究》，辽宁大学出版社2013年版，第211页。

[3] 邓晓馨：《国际贸易摩擦多主体协调机制理论与实践研究》，辽宁大学出版社2013年版，第208页。

得美国在国际贸易争端解决方面形成了主体多元、分工细致的制度安排。另外，美国总是既能在参与创制国际法时巧妙渗透其国内法的内容和精神，又能在实践国际法时将国际法以适合于自身利益的方式融入国内法的制定。

以乌拉圭回合谈判的最终协定为例，在美国的推动下，最终协定在两个方面带有美国贸易法的鲜明特征。第一，使报复措施较之以前更易于发动。"反向一致通过"，即"一致反对"的表决方式，意味着一国对其视为"不公正"的贸易行为所进行的任何报复措施均可自动获得通过，由此美国国内法"301条款"的主要目的得以"国际化"。第二，跨领域报复获得认可。美国国内法中的报复措施不仅限于有"问题"的领域或部门，还可跨越不同领域、不同部门向对方实施报复，这居然也在乌拉圭回合谈判中达成了协议。① 在美国制定或修订的实施国际贸易条约的国内法中，美国往往也顺势加入其一以贯之的强权理念。例如，已获美国国会通过的1994年《乌拉圭回合协定法》对美国原贴补、反贴补法规做了修改，使之符合乌拉圭回合贴补协定中有关此部分的规定，但同时规定了实施贴补协定有关"绿灯"贴补的条款。当发现"绿灯"贴补条款产生严重的负效应时，即可根据《1974年贸易法》第301条采取行动。此外，该协定法还为商务部制定了监管外国贴补行为的程序，以对那些被禁止的贴补制定争端解决程序。② 可以得知，美国在国际贸易争端解决方面，通过主导国际法和国内法制定的过程，将国内法与国际法巧妙融合，将法律规定变成为其利益服务的手段，同时赋予了其国内行政部门监控全世界贸易行为的权力。

（二）美国的贸易争端解决实践

以参与主体的范围大小来划分，现有的国际贸易争端解决机制主要有三种：双边谈判和协商解决、区域性贸易争端解决机制和世界贸易组织多边贸易争端解决机制。一国采取何种国际贸易争端解决路径，是三种机制

---

① 郑海东：《乌拉圭回合争端处理机制改革的真相》，《外国经济与管理》1996年第1期，第16~22页。
② 戴芷华：《美国〈乌拉圭回合协定法〉对美国贴补、反贴补法规的重要修改》，《世界贸易组织动态与研究》1995年第1期，第9~10页。

作为变量在不同情势下被加以斟酌考量的结果。美国根据其自身在国际贸易格局中的地位变化以及国内的压力情况，一般采用实用主义态度，灵活而务实地选择国际贸易争端解决机制。① 并且，美国擅长在某种机制不利于其利益的时候，着手推动该机制的变革。

美国关于贸易争端解决的常用途径大体可以分为两种，一种是利用在关贸总协定/世界贸易组织框架内的争端解决机制，另一种是动用美国国内法的单边机制"301条款"，二者互为补充，共同为美国对外贸易争端的解决护航。上一部分已经简要分析过，这两种方式实际上存在某种暗合，即国际法中的多边争端解决方式在很大程度上也是美国国内法的国际化衍生品和合法化包装品。在实践中，二者的发展也是相辅相成、相互交织的。"301条款"的出现始于美国对关贸总协定框架下争端解决机制的不满，而美国挥舞起大棒的事实使其他国家意识到了关贸总协定机制的弊端，当所有国家都认为有必要重新构建一个高效的、更具约束力的多边争端解决机制时，美国本来意欲改革当时的争端解决机制的意愿就达成了。"301条款"的出现早于世界贸易组织的争端解决机制，因此美国在国际贸易争端解决路径的历史发展整体上是由单边主义的"301条款"到世界贸易组织多边主义的国际争端解决机制。但实际上，世界贸易组织多边贸易体制也是美国积极引导和努力促成的结果，其内容和形式很多是美国国内法的复制，② 并且美国在利用多边机制的同时，从未放弃过对单边机制"301条款"的适用，甚至伴随着逆全球化和民粹主义的浪潮，美国的单边主义不断冲击国际贸易的多边机制。

在关贸总协定阶段，美国国会和政府就认为该机制弊端重重，主要包括程序拖沓、政治性强、缺乏上诉机制、执行机制欠缺等，于是美国开始考虑着手实施"301条款"式的单方面制裁以解决争端，1963年美欧之间爆发的"鸡肉大战"就是一个例证。③ "301条款"是指美国《1974年贸易法》第301～310条的条文所规定的包括一系列制度和程序的内容，后来

---

① 陈玉刚：《国际秩序与国际秩序观》，上海人民出版社2014年版，第63页。
② 吴伟：《美国贸易法"301条款"与WTO争端解决机制的向背性分析》，《华东经济管理》2008年第9期，第150～153页。
③ 郭雳：《美国"301条款"与WTO争端解决机制的互动及其前景预测》，《中国法学》2001年第5期，第145～151页。

它们相继演变成"特殊301条款"和"超级301条款",因而"301条款"的原始形态也称为"一般301条款"。在美国贸易法中,"一般301条款"是有关对外国立法或行政上违反贸易协定、损害美国贸易利益的行为采取单边行动的立法授权条款,针对美国认为存在的外国政府实行的不公平贸易行为启动调查程序,即"301条款"调查。如果调查认定确实存在外国不公平贸易行为,贸易代表将与该外国政府进行谈判;如果谈判未能达成协议,对方的不公平贸易行为未得到改善,美国将对该国实行贸易报复。① 所谓"外国不公平贸易行为"主要包括:不公正行为,即侵犯美国法律权利或与美国利益不符的行为;不合理行为,即虽然没有侵犯美国权利但却不公平、不平等;歧视行为,即拒绝向美国提供国民待遇或最惠国待遇。②

在美国的"301条款"大棒威胁之下,世界贸易组织下新的争端解决机制《关于争端解决规则与程序的谅解》于1994年达成,新协定在很大程度上反映了美国的意志,解决了美国之前的不满。于是,《关于争端解决规则与程序的谅解》成为美国参与国际贸易争端解决的重要工具,世界贸易组织中涉及美国的贸易争端数量在所有成员方中居首位。③ 美国积极利用WTO争端解决机制以申诉方和被诉方的身份参与过多起贸易争端案件。以美国针对中美贸易摩擦的处理为例,美国为解决中国的"补贴"问题,在2006年之前就进行了理论酝酿,在适用国内法对中国出口产品发起反补贴调查之后,频繁地诉诸世界贸易组织争端解决机制,仅在2007年就向世界贸易组织争端解决机构提起三起争端案件,涉及的领域包括中国的金融与税收政策、知识产权的保护与执法、贸易权和分销服务等。④

然而,即便贸易争端解决机制已经充分按照美国的意志形成,美国依然频繁动用国内法的"301条款"来对其认为存在问题的国际贸易问题启动争端解决程序。虽然世界贸易组织已经明确禁止成员采取单边主义措

---

① 何力:《美国"301条款"的复活与WTO》,《政法论丛》2017年第6期,第3~11页。
② 江前良:《国际技术转让法律与实务》,法律出版社1995年版,第181页。
③ 据WTO的统计数据,在1995~2009年的15年间,美国作为申诉方的案件有99起,作为被诉方的案件有105起,作为第三方参与的案件有72起。参见邓晓馨《国际贸易摩擦多主体协调机制理论与实践研究》,辽宁大学出版社2013年版,第207页。
④ 栾信杰:《两条腿走三步——美国对华反补贴态势分析》,《国际贸易》2008年第1期,第45~48页。

施,但是从美国"1994年加入世界贸易组织前夕对301条款所做的修改及其到目前为止的实践来看,其并无意放弃这一被证明是行之有效的武器,更不会将该条款加以废除"。[1]世界贸易组织成立仅半年之后,美国就单方面宣布对从日本进口的13种豪华轿车征收惩罚性关税,3年后又对欧共体动用了"301条款",自行开列对欧共体的报复清单和制裁时间表。[2]中国改革开放和加入世界贸易组织之后,美国针对中国进行的"301条款"调查愈演愈烈,早在1994年就以侵犯美国知识产权为由,利用"301条款"对中国纺织品、箱包、鞋类等商品采取报复措施,随后又在高新科技等更广泛领域向中国发起挑战,并最终打响了对中国攻势猛烈的"贸易战"。与此同时,美国因对司法化和自主化的世界贸易组织争端解决机制控制力减弱而逐渐产生不满态度。自2017年2月起,美国开始阻止对上诉机构中空缺职位的任命,逼迫其进行改革,使得该机制出现上诉机构成员任命危机,而上诉机构是世界贸易组织争端解决机制的重要组成部分,负责对贸易争端做出最终裁定,[3]专家组裁决将因上诉程序不能完成审理而无法生效,从而导致整个争端解决机制陷入瘫痪,难以运转。

美国灵活运用上述两种争端解决方式的实践,是美国基于国家利益的选择。美国在现阶段依然采取的是将国内的单边机制与国际法的多边机制相结合的方式,如美国国内的个人或企业均可以"301条款"为据提起对外国贸易的调查,而在调查之后,美国又可以据此调查结果向世界贸易组织提起争端解决程序,巧妙地将国内的私法主体事件转化为国际的公法主体事件,将国内法中的争端解决机制嫁接到国际法的争端解决机制中,以达到本国的目的。然而,针对美国"301条款"在世界贸易组织法框架下的合规性,欧盟和许多国家都发起过质疑和挑战。例如1995年日本诉美国的"进口汽车报复关税案",1998年欧盟诉美国的"美国《1974年贸易法》第301~310条案",以及欧盟诉美国的"美国《1974年贸易法》第

---

[1] 郭霁:《美国"301条款"与WTO争端解决机制的互动及其前景预测》,《中国法学》2001年第5期,第145~151页。

[2] 田丰:《通往"双赢"之路:中美经贸关系研究》,中国长安出版社2014年版,第146页。

[3] 宋伟、罗姝瑶:《霸权利益与国际组织自主性:WTO争端解决机制为何陷入危机》,《世界政治研究》2020年第1期,第100~124+154页。

306条修改案",但美国都安全度过了这些合规性挑战,并且这些国内法在世界贸易组织体制下存活了下来,这与美国的国际地位和国内法律体制是密不可分的。在国际地位方面,关贸总协定和世界贸易组织是美国主导建立的,美国在很大程度上具有权威性和威慑力。在国内法制方面,世界贸易组织协定作为一种经国会批准的国际条约,可以纳入美国的法律体系,但与美国联邦法律处于同一位阶,因而"301条款"与世界贸易组织协定实际上处于同一位阶,即使后者与前者的规定不符。因此,虽然"301条款"的合规性存在争议,但在可预见的范围内其仍将存在。

综上,美国因深受权力政治影响而在国际争端解决领域往往采取单边主义行动,既能够在国际法的框架内利用国际法解决自身问题,又能够绕过国际法的框架寻求利益最大化,甚至不惜违反国际法。归根结底,目前的国际争端解决方式很大程度上是由美国一手设计和推进实施的,尤其是在武力问题和贸易问题方面,美国具有初始的制度和资源优势。因而,深刻了解美国的外交特点和国际法实践特征,是透彻理解现代国际法的构架和功能运转模式的重要途径,也是中国发展涉外法治和参与国际法律实践的重要抓手。

结 论

自始以来，国际法的发展便与国家自身的发展密不可分，这一点在国际法的概念反思和历史追溯中可得到充分印证。通过研究大国的国际法实践行为，可以管窥国际法在某些阶段的发展过程，而反过来国际法的实效也可以被视为国际法实践的社会背景。近代国际法奠基于民族国家平等交往的威斯特伐利亚体系，而国家主权的权力和权利双重属性也使得国际法具有政治和法律的双重法理。因此，国际法深受国际政治特别是大国政治的影响，这为研究美国国际法实践的国际法和国内法两面性确立了理论坐标，同时也揭示了美国国际法实践之内在法理和外在合法性的研究逻辑。

关于国际法基础理论的研究始于对国际法概念所蕴含之本质属性的探讨，而国际法的本质属性在于国际法是不同于国内法的弱法。与国内法的等级体系相异，国际法是平等者之间的法律，主权国家之上缺乏统一的世界政府，因此国际法的强制性相对较弱。这反映了国际法的原始性，即国际法渊源于国际政治，无法与政治完全分化，大国政治的实践依然深刻影响着国际法的实效。这便使国际法同时具备自然理性和实在理性，既具有国内法的特征又具有国际政治的特征，既具有法律面向又具有政治面向。从主权国家与国际法的历时发展和共时实践来看，主权国家一直在发挥主导国际法的作用，两者在历时和共时的互动关系中共同螺旋式发展，相辅相成。主权国家与国际法在各个层面的相互联系奠定了分析美国国际法实践的理论基础，也论证了以美国外交权力与法理传统为起点分析美国国际法实践的必要性和合理性。

美国宪法是政府公共权力分配的法律依据，其中包括外交权力。美国三权分立的宪法架构决定了立法、行政、司法部门的职权划分，各部门具有相互制衡关系，外交权分属不同的机构。因此，在美国的国际法实践过程中，这种权力制衡的结构决定了美国各种决策制定和政策选择的特点。沿着理论与实践互动的逻辑，美国对国际法与国内法关系的认知理念和具体策略是美国国内法与国际法产生联系的前提。在国际法和国内法的关系上，美国的理论认知兼具一元论和二元论的特点。而事实上，国际法在美国的适用受制于美国宪法的规定，美国在国际法上的实践也同样从其国内法角度出发。美国关于国际法实践的行动理念渊源于国内法中的普通法传统，其蕴含的自由主义、个人主义观念深刻影响了美国几百年来的国际法实践和外交政策，个人主义和天赋权利理念从国内法推及国际法，便使美国在国际社会中尤其重视维护国家权利。这种权利哲学经过美国孤立主义和新自由主义的本土发展后，嬗变成为其国际法外交实践中的权力哲学，并进一步发展为霸权主义。

从重点论的角度分析，美国在国际法的两种主要渊源即国际条约和国际习惯法方面的实践各有其特点，但均系于统一的国内法根源。美国对国际条约有着独特的分类，包括宪法专门界定的"条约"和行政协定等一般国际协定，行政协定依国会和行政部门的主体参与程度不同而分为国会－行政协定、总统行政协定、条约派生协定。在司法实践中，美国将一般意义的条约分为自动执行条约和非自动执行条约。美国关于国际条约的实践深受国内法法理根源的影响。国际条约的实践基于美国宪法所规定的缔结程序而展开，三权分立的外交权力划分和两党制度的相互牵制使各部门行使缔约权时在横向层面受到一定的法律限制，而联邦主义导致的联邦权力与各州权力之间的关系也在纵向层面对条约缔结产生影响。因而，美国的条约实践既有其国内政治层面的意义，也兼具国际霸权政治的功能。美国的条约缔结权力的划分和调整体现出权力上游国内政治的斗争性与协调性，而这导致了权力中游呈现条约缔结程序的复杂性与附加条件的多样性，以及权力下游条约实施的障碍性和条约退出的随意性。在这些环节中，美国将霸权主义渗透于国际法实践的各个方面，逐渐由大国政治走向霸权政治，并对国际法实践和实效产生了重要影响。

作为普通法系国家，美国在国际习惯法方面的实践更具代表性。国际习惯法的两大元素蕴含着国际法实践中的主权问题，暗示着主权国家在国际习惯法发展中发挥的重要影响。美国以其显著的国际影响力，在主权国

结　论

家和国际组织等层面推动了国际习惯法的发展。建国初期，国际习惯法就成为美国国内法体系的一部分，不需立法转化或纳入程序即可在国内产生效力。通过一系列转折性的案例，国际习惯法在美国国内的适用不断发展，美国在国际习惯法实践中呈现两面性的特征，即对内保护人民权利或国家主权，对外则将这种权利政治嬗变为霸权主义和强权政治。但究其内在政治动力和法律依据，美国的国际法实践无法脱离其国内政治的影响。由于美国国内法模糊不清的法律规定，加之牵涉各机构的权力制衡和各层面的权力争夺，国际习惯法在其国内的实施存在历时的不确定性和共时的冲突性。美国在不同阶段的国际习惯法实践均具有其国际影响。正是不断地通过观念引导和影响国际习惯法的形成与确信，以及主导创设符合其利益的国际秩序，美国才得以利用国际习惯法来达到其霸权目的。同时，国际习惯法的发展依赖于国家意志的事实也常常使国际习惯法陷入僵局，由于国际习惯法的发展本身需要一些打破常规和先例的新实践，这在赋予美国引领发展国际习惯法机会的同时，也给美国违反国际习惯法提供了可乘之机。

　　从国际法的运行论来看，由于国际社会中缺少超国家的世界政府，主动的强制性立法和执法难以成为国际法实践的主流，因此国家的国际法实践主要体现在相对被动的国际争端解决。美国的国际争端解决实践主要涉及战争和贸易两个方面。虽然国家的战争权已经受到现代国际法的严格规制，但美国利用国际争端解决法中的相关规定，将其政治霸权主义嬗变为国际法遵守的例外论，干涉主义和霸权主义使武力使用或战争行为成为美国"实施"国际法的主要方式。同时，进入经济全球化时代后，扩大国际贸易成为各国提升综合实力的主要手段，激烈竞争使得国际贸易摩擦和争端频起。美国作为国际贸易的超级大国，擅长利用国际法解决国际贸易争端，并在很大程度上引导和创设了当今世界的国际贸易规则体系，在积极构建关贸总协定和世界贸易组织争端解决机制的同时，又根据自身利益不断对其进行重构，屡次动用其单边机制"301条款"，使得现有的世界贸易组织机制陷入泥潭，严重削弱了其实效性。综合看来，美国的国际法实践选择会根据其国家利益的转变而改变，美国在国际争端解决中发挥着既不可或缺又难以控制的作用，既曾担当了创建者的重任，也时刻扮演着破坏者的角色。

总而言之，因受到内在的政治哲学和普通法法理影响，美国的国际法实践总体呈现不确定性和内在矛盾，因而其外在合法性难以经受住国际法的质疑。在个人主义至上的理念指导下，美国极其重视自然人之天赋人权和国家之天赋主权的法律实践，当这种权利/权力分属于不同的个人或个体机关而其共同利益却无法协调时，便会出现国际法实践的内在冲突。由一国主权权利集合形成的权力本来应该是对内的，但是权力自身容易膨胀，在足够强大时便会嬗变为国家的对外权力。在这一基础上，大国利用其权力外化的政治影响力对国际社会施加压力，促使其他国家按照其意愿形成符合其利益的国际法。这便是美国将权利演化为权力、将国内法中的权利演化为国际法中的权力的过程。因此，美国关于国际法实践的所有特征和表现都根源于国内，而其影响外化为国际。正因如此，任何对美国国际法实践的分析和借鉴都应基于其内在法理，美国的国内法基础和法律传统对其实践国际法都具有重要影响。

当前，世界格局变化剧烈，各国广泛参与国际法治已经成为潮流和必然。各主权国家若要借鉴美国的国际法实践经验，以增强本国的国际影响力，应在保持和发挥各国际法实践特色的基础上，外在地融入美国国际法实践中的合理部分。鉴于理论与实践的互动关系，世界各国了解和借鉴美国的国际法理论和实践，既可以在理论上提升各国对国际法和国际政治的学术研究水平，也可以在实践中充分理解和掌握美国构建国际法律制度和参与国际治理的方法策略。这些方法策略包括充分运用缔结国际条约、促成和变革国际习惯法，以及利用国际争端解决机制维护自身权益等方式，善用自己的国际影响力设置和推行符合自己利益关切的国际法。然而，取其精华，去其糟粕，各国在借鉴美国国际法实践中的合理成分的同时，应注意避免美国片面狭隘观念和霸权主义内核的影响。另外，美国特色制度的基础在于美国个人主义和自由主义的思想源流，因而也并非适用于所有法律传统的国家。保护世界各国文化的多元性，有利于推进全球治理规则的民主化和法治化，有助于各国就国际正义达成共识，正向促进国际法的发展，提高国际法的实效，从而使人类更好地携手应对和解决当今的社会风险和共同困境。

参考文献

中文文献

一 著作

〔苏〕B. П. 波将金等编《外交史》（第一卷上），吴纪先、郭吴新等译，生活·读书·新知三联书店 1982 年版。

〔美〕E. 博登海默：《法理学：法律哲学与法律方法》，邓正来译，中国政法大学出版社 2004 年版。

〔英〕H. L. A. 哈特：《法理学与哲学论文集》，支振锋译，法律出版社 2005 年版。

〔英〕J. G. 梅里尔斯：《国际争端解决》（第五版），韩秀丽等译，法律出版社 2013 年版。

P. S. 阿蒂亚、R. S. 萨默斯：《英美法中的形式与实质——法律推理、法律理论和法律制度的比较研究》，金敏、陈林林、王笑红译，中国政法大学出版社 2005 年版。

〔英〕爱德华·卡尔：《20 年危机（1919—1939）：国际关系研究导论》，秦亚青译，世界知识出版社 2005 年版。

〔德〕巴多·法斯本德、安妮·彼得斯主编《牛津国际法史手册》（上册），李明倩、刘俊等译，生活·读书·新知三联书店 2020 年版。

北京大学哲学系外国哲学史教研室编译《十六—十八世纪西欧各国哲学》，商务印书馆 1975 年版。

北京大学哲学系外国哲学史教研室编译《西方哲学原著选读》（上卷），商务印书馆 1999 年版。

北京市法学会国际法学研究会编《国际法学论丛》，知识产权出版社 2017

年版。

曹建明等主编：《国际公法学》，法律出版社1998年版。

曹茂君编：《法学导论》，华中科技大学出版社2012年版。

〔美〕查尔斯·W. 凯格利：《世界政治：走向新秩序？》，夏维勇、阮淑俊译，世界图书出版公司2010年版。

陈金钊、谢晖：《法律方法》（第10卷），山东人民出版社2010年版。

陈玉刚：《国际秩序与国际秩序观》，上海人民出版社2014年版。

成少森、叶川：《西方文化大辞典》，中国国际广播出版社1991年版。

〔英〕戴维·M. 沃克：《牛津法律大辞典》，李双元等译，法律出版社2003年版。

〔英〕戴雪：《英宪精义》，雷宾南译，中国法制出版社2001年版。

〔美〕丹尼尔·布尔斯廷：《美国人：开拓历程》，中国对外翻译出版公司译，生活·读书·新知三联书店1993年版。

邓晓馨：《国际贸易摩擦多主体协调机制理论与实践研究》，辽宁大学出版社2013年版。

《法学词典》编辑委员会编：《法学词典》，上海辞书出版社1980年版。

法苑精萃编辑委员会编：《中国国际法学精萃》（2004年卷），高等教育出版社2004年版。

方柏华等：《当代世界政治与经济》，杭州出版社2007年版。

方长平：《国际冲突的理论与实践》，社会科学文献出版社2015年版。

冯绍雷、潘世伟等：《国际关系新论》，上海社会科学院出版社1994年版。

〔日〕福井宪彦：《近代欧洲的霸权》，潘德昌译，北京日报出版社2019年版。

复旦大学美国研究中心：《美国研究》，复旦大学出版社1986年版。

傅星国：《WTO决策机制的法律与实践》，上海人民出版社2009年版。

高智华、于泓主编：《国际法学》，工商出版社2002年版。

龚柏华等：《"一带一路"投资的国际法》，复旦大学出版社2018年版。

古祖雪：《国际法学》，厦门大学出版社2007年版。

《国际公法学》编写组：《国际公法学》，高等教育出版社2022年版。

〔英〕哈特：《法律的概念》（第二版），许家馨、李冠宜译，法律出版社

2011年版。

〔美〕汉密尔顿、杰伊、麦迪逊:《联邦党人文集》,程逢如、在汉等译,商务印书馆2009年版。

〔美〕汉斯·摩根索:《国家间政治:权力斗争与和平》(第七版),徐昕等译,北京大学出版社2006年版。

杭琛:《多视角看美国:美国乔治城大学研修随笔》,中国金融出版社2017年版。

〔英〕霍布斯:《利维坦》,黎思复、黎廷弼译,商务印书馆2009年版。

〔古希腊〕荷马:《伊利亚特》,罗念生、王焕生译,人民文学出版社1958年版。

何佳馨、李明倩:《法的国际化与本土化》,商务印书馆2018年版。

何家弘主编《当代美国法律》,社会科学文献出版社2001年版。

何勤华、李秀清:《民国法学论文精萃》(第6卷)(国际法律篇),法律出版社2004年版。

何群:《国际法学》,厦门大学出版社2012年版。

何永江:《美国贸易政策专题研究》,南开大学出版社2019年版。

贺鉴:《霸权、人权与主权:国际人权保护与国际干预研究》,湘潭大学出版社2010年版。

〔荷〕胡果·格劳秀斯:《战争与和平法》,〔美〕A.C.坎贝尔英译,何勤华等译,上海人民出版社2013年版。

胡述兆:《胡述兆文集》(下),中山大学出版社2014年版。

黄河、汪晓风主编《中国与世贸组织改革》,上海人民出版社2020年版。

黄秋丰、徐小帆:《国际法学》,对外经济贸易大学出版社2016年版。

黄运武:《经贸大辞典》,中国对外经济贸易出版社1992年版。

江河:《国际法的基本范畴与中国的实践传统》,中国政法大学出版社2014年版。

江平、王家福总主编《民商法学大辞书》,南京大学出版社1998年版。

江前良:《国际技术转让法律与实务》,法律出版社1995年版。

〔美〕卡尔·贝克尔:《论〈独立宣言〉:政治思想史》,彭刚译,商务印书馆2017年版。

〔美〕卡尔·戴格勒：《一个民族的足迹》，王尚胜等译，辽宁大学出版社 1991 年版。

〔美〕卡伦·明斯特、伊万·阿雷奎恩－托夫特：《国际关系精要》（第 5 版），潘忠岐译，上海人民出版社 2012 年版。

〔德〕卡尔·拉伦茨：《德国民法通论》（上册），王晓晔等译，法律出版社 2003 年版。

〔德〕卡尔·拉伦茨：《法学方法论》，黄家镇译，商务印书馆 2020 年版。

〔奥〕凯尔森：《法与国家的一般理论》，沈宗灵译，中国大百科全书出版社 1995 年版。

柯静嘉：《可持续发展环境下国际经济法趋势研究》，吉林人民出版社 2017 年版。

〔美〕科斯塔斯·杜兹纳：《人权的终结》，郭春发译，江苏人民出版社 2002 年版。

〔美〕克劳斯·博塞尔曼：《可持续发展的法律和政治》，王曦、卢锟译，上海交通大学出版社 2017 年版。

〔美〕克里斯托弗·沃尔夫：《司法能动主义：自由的保障还是安全的威胁》，黄金荣译，中国政法大学出版社 2004 年版。

孔庆江：《国际经济法律规范的可移植性与国家经济安全的相关性研究：以世界贸易组织法为例》，武汉大学出版社 2016 年版。

〔美〕拉塞尔·柯克：《美国秩序的根基》，张大军译，江苏凤凰文艺出版社 2018 年版。

李浩培：《条约法概论》，法律出版社 1987 年版。

李红海：《英国普通法导论》，北京大学出版社 2018 年版。

李杰、杨妮妮主编《社会科学基础知识》，西北工业大学出版社 2017 年版。

李金荣等：《国际法》，法律出版社 1989 年版。

李科编著《国际关系学概论》，西安交通大学出版社 2020 年版。

李培峰：《英美法要论》，上海人民出版社 2013 年版。

李伟民主编《法学辞海》（第 2 卷），蓝天出版社 1998 年版。

李显冬：《法学概论》，首都经济贸易大学出版社 2017 年版。

梁红光：《联邦制理念与美国早期的国家构建》，上海三联书店 2013 年版。

梁西：《国际组织法》（总论）（修订第五版），武汉大学出版社 2001 年版。

梁西主编《国际法》（修订第二版），武汉大学出版社 2002 年版。

刘波：《秩序与正义之间：国际社会人道主义干预问题研究》，中国社会出版社 2011 年版。

刘长敏：《多重视角下的当代国际关系经典案例分析》，中国政法大学出版社 2013 年版。

刘金质等主编《国际政治大辞典》，中国社会科学出版社 1994 年版。

刘军宁、王焱编《自由与社群》，生活·读书·新知三联书店 1998 年版。

陆昕、徐世红：《中外法律文化大典——中外法律比较编年》，中国政法大学出版社 1994 年版。

〔法〕卢梭：《社会契约论》，何兆武译，商务印书馆 1997 年版。

〔美〕路易斯·亨金：《国际法：政治与价值》，张乃根等译，中国政法大学出版社 2004 年版。

〔美〕路易斯·亨金：《宪政·民主·对外事务》，邓正来译，生活·读书·新知三联书店 1996 年版。

〔美〕罗伯特·麦克洛斯基：《美国最高法院》（第 3 版），任东来等译，中国政法大学出版社 2005 年版。

〔美〕罗杰·希尔斯曼、劳拉·高克伦、帕特里夏·A. 韦茨曼：《防务与外交决策中的政治——概念模式与官僚政治》，曹大鹏译，商务印书馆 2000 年版。

罗肇鸿、王怀宁：《资本主义大辞典》，人民出版社 1995 年版。

马呈元主编《国际法》，中国人民大学出版社 2003 年版。

〔英〕马尔科姆·N. 肖：《国际法》（第六版上），白桂梅等译，北京大学出版社 2011 年版。

《马克思恩格斯全集》（第 23 卷），人民出版社 1972 年版。

〔美〕马克·威斯顿·贾尼斯：《美国与国际法 1776—1939》，李明倩译，上海三联书店 2018 年版。

马啸原：《近代西方政治思想》，云南大学出版社 2014 年版。

〔法〕孟德斯鸠：《论法的精神》（上卷），许明龙译，商务印书馆 2012

年版。

敏敬、王延庆：《文明进程的片段——世界历史研究论集》，甘肃文化出版社 2016 年版。

〔美〕尼古拉斯·斯皮克曼：《世界政治中的美国战略：美国与权力平衡》，王珊、郭鑫雨译，上海人民出版社 2018 年版。

倪世雄：《当代西方国际关系理论》，复旦大学出版社 2004 年版。

聂圣平：《摩根索》，陕西师范大学出版社 2017 年版。

彭何利：《权力政治与国际法论——大国成长逻辑中的美国国际法观》，湖南人民出版社 2018 年版。

蒲傅：《当代世界中的国际组织》，当代世界出版社 2002 年版。

乔伟主编《新编法学词典》，山东人民出版社 1985 年版。

冉伯恭、曾纪茂：《政治学概论》，格致出版社、上海人民出版社 2008 年版。

〔法〕让·博丹：《主权论》，李卫海、钱俊文译，北京大学出版社 2008 年版。

〔法〕让-皮埃尔·韦尔南：《古希腊的神话与宗教》，杜小真译，生活·读书·新知三联书店 2001 年版。

〔法〕让-皮埃尔·韦尔南：《希腊思想的起源》，秦海鹰译，生活·读书·新知三联书店 1996 年版。

任东来、陈伟、白雪峰等：《美国宪政历程：影响美国的 25 个司法大案》，中国法制出版社 2013 年版。

任晓、沈丁立编《保守主义理念与美国的外交政策》，上海三联书店 2003 年版。

日本国际法学会编《国际法辞典》，世界知识出版社 1985 年版。

〔美〕塞缪尔·埃利奥特·莫里森等：《美利坚共和国的成长》（第一卷第一分册），南开大学历史系美国史研究室译，天津人民出版社 1975 年版。

宋远升：《法院论》，中国政法大学出版社 2016 年版。

孙哲：《左右未来：美国国会的制度创新和决策行为》（修订版），上海人民出版社 2011 年版。

孙哲编《美国国会研究 I》，复旦大学出版社 2002 年版。

田丰：《通往"双赢"之路：中美经贸关系研究》，中国长安出版社 2014 年版。

〔美〕汤普逊：《中世纪经济社会史：300—1300》（下册），耿淡如译，商务印书馆 2011 年版。

〔法〕托克维尔：《论美国的民主》，董果良译，商务印书馆 2017 年版。

万昌华、万颖：《美国宪政体制研究》，齐鲁书社 2010 年版。

汪荣有、胡伯项：《当代世界经济与政治》（第二版），安徽大学出版社 2013 年版。

王宏伟：《经济全球化视角下的公共危机与战争》，中国戏剧出版社 2006 年版。

王乐理等：《美德与国家——西方传统政治思想专题研究》，天津人民出版社 2015 年版。

王莉君：《比较法学基础》，群众出版社 2009 年版。

王黎：《美国外交：理念、权力与秩序——从英国殖民地迈向世界强国》，世界知识出版社 2019 年版。

王玫黎主编《国际法学》，厦门大学出版社 2015 年版。

王铁崖：《国际法引论》，北京大学出版社 1998 年版。

王铁崖主编《国际法》，法律出版社 1995 年版。

王铁崖主编、魏敏副主编《高等学校法学教材·国际法》，法律出版社 1981 年版。

王勇民、朱鹏飞主编《现代国际贸易公法：以 WTO 为视角》，东南大学出版社 2007 年版。

文义明：《贪婪的华尔街》，中国铁道出版社 2013 年版。

〔德〕文德尔班：《哲学史教程》（上卷），罗达仁译，商务印书馆 1987 年版。

〔日〕我妻荣：《新法律学辞典》，中国政法大学出版社 1991 年版。

〔英〕沃尔特·白哲特：《英国宪制》，李国庆译，北京大学出版社 2005 年版。

〔德〕沃尔夫刚·格拉夫·魏智通：《国际法》，吴越、毛晓飞译，法律出版社 2002 年版。

吴嘉生：《国际法与国内法关系之研析》，台北五南图书出版社 1998 年版。

〔美〕希尔斯曼：《美国是如何治理的》，曹大鹏译，商务印书馆 1986 年版。

〔法〕夏尔-菲利普·戴维、路易·巴尔塔扎、于斯丹·瓦伊斯：《美国对外政策：基础、主体与形成》，钟震宇译，社会科学文献出版社 2011 年版。

现代企业制度全书编委会编《现代企业制度全书》，企业管理出版社 1994 年版。

肖佳灵：《国家主权论》，时事出版社 2003 年版。

许崇德等总主编《中华人民共和国法律大百科全书：国际法卷》，河北人民出版社 1999 年版。

许光建：《联合国宪章诠释》，山西教育出版社 1999 年版。

薛荣久主编《世界贸易组织（WTO）教程》（第 3 版），对外经济贸易大学出版社 2018 年版。

〔法〕雅克·盖斯旦、吉勒·古博：《法国民法总论》，陈鹏等译，法律出版社 2004 年版。

阎照祥：《英国政治思想史》，人民出版社 2010 年版。

阎照祥：《英国政治制度史》，人民出版社 1999 年版。

杨成铭编《人权法学》，中国方正出版社 2004 年版。

杨令侠：《杨生茂文集》，南开大学出版社 2019 年版。

杨泽伟：《国际法史论》，高等教育出版社 2011 年版。

杨泽伟：《主权论——国际法上的主权问题及其发展趋势研究》，北京大学出版社 2006 年版。

叶兴平：《和平解决国际争端》（修订本），法律出版社 2008 年版。

余先予主编《国际法律大辞典》，湖南出版社 1995 年版。

〔英〕伊恩·布朗利：《国际公法原理》，曾令良等译，法律出版社 2003 年版。

〔美〕约翰·罗尔斯：《正义论》，何怀宏、何包钢、廖申白译，中国社会科学出版社 2009 年版。

〔美〕约翰·马克·法拉格：《合众存异：美国人的历史》（第 7 版），王晨等译，上海社会科学院出版社 2018 年版。

〔英〕詹宁斯等修订《奥本海国际法》（第一卷第一分册），王铁崖等译，中国大百科全书出版社 1995 年版。

曾令良：《国际法》（第 3 版），武汉大学出版社 2011 年版。

张彩凤：《英国法治研究》，中国人民公安大学出版社 2001 年版。

张辰龙：《西方政治思想史》，知识产权出版社 2016 年版。

张光博：《简明法学大词典》，吉林人民出版社 1991 年版。

张继民：《美国对华贸易政策的决定：政治经济视角下的均衡》，复旦大学出版社 2009 年版。

张金鹏：《英美现代化研究》，云南大学出版社 1995 年版。

张进德等：《现代公法的变革》（上卷），商务印书馆 2017 年版。

张礼洪、高富平主编《民法法典化、解法典化和反法典化》，中国政法大学出版社 2008 年版。

张乃根：《国际法原理》，中国政法大学出版社 2002 年版。

张文显：《法学基本范畴研究》，中国政法大学出版社 1993 年版。

赵洁：《政府的社会责任》，山西人民出版社 2015 年版。

郑建邦主编《国际关系词典》，中国广播电视出版社 1992 年版。

郑文辉：《中国法律和法律体系》，中山大学出版社 2017 年版。

郑勇：《中国司法改革中的证据制度完善研究》，吉林人民出版社 2019 年版。

郑治发：《法学文献检索与利用》，武汉大学出版社 1989 年版。

周鲠生：《国际法》（上、下），武汉大学出版社 2009 年版。

周琪：《国会与美国外交政策》，上海社会科学院出版社 2006 年版。

周毅：《美国历史与文化》（第 2 版），首都经济贸易大学出版社 2015 年版。

周忠海编《国际法》（第 2 版），中国政法大学出版社 2013 年版。

周忠海编《国际法讲义试用本》，法律出版社 1983 年版。

二 文章

〔美〕阿瑟·T. 冯·梅伦：《美国法律体系——在普通法传统与民法传统之间》，蒋天伟译，载陈景良、郑况君主编《中西法律传统》（第 8

卷），北京大学出版社 2013 年版。

白桂梅：《从国际法角度看国际恐怖主义的界定问题》，《现代国际关系》2002 年第 10 期。

曹士兵：《最高人民法院裁判、司法解释的法律地位》，《中国法学》2006 年第 3 期。

陈卫东：《论美国对自动执行条约与非自动执行条约的区别》，《法学评论》2009 年第 2 期。

陈卫东：《论国际习惯法在美国国内法中的地位》，《东方法学》2009 年第 1 期。

陈卫东：《论条约在美国国内适用中的"后法优先规则"》，《甘肃政法学院学报》2009 年第 1 期。

程汉大：《司法克制、能动与民主——美国司法审查理论与实践透析》，《清华法学》2010 年第 6 期。

程汉大：《英国宪政传统的历史成因》，《法制与社会发展》2005 年第 1 期。

程乃胜、张荣现：《论美国行政协定》，《安徽师大学报》（哲学社会科学版）1998 年第 4 期。

戴芷华：《美国〈乌拉圭回合协定法〉对美国贴补、反贴补法规的重要修改》，《世界贸易组织动态与研究》1995 年第 1 期。

范进学：《论〈"五月花号"公约〉对美国宪政之可能贡献》，《云南大学学报》（社会科学版）2010 年第 1 期。

龚宇：《国家域外管辖的法律逻辑评析——对"荷花号"案的再思考》，《国际法学刊》2021 年第 3 期。

顾元：《扩张与限制：美国总统的战争权力——以联邦最高法院的司法审查为中心》，《国家行政学院学报》2012 年第 3 期。

郭雳：《美国"301 条款"与 WTO 争端解决机制的互动及其前景预测》，《中国法学》2001 年第 5 期。

韩德培：《关贸总协定及其基本原则与规则》，《法学评论》1993 年第 3 期。

韩庆娜：《试析美国最高法院的外交功能》，《东方论坛》2009 年第 6 期。

韩庆娜、修丰义:《试析美国司法对外交案例的规避行为》,《东方论坛》(《青岛大学学报》)2006年第5期。

韩铁:《英属北美殖民地法律的早期现代化》,《史学月刊》2007年第2期。

何力:《美国"301条款"的复活与WTO》,《政法论丛》2017年第6期。

胡加祥:《美国总统缔约权的宪法规定与历史变迁》,《河北法学》2012年第3期。

胡晓进、任东来:《保守理念与美国联邦最高法院——以1889-1937年的联邦最高法院为中心》,《美国研究》2003年第2期。

黄瑶:《国际反恐法中的民族解放运动问题——以〈关于国际恐怖主义的全面公约草案〉为视角》,《中山大学学报》(社会科学版)2008年第5期。

霍政欣:《国内法的域外效力:美国机制、学理解构与中国路径》,《政法论坛》2020年第2期。

江国青:《论国际法的主体结构》,《法学家》2003年第5期。

江河:《国家主权的双重属性和大国海权的强化》,《政法论坛》2017年第1期。

江河:《南海争端的和平解决:大国政治和小国政治的互动》,《海南大学学报》(人文社会科学版)2019年第2期。

江河:《条约退出机制:法律困境、法理解读与中国方案》,《环球法律评论》2020年第4期。

江河:《中国外交软实力的强化:以国际法的基本范畴为路径》,《东方法学》2019年第2期。

金铮:《国际习惯法在英国的适用问题研究》,《河南省政法管理干部学院学报》2011年第3期。

兰磊:《美国法上条约非自动执行性的类型化分析》,《国际商法论丛》2013年第11卷。

李传利:《试析中美建交谈判中的"废约"问题》,《理论月刊》2012年第9期。

李剑鸣:《"危机"想象与美国革命的特征》,《中国社会科学》2010年第3期。

李其荣：《美国总统权力的扩张及其动因》，《华中师范大学学报》（哲学社会科学版）1990年第2期。

李秀红：《美国总统制确立的理论渊源及制度基础》，《学术界》2015年第7期。

廖诗评：《国内法域外适用及其应对——以美国法域外适用措施为例》，《环球法律评论》2019年第3期。

刘铁娃：《霸权地位与制度开放性：解释美国对联合国教科文组织影响力的演变》，《国际论坛》2012年第6期。

刘永涛：《美国国会、奥巴马总统和"战争权"之争——以美国军事干预利比亚为例》，《美国问题研究》2012年第1期。

刘祚昌：《论北美殖民地社会政治结构中的民主因素》，《文史哲》1987年第3期。

栾信杰：《两条腿走三步——美国对华反补贴态势分析》，《国际贸易》2008年第1期。

罗艳华、庞林立：《美国人权制裁的新动态及其影响——以〈全球马格尼茨基人权问责法〉为例》，《国际政治研究》2019年第3期。

马振岗：《孤立主义与美国的政策取向》，《人民论坛·学术前沿》2017年第16期。

莫纪宏：《论国际法与国内法关系的新动向》，《世界经济与政治》2001年第4期。

倪世雄、卢义民：《美国宪法与美国外交》，《复旦学报》（社会科学版）1987年第5期。

钱芳：《世界秩序危机中的区域国际法缺位问题——基于国际法供给侧的思考》，《学术探索》2019年第2期。

曲相霏：《人·公民·世界公民：人权主体的流变与人权的制度保障》，《政法论坛》2008年第4期。

饶艾：《罗马法与日耳曼法——西方两大法系特点之比较研究》，《法商研究》（《中南政法学院学报》）1995年第5期。

任东来：《美国宪法的形成：一个历史的考察》，《社会科学论坛》2004年第12期。

任媛媛:《美国〈外国人侵权法〉诉讼中的标的管辖权问题研究——探讨习惯国际法在美国联邦法院的适用》,《武大国际法评论》2012年第1期。

宋伟、罗姝瑶:《霸权利益与国际组织自主性:WTO争端解决机制为何陷入危机》,《世界政治研究》2020年第1期。

孙安洛:《个人作为国际法主体的历史源流分析》,《朝阳法律评论》2016年第1期。

孙丽娟:《试析美国总统与国会外交决策权的法律渊源》,《长春教育学院学报》2001年第4期。

孙南翔:《美国法律域外适用的历史源流与现代发展——兼论中国法域外适用法律体系建设》,《比较法研究》2021年第3期。

汪太贤:《从神谕到自然的启示:古希腊自然法的源起与生成》,《现代法学》2004年第12期。

王立新:《在龙的映衬下:对中国的想象与美国国家身份的建构》,《中国社会科学》2008年第3期。

王玮:《从例外到通例:美国缔约机制的全球扩散》,《世界经济与政治》2012年第8期。

王玮:《美国对外使用武力的历史考察》,《世界经济与政治》2016年第6期。

王玮:《美国条约行为的模式》,《美国研究》2011年第3期。

王晓德:《"美国例外论"与美国文化全球扩张的根源》,《世界经济与政治》2006年第7期。

王怡:《民选的议会与不民主的立法:当代美国非正统立法程序考察》,《中南大学学报》(社会科学版)2018年第4期。

王勇:《条约在美国执行的理论基础和实践检视》,《求索》2008年第7期。

吴伟:《美国贸易法"301条款"与WTO争端解决机制的向背性分析》,《华东经济管理》2008年第9期。

伍俐斌:《论美国退出国际组织和条约的合法性问题》,《世界经济与政治》2018年第11期。

辛崇阳:《对国际法主体的界定标准及其内容的再思考》,《比较法研究》

2006年第4期。

徐崇利：《国际争端的政治性与法律解决方法》，《国际政治研究》2018年第2期。

徐泉：《美国行政协定的合宪性分析》，《现代法学》2010年第3期。

徐泉、王参：《美国〈联邦宪法〉体制中的"条约"理念》，《云南大学学报》（法学版）2009年第3期。

杨健：《从越南战争看美国国会与总统间的战争权之争》，《美国研究》1992年第4期。

杨晓阳：《美国分权制衡体制中司法权之考察——以最高法院大法官的任命为视角》，《人民论坛》2013年第8期。

姚念达：《远离"旧世界"：美国精英对欧洲的"他者"想象与孤立主义外交的起源》，《史学集刊》2019年第4期。

余建华、姚勤华：《科索沃危机与美国及北约的新干涉主义》，《社会科学》1999年第8期。

余敏友等：《武力打击国际恐怖主义的合法性问题》，《法学研究》2003年第6期。

余先予：《论国际法与国内法的协调》，《上海财经大学学报》2000年第2期。

曾令良：《论欧洲联盟法中的从属原则》，《武汉大学学报》（哲学社会科学版）1999年第2期。

张辉：《人类命运共同体：国际法社会基础理论的当代发展》，《中国社会科学》2018年第5期。

张杰：《美国法院系统司法权的政治性》，《河北法学》2009年第8期。

张鹏：《美国反恐战争中的法律运用及启示》，《西安政治学院学报》2016年第6期。

赵可金：《特朗普：后现代总统的到来》，《理论导报》2016年第11期。

赵可金：《现代总统制中的后现代总统——美国总统权力的扩张及其制度制约》，《美国研究》2016年第6期。

郑海东：《乌拉圭回合争端处理机制改革的真相》，《外国经济与管理》1996年第1期。

周桂银、党新凯:《权力政治、国家体系和国际关系思想传统——马丁·怀特的国际关系思想》,《欧洲研究》2005 年第 1 期。

周琪:《美国对西方近代民主制的贡献——代议制民主》,《美国研究》1994 年第 4 期。

英文文献

Aleinikoff, T. A. , "International Law, Sovereignty, and American Constitutionalism: Reflections on the Customary International Law Debate", *The American Journal of International Law*, Vol. 98, No. 1, 2004.

American Memory, A Century of Lawmaking for a New Nation: U. S. Congressional Documents and Debates, 1774 – 1875, https://memory.loc.gov/cgi-bin/ampage? collId = llsl&fileName = 001/llsl001. db&recNum = 215, accessed: 2022 – 01 – 08.

Bradley, Curtis A. , *International Law in the U. S. Legal System*, Second Edition, Oxford University Press, 2015.

Bradley, Curtis A. , "Treaty Termination and Historical Gloss", *Texas Law Review*, Vol. 92, 2014.

Brownlie, Ian, *Principles of Public International Law*, Fourth Edition, Clearendon Press, 1989.

Buxbaum, et al. , "International Law and the University of California", *Berkeley Journal of International Law*, Vol. 16, No. 1, 1998.

Charney, Jonathan I. , "The Power of the Executive Branch of the United States Government to Violate Customary International Law", *The American Journal of International Law*, Vol. 80, No. 4, 1986.

Collier, J. , "Is International Law Really Part of the Law of England?", *International and Comparative Law Quarterly*, Vol. 38, No. 4, 1989.

Crawford, James R. , *Brownlie's Principles of Public International Law*, 8th Edition, Oxford University Press, 2019.

Dahl, Robert A. , *Pluralist Democracy in the United States: Conflict and Consent*, Rand McNally, 1967.

Dalton, Robert E., "The Vienna Convention on the Law of Treaties: Consequences for the United States", *American Society of International Law Proceedings*, Vol. 78, 1984.

Frankowska, Maria, "The Vienna Convention on the Law of Treaties before United States Courts", *Virginia Journal of International Law*, Vol. 28, No. 2, 1988.

Guzinski, Joseph A., "Federalism and Federal Questions: Protecting Civil Rights under the Regime of Swift v. Tyson", *Virginia Law Review*, Vol. 70, No. 2, 1984.

Hathaway, Oona A., "Treaties' End: The Past, Present, and Future of International Lawmaking in the United States", *Yale Law Journal*, Vol. 117, 2008.

Hawke, David, ed., *US Colonial History: Readings and Documents*, The Bobbs-Merrill Company, 1966.

Henkin, Louis, *How Nations Behave*, Columbia University Press, 1979.

Henkin, Louis, "International Law as Law in the United States", *Michigan Law Review*, Vol. 82, No. 5/6, 1984.

Holmes, Oliver Wendell, *The Common Law*, Harvard University Press, 1963.

Jay, Stewart, "The Status of the Law of Nations in Early American Law", *Vanderbilt Law Review*, Vol. 42, 1989.

Jean, Galbraith, "The President's Power to Withdraw the United States from International Agreementsat of Present and in the Future", *American Journal of International Law Unbound*, Vol. 111, 2017.

Kennedy, Kevin C., "Conditional Approval of Treaties by the U. S. Senate", *Loyola of Los Angeles International and Comparative Law Review*, Vol. 19, 1996.

Kiobel v. Royal Dutch Petroleum Co., 621F. 3d111 – Court of Appeals, 2nd Circuit 2010, https://scholar.google.com/scholar_case? q = kiobel&hl = en&as_sdt = 2006&case = 17590512216294512273&scilh = 0, accessed: 2022 – 11 – 18.

Kissinger, Henry, *White House Years*, New York: Little, Brown and Company, 1979.

Larocque, François, "Alien Tort Statute Survives the Supreme Court", *The Cambridge Law Journal*, Vol. 63, No. 3, 2004.

Lindsay, James M. and Randall B. Ripley, "How Congress Influences Foreign and Defense Policy", *Bulletin of the American Academy of Arts and Sciences*, Vol. 47, No. 6, 1994.

Lindsay, James M., *Congress and the Politics of U. S. Foreign Policy*, Baltimore, The Johns Hopkins University Press, 1994.

Mulligan, Stephen P., "The Rise and Decline of the Alien Tort Statute", Congressional Research Service, June 6, 2018, https://web.archive.org/web/20201119162604/https://fas.org/sgp/crs/misc/LSB10147.pdf, accessed: 2022-08-15.

Nanda, Ved P., "Conclusion and Implementation of Treaties and Other International Agreements in the United States", *The American Journal of Comparative Law*, Vol. 38, 1990.

Neustadt, Richard E., *Presidential Power: The Politics of Leadership from FDR to Carter*, New York: Wiley, 1980.

Open Letter to the International Community and Parties to the Paris Agreement from U. S. State, Local, and Business Leaders, available at WEARESTILLIN.COM.

Shulman, Harry, "The Demise of Swift v. Tyson", *The Yale Law Journal*, Vol. 47, No. 8, 1938.

Stone, Harlan F., "The Common Law in the United States", *Harvard Law Review*, Vol. 50, No. 1, 1936.

The American Law Institute, *Restatement of the Law Second, the Foreign Relations Law of the United States*, American Law Institute Publishers, 1964.

The American Law Institute, *Restatement of the Law Third, the Foreign Relations Law of the United States*, American Law Institute Publishers, 1987.

The American Law Institute, *Restatement of the Law Fourth, the Foreign Rela-*

tions Law of the United States, American Law Institute Publishers, 2018.

Trendtex Trading Corporation v. Central Bank of Nigeria, England, Court of Appeal, Civil Division, 13 January, 1977.

United States of America v. Italy, The Case Concerning Eletronica Sicula, S. P. A (ELSI), http://www.icj-cij.org/docket/index.php?p1=3&code=elsi&case=76&k=d8, accessed: 2023-01-08.

"United States Supreme Court: Sosa v. Alvarez-Machain", *International Legal Materials*, Vol. 43, No. 6, 2004.

Vagts, D. F., "The United States and Its Treaties: Observance and Breach", *The American Journal of International Law*, Vol. 95, No. 2, 2004.

Vázquez, Carlos Manuel, "Treaty-Based Rights and Remedies of Individuals", *Columbia Law Review*, Vol. 92, 1992.

"What Is 'General Law' within the Doctrine of Swift v. Tyson?", *The Yale Law Journal*, Vol. 38, No. 1, 1928.

Wright, Oliver, "Review of The Postmodern President: The White House Meets the World by R. Rose International Affairs", *International Affairs* (Royal Institute of International Affairs 1944), Vol. 65, No. 4, 1989.

后　记

转眼数载，时光终于见证了这部美国国际法实践研究著作的付梓。在这漫长和充满挑战的写作旅程中，我们仿佛跨越时空，穿梭在国际法的深邃森林，从历史的长河中汲取灵感，从政治的风云中获得力量，最终将这段关于国际法的探索之旅浓缩成一本书。

在此写作过程中，我们深刻体会到了国际法的复杂性和开放性及其研究的艰辛。本书试图通过历史、政治、法理等多个维度，解构美国外交的国际法实践，揭示其中的内在法理逻辑和外在政治影响。从古至今，国际法与大国政治的发展交织不息。这是一场关于权力与法治、理念与实践的深刻思考，也是一份国际法学者对这片广阔领域的热忱之礼。

国际法不仅仅是冰冷的法律体系，更是人类社会的缩影，是国家、国际组织和自然人之间错综复杂的互动。与此同时，我们也深刻感受到了对深入理解国际法实践的渴望，以及对于促进国际法治发展的责任感。

这是一项艰苦的任务，但也是一段充实而有意义的经历。本书由江河教授和玄涛博士共同完成，字数贡献各为百分之五十。特别感谢那些在研究过程中提供帮助和支持的专家学者，他们的见解和建议使得这本书更加丰富和深刻。感谢前辈和同行们在本研究中的耐心指导和无私帮助，是他们的支持使我们能够不畏艰险，勇往直前，他们提供的见解和建议为这本书增添了丰富的内涵。衷心感谢社会科学文献出版社的编辑，他们细心、专业的审校和宝贵修改意见有效地提高了本书在体例上的规范性和学术上的严谨性。同时，感谢那些默默奉献于国际法基础理论研究的知识分子，是他们的辛勤努力构筑了国际法的堡垒，为世界和平与繁荣筑就了坚实的基石。

在这片广袤的国际法森林里，每位学者同仁都是知识的传播者和推动者。希望这本书能够为国际法研究的发展贡献一份微薄之力。未来，我们将继续保持对大国之国际法实践的关注，不断追求知识的深度和广度，为国际法的繁荣和进步添砖加瓦。

最后，再次感谢所有支持我们完成这本书的家人，是你们的鼓励和支持让这一艰辛而充实的旅程变得更加有意义。也希望这本书能够为读者提供对国际法实践的深入思考，唤起读者对国际法的思索，引发更多关于国际法的讨论与研究。

愿国际法之光，照亮人类穿越现代性和全球化的迷雾。

写于癸亥年腊月

江河　玄涛

图书在版编目（CIP）数据

美国国际法实践的内在法理与外在合法性解构/江河，玄涛著. -- 北京：社会科学文献出版社，2024.6（2024.12 重印）
  ISBN 978-7-5228-3277-7

Ⅰ.①美… Ⅱ.①江…②玄… Ⅲ.①国际法-研究-美国 Ⅳ.①D99

中国国家版本馆 CIP 数据核字（2024）第 037202 号

美国国际法实践的内在法理与外在合法性解构

著　　者 / 江　河　玄　涛

出 版 人 / 冀祥德
责任编辑 / 高明秀
责任印制 / 王京美

出　　版 / 社会科学文献出版社·区域国别学分社（010）59367078
　　　　　 地址：北京市北三环中路甲29号院华龙大厦　邮编：100029
　　　　　 网址：www.ssap.com.cn

发　　行 / 社会科学文献出版社（010）59367028
印　　装 / 三河市尚艺印装有限公司

规　　格 / 开　本：787mm×1092mm　1/16
　　　　　 印　张：16.5　字　数：258千字

版　　次 / 2024年6月第1版　2024年12月第2次印刷
书　　号 / ISBN 978-7-5228-3277-7
定　　价 / 99.00元

读者服务电话：4008918866

版权所有 翻印必究